农民工社会地位认同研究

赵德雷/著

——以建筑装饰业为视角

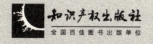
知识产权出版社
全国百佳图书出版单位

图书在版编目（CIP）数据

农民工社会地位认同研究：以建筑装饰业为视角/赵德雷著.—北京：知识产权出版社，2015.4

ISBN 978-7-5130-3048-9

Ⅰ.①农… Ⅱ.①赵… Ⅲ.①建筑装饰业-民工-研究-中国 Ⅳ.①D669.2

中国版本图书馆 CIP 数据核字（2014）第 228815 号

责任编辑：黄清明		责任校对：韩秀天	
执行编辑：栾晓航		责任出版：刘译文	
封面设计：张　冀			

农民工社会地位认同研究

—— 以建筑装饰业为视角

赵德雷　著

出版发行：知识产权出版社 有限责任公司		网　址：http：//www.ipph.cn	
社　址：北京市海淀区马甸南村 1 号		邮　编：100088	
责编电话：010-82000860 转 8117		责编邮箱：hqm@ cnipr.com	
发行电话：010-82000860 转 8101/8102		发行传真：010-82000893/82005070/82000270	
印　刷：北京科信印刷有限公司		经　销：各大网上书店、新华书店及相关专业书店	
开　本：720mm×960mm　1/16		印　张：13.25	
版　次：2015 年 4 月第 1 版		印　次：2015 年 4 月第 1 次印刷	
字　数：242 千字		定　价：48.00 元	

ISBN 978-7-5130-3048-9

本研究受中央高校基本科研业务费专项资金资助（批准号：HEUCF20131302），亦是国家社会科学基金重点项目"现代化背景下的本土社会心理学研究"（项目号：14ASH014）的部分成果。

序

● 方 文

学问作为志业，从人格论视角，当需才情与学识，执着与坚韧，单纯与淡定。这些珍贵的人格禀赋，幸运地，在德雷博士人格剖面图中都占有特殊的位置。

而从过程论视角，一个卓越学者的修炼，则需不停息的终生努力，无论其典范例证是勒温（Kurt Lewin，1890～1947）、费斯廷格（Leon Festinger，1919～1989）还是泰弗尔（Henri Tajfel，1919～1982）或莫斯科维奇（Serge Moscovici，1924～）。我们能够与之为伍的这些天才社会心理学者，其学术生涯可细分为三阶段或三部曲：学徒—新博士—导师。他们在学徒期接受最好的心智历练，其纯然的好奇心，没有受物欲和凡俗的任何污染。相伴导师的积极互依，他们以博士论文的研究，或奠定理论新范式，或开辟学科新疆界，俨然有未来大家之风范。

所有要执着于学问的新博士（New PhD），无论中西内外，都是"工蜂"，为教职，为职称晋升，当然还要为做合格的子女、配偶或父母尽责。他们学徒期满，得独自而有信心地直面理智上的困扰和挑战，得独立自主地展开原创性的研究，同时还要艰难地累积学术声誉。这是个体学者生命历程中最负重也最有生机活力的时期。许多才女才子，在这阶段折戟沉沙，最终庸常一生。而恰恰真正的天赋和才情，得天时地利人和之助，在这阶段大放异彩。学科史的路标和经典，也主要是这阶段的奉献和馈赠。

学术汇聚跨时空跨世代的天才。新博士在长成老博士以后，又被赋予新职责，要做教育家去培育教诲学科脉络中后继的天才学子。很多一流的研究者未能胜任这项工作。他们尽管"桃李天下"，但怎么打量，似乎都是"帮派"组织，或者是"膜拜"团体，污染了学术生态。

德雷的学徒期，满是幸运，遍访海内外名校，如吉林大学、南开大学、北京大学和美国马里兰大学，得逢大家如乐国安师亲炙指点，以貌似合理的不平等格局为题写就博士论文佳作。

还愿德雷在后续的两阶段继续成就天赋和才情。

目　录

第一章　导　论

第二章　建筑农民工群体：社会地位体系中的位置

第三章　地位认同的前因机制

第四章 地位认同的社会心理效应

第五章 冲破镜像的策略

第一章 导 论

　　小陶是我在调研期间结识的一个木工。几年前，他把妻儿接到自己打工的 H 市。现在 6 岁的儿子在其租住房所在小区的私人幼儿园就读。每逢春节，一家三口踏上千里返乡路，回到安徽老家跟父母团圆。前日，小陶在 QQ 上发来信息："在干嘛呢！H 市现在冷不？""在家过年还是挺开心的，可是时间过得真快，又要离开家了，倒计时的感觉很不好。在家还没待够，可是时间又跑得那么快。"一年一度的春节假期在不知不觉间很快就结束了，打工一族又要收拾行囊，准备踏上拼搏求生的异乡之路。在遥远的城市，等待他们的是繁重的工作和艰辛的生存环境。但为了更好的生活，他们仍义无反顾。小陶是千百万进城务工农民的一分子。我们的研究就从农民与农民工群体社会地位的演变历程开始。

一、农民与农民工社会地位的历史变迁

　　"农民"是一个很难简单定义的概念。国际上权威的工具书《新帕尔格雷夫经济学大辞典》的"peasants"（农民）词条也困惑地写道："很少有哪个名词像'农民'这样给农村社会学家、人类学家和经济学家造成这么多困难。即便事先限定概念所指的时间和地域，想用一两句话来概括其异常丰富的内涵也不是一件容易的事情。"这主要是因为其作为身份概念和作为职业概念的巨大差异，以及两种概念性质间存在着错综复杂的交互关系。

　　在英语中，peasant 和 farmer 都可以简单译为农民。但 farmer 完全是个职业概念，指经营 farm（农场、农业）的人，具有公民（citizen）权利，与 fisher（渔民）、artisan（工匠）、merchant（商人）等职业概念并列。而 peasant（汉语"农民"的主要对应词）的定义则远比 farmer 为复杂。"无论在研究中还是在日常生活的语境中，人们谈到'农民'时想到的都并不仅仅是一种职业，而且也是一种社会等级，一种身份或准身份，一种生存状态，一种社区乃至社会的组织方式，一种文化模式乃至心理结构。而且一般说来，

社会越不发达，后面这些含义就越显得比'农民'一词的职业含义重要。"❶
这种情况下，人们不再以个体是否从事农业生产作为判断其是否属于"农民"
的依据。"农民"也就主要作为一种社会范畴/类别而存在，代表着某种社会
身份，具有等级性。

汉语词典对"农民"的定义是：长时期从事农业生产的人，其中包括以
种植业、畜牧养殖业、林业等自然经济为主的人。一些古文中也提到这个概
念，如《谷梁传·成公元年》："古者有四民。有士民，有商民，有农民，有
工民。"范宁注："农民，播殖耕稼者。"北齐颜之推《颜氏家训·勉学》：
"人生在世，会当有业，农民则计量耕稼，商贾则讨论货贿。"但其实，中国
的"农民"概念，在各个时期，伴随经济的发展水平，人们对其理解并不完
全相同。

（一）新中国成立前的"农民"与"农民工"

新中国成立之前，由于工业经济的落后，农民是社会主要的劳动力人口，
主要依靠自然经济生活，多为佃农、自耕农（包括以农业种植、养殖为主的
土地主）。在这段漫长的历史时期，只有一少部分人迁入城镇进行工商业经营
或成为产业工人，绝大多数"农民"受当时国家工业发展水平的制约滞留在
原有出生地。没有土地的农村居民则通常依靠给土地主打工生活，根据工期
的长短这些人多被称为"长工"和"短工"。长工和短工应该属于职业，长
工指常年被雇佣，短工则属于季节雇佣工。如果仅把"农民工"理解为从事
非农工作的农民身份者，则进入城镇从事手工业劳动的人和农村里的雇工，
都可看作是农民工的雏形。

中国古代社会有四民之说，"仕、农、工、商"分别指读书的、种田的、
做工的、经商的。❷读书人的地位受到从上到下足够的尊重，工、商阶层的位
置在最后，农民排在第二位。因为中国历来是以农业为"立国之本"，历朝历
代都讲究"耕战"。有了粮食，才能保证天下太平：男女老幼，鼓腹讴歌；兵
强马壮，臣服四夷；灯红酒绿，歌舞升平。否则民心不稳，天下必大乱。所
以农民的政治地位始终较高。很长一段时间里，统治者甚至采取重农抑商的
政策。然而所谓士、农、工、商的排列，主要指在起冲突的时候，统治者会

---

❶ 艾君. 切莫把"农民"与"村民"混为一谈 [EB/OL]. (2006-04-18). 东亚经济评论, http://
www. e-economic. com/info/6583-1. htm.

❷《管子·小匡》："士农工商四民者，国之石（柱石）民也。"《淮南子·齐俗训》："是以人不
兼官，官不兼事，士农工商，乡别州异，是故农与农言力，士与士言行，工与工言巧，商与商言数。"

优先考虑哪个阶层，却不代表农民阶级的社会地位高，其弱势地位也很难改变。

（二）新中国成立初期到改革开放前的"农民"与"农民工"

新中国成立以后，随着农村土地改革计划的完成，农村居民均获得土地，这时农民演变为"自耕农"。"农民"作为一种职业概念而被使用仍是主流。随着合作化运动、"大跃进"和人民公社化，"自耕农"的身份很快发生转变，由"农业合作社社员"又调整为"人民公社社员"，❶ 一直到1984年家庭联产承包责任制全面实施，"社员"的身份才告一终结。

1958年国家颁布《中华人民共和国户口登记条例》，标志着"农民"的身份概念意义开始占据主导。因为此条例标志着严格户籍制度的建立。从此，全国人口划分为农业人口和非农业人口，农民既是一种出身，也是一种社会等级。农民不能像绝大多数城市居民享受社会福利，也没有任何社会保障。农村户籍的人不能随意迁徙到城市，更没有在城镇工厂就业和工作的权利。

虽然身份区隔经户籍制度强化后，城乡二元体制下的农业人口的身份更加固化，但在整个社会都弘扬劳动最光荣的思想，政府大力宣传劳动人民当家做主、消灭封建社会职业等级观念的时代氛围下，农民、工人仍是很受人尊敬的。懂手艺、技艺精湛的农民工匠尤其享有较高的社会声望。

（三）改革开放后的"农民"与"农民工"

改革开放后，"包产到户"政策的实行使农民完全拥有土地的经营权。过去以粮食生产为主的集体经济转为农户自主经营的私营经济。农村由过去的种植业为主转向多种产业。乡镇企业如雨后春笋在江苏、浙江、广东等地蓬勃兴起。这些地方的劳动力开始由第一产业向第二、第三产业转移，农业也由"主业"开始变为"副业"。"无农不稳、无工不富、无商不活"的观念开始为越来越多的人所理解，市场经济也为社会接受。四川、河南、安徽等农业大省的广大农民在农忙之余开始走出家门，到珠三角、长三角打工挣钱，形成举世瞩目的"民工潮"。

随着农业和农村经济结构的调整、工业化的推进和城镇化的提速，现在已有超过三分之一的农村劳动力转移到非农产业。支撑我国制造业和第三产业发展的主要劳动力来自农民工。全国总工会的一份调查表明，目前，仅跨

---

❶ 维基百科，http://zh.wikipedia.org/wiki/农民.

地区流动的农民工就有 1 亿多人。工人队伍构成发生历史性变化，农民工已成产业工人的主体。有些行业（如批发零售业和餐饮业，加工制造业，建筑业等）中农业户口的从业人员已占相当大的比重。❶ 这导致大部分工业及相当一部分第三产业中的从业人员长期处于流动状态，并形成了城市中两个劳动力市场。由流动劳动力构成的劳动力市场，劳动报酬过低，而且普遍缺乏社会保障。下岗失业工人、农民工等群体"被甩到社会结构之外"，很难实现由传统身份向现代社会身份的转变。改革的成果并未为广大社会成员所分享，形成了一个断裂的社会。❷

农民工已成为工人阶级的重要组成部分，但却享受不到与其他工人阶层同等的待遇。他们迫切期待解决的还是找到合适工作、及时拿到工资、劳动安全、工伤大病有保险、子女能上学等最基本的生存权益问题。由于事实上享受不到国家在社会、政治、经济和文化等各方面政策的基本保障，农民工与其他工人阶层在就业、社会保障、接受教育、参与社会管理等相对稀缺资源的分配竞争中逐渐被"边缘化"。❸

改革的实质就是对社会资源重新配置，对各种利益关系重新调节。这种社会资源的占有、分配以及分配关系的变动，不仅引发了社会成员间原有利益格局的重大变革，而且导致了整个经济社会结构的深刻变迁。随着改革开放的进行，整个社会发生了结构性变革，工人内部不同群体的社会地位也发生了显著的变化。改革初期，所有工人群体基本上都属于获益群体，随着改革的深入，普通工人阶层开始从获益者群体中分离出去，其处境逐渐恶化并进入了利益相对受损群体。

更悲惨的是大量转入城市的农村劳动力，始终无法脱离城乡二元户籍制度的制约。他们被称为"民工"或者"农民工"（隐含的意思就是从事非农工作的农民身份者），既不具有工人身份，又被突出强调了不归属城市人口的劣势群体资格。由于城市的优势地位而产生优越感的城市人常常把农民工与贫穷、落后、下等、愚昧联系在一起，没有将农民工看作是与自己一样的社会资源创造者，而将其视为在就业、教育等社会稀缺资源中的竞争者。农民工虽然为城市的发展做出巨大的贡献，却由于长期处于工人的"边缘阶层"，不仅如计划经济时代一样无法享有与城市人同等的福利与保障，而且时刻遭

---

❶ 孙彬，车宏亮. 我国农民的角色定位出现历史性变化 [EB/OL]. (2008-10-09). 新华网，http://news.xinhuanet.com/newscenter/2008-10/09/content_10171840.htm.

❷ 孙立平. 断裂——20 世纪 90 年代以来的中国社会 [M]. 北京：社会科学文献出版社，2003.

❸ 刘勇. 改革开放以来工人群体利益关系的变化及其调整 [J]. 陕西师范大学学报：哲学社会科学版，2012 (6).

受社会身份的污名和具体利益的困扰，被排斥感、不信任感和缺乏归属感与日俱增。

二、建筑包工制度的前世今生

聚集农民工最多的空间有两个：工厂和工地。到工地去当建筑工人又尤其是大多数农民刚出外闯荡时的首选。中国建筑业的规模很大，主要包括12个部门：房屋建筑、公路工程、铁路工程、港口与航道工程、水利水电工程、电力工程、矿山工程、冶炼工程、化工石油工程、市政公用工程、通信工程、机电安装工程。装修工就是其中专门对毛坯建筑的固定部分进行后加工、对住所进行装饰装潢❶的建筑工人，主要从事房屋建筑门类的工作，对市政公用工程也有部分涉猎。

现在建筑行业的一线务工者基本都是进城谋生的农民工。因为这个行业普遍采取外包的方式进行施工，即建筑公司承包工程以后，将工程肢解层层分包给不同规模的包工队，再由包工头组织雇佣工人完成任务（人们称这种用工方式为包工制）。所以农民工也通过包工制被组编到建筑施工的各个流程中。在现有的包工制度下，以包工队为单位，工人与包工头形成雇佣关系，包工费用全部由包工头与上级包工方或者发包公司协商决定，包工头有权自定工价，并决定什么时候发工资，有权雇佣和解聘工人。很多学者认为包工制是造成建筑业农民工极端弱势地位和困苦处境的根源。其实建筑业的用工状况并非一直如此。

新中国成立前，建筑业只有为数不多的私营营造厂和一些个体劳动者。1933年建筑业创造的净产值仅占国民收入总额的1.1%。新中国成立初期，百废待兴，战后修复与重建工程需要投入大量劳动力，但当时的建筑公司却寥寥无几。1949年全国建筑职工有20万人，只占全国职工总数的很小比重。为了有效地组织劳动力，承包用工体制应运而生。一些国有单位组织内部职工，以自营或内包的方式进行建设。还有以军队和农民为主力，加上小部分私营企业的原有工匠，经改组重建后成立了专业建筑公司，统一划归新成立的建

---

❶　装修是指在一定区域和范围内进行的，包括水电施工、墙体、地板、天花板、景观等所实现的依据一定设计理念和美观规则形成的一整套施工和解决方案。小到家具摆放到门的朝向，大到房间配饰和灯具的定制处理，都是装修的体现。装修和装饰不同，装饰是对生活用品或生活环境进行艺术加工的手法，加强审美效果，并提高其功能、经济价值和社会效益，并以环保为设计理念。完美的装饰应与客体的功能紧密结合，适应制作工艺，发挥物质材料的性能，并具有良好的艺术效果。（http://baike.so.com/doc/1473994.html#1473994-1558558-9）

设部管理，负责承包其他部委与企业的建设项目。另外，以建筑工会为依托，各地建筑工会组织社会上的未就业人员，成立集体所有制性质的城镇建筑合作社。这样在 1958~1962 年，建筑业用工体系基本搭建完备，各类国有建筑公司基本建设也已成熟。1959 年，承包用工制度被废除，工地甲方、乙方被取消，同时计件工资制度被取消了，工人按月领取劳动报酬，能够得到国家财政的保障。而 1962 年，伴随对"大跃进"经验的总结迎来包工制度的恢复，劳动定额管理制度也同步恢复，直到 1970 年被再度废除。20 世纪 70 年代初，国家撤销了"一委三部"，重建了国家基本建设委员会，实行"经常费"制度，由国家按照大体相同的标准直接发放给施工队伍工人工资和管理费。❶

可以看出，从新中国成立到改革开放之前，随着大规模经济建设的发展，建筑业创造的总产值不断增加，建筑业队伍也不断扩大。计划经济时代的建筑业兼具固定工、合同工和临时工等相结合的多种用工形式，建立了以国营经济为主导、多种经济形式并存的建筑业队伍。到 1980 年，国营建筑企业雇佣职工 482 万，城市和农村的集体企业分别雇佣职工 166 万和 334 万，而私有建筑企业的职工大概只有 4000 人到 1 万人。尽管缺乏正规完善的法律体系作保障，拖欠工资的事情却很少发生。那个时候虽然也间或存在包工制度，但在管理层与劳务层合为一体的体制下，国家对劳动力进行统一的安排和分配，工人的工资发放也有来自国家财政的充分保障。新中国成立初期物资匮乏，但是这些工人或者可以按月领取到国家的口粮补贴，或者可以按时拿到计件工资。而且，无论劳动者的出身是城镇还是农村，只要是国营或者集体企业的固定工人，就可享受同等的社会地位和福利配给。不但劳动力是非商品化的，劳资关系本身还带着一种家长制的成分，给劳动者一种受保护的安全感。❷

改革开放之后，循着邓小平对建筑行业生产潜力的肯定，一系列市场改革举措被引入建筑行业中：重组现有管理体制、开放建筑市场、允许国有企业自主经营、建立竞价体制、提高管理技术等。建筑企业用工制度的改革，使中国建筑劳动力配置机制迈向市场化。1980 年，国家发布了《建筑安装工程包工合同条例》，允许建筑企业与建设单位建立承包关系。到 1981 年，90% 以上的城市工业建设项目重新引入了承包体制。1984 年，国务院将建筑

❶ 建设部建筑管理司，中国建筑文化中心. 新中国建筑业五十年：1949-1999 [M]. 北京：中国三峡出版社，2000.

❷ 潘毅，卢晖临，张慧鹏. 大工地 [M]. 北京：北京大学出版社，2012.

业作为整个城市经济体制改革的突破口，明确指出要减少固定工的比例，积极推行劳动合同制，增加合同工比重。其颁发的 23 号文件，明确要求建筑安装企业除必需的技术骨干外，不再招聘固定工，要进一步降低固定工的比例，大大提高临时工、集体合同工的比重，积极推行劳动合同制。11 月，国家计委和建设部又联合颁发《建筑工程招标暂行规定》，进一步承认了竞价体制，并鼓励缩短竞价时间，降低竞价成本。❶ 得到一系列正式官方认可的、以承包体制为基础的现代包工制度由此开始萌芽。

在劳动力供给方面，由于经济发展导致建设投资规模急速扩大，农村富余劳动力开始涌向建筑业。建筑行业的劳动力使用在各行业中率先开始了计划用工体制的改革。一方面，国企的一些内部承包人开始从原企业独立出来，雇佣农村劳动力，成为最早一批的现代包工头。另一方面，农村的一些带工师傅也开始带本村人外出做工，形成另一批庞大的包工队伍。❷ 1986 年，劳动用工制度的重大改革首先在国有建筑企业中推行，农民合同制用工开始出现。企业用工由原来单纯的固定工辅以临时工，演变为现在的合同制职工、临时职工、农民合同工、农民工临时工、农村建筑队工人（劳务专业队）的多种形式。合同制职工主要配置在企业管理层，一部分也作为劳务作业层的骨干，农民工则基本充实在生产一线的劳务作业层。建筑企业可以较自主地弹性使用农民工。用工形式的转变以及劳动密集型的特点，使建筑业成为中国最早、最多使用农民工的行业。建筑业成为农村大量富余劳动力转移的重要途径之一。城市劳动力则因建筑业劳动条件艰苦，逐渐被农村劳动力所取代。农民工与城镇职工的差别待遇也从此发端并愈演愈烈。城镇职工有城镇户口，依据劳动合同被建筑业企业聘用，并享有各种社会保险。而农民工没有城镇户口，依据临时劳动合同被劳务分包企业聘用，甚至在没有劳动合同的情况下被雇佣，通常没有被提供社会保险。❸

20 世纪 90 年代，建筑行业的市场化改革进一步深化。1988 年建设部在贫困地区确定了 30 个国家级建筑劳务基地县。1992 年，建设部颁布了《建筑劳务基地化管理的暂行办法》。此后各个劳务输出大省也相继确定了各自的建筑劳务基地，积极向外开拓。劳务输入的各大城市也清理选定了各自的定向

---

❶ 建设部建筑管理司，中国建筑文化中心. 新中国建筑业五十年：1949-1999 [M]. 北京：中国三峡出版社，2000.

❷ 建设部政策研究中心课题组. 包工头制度的历史成因与制度取向 [J]. 中国建设信息，2007 (1)：50. 潘毅，卢晖临，张慧鹏. 大工地 [M]. 北京：北京大学出版社，2012.

❸ 日内瓦国际劳工局. 中国建筑业的政策研究——发展与就业的战略选择 [M]. 2004.

建筑劳务基地。❶ 十一届四中全会确定了"两个转变"的改革基调后，国家虽然在1998年颁布实施了新中国第一部《建筑法》，从施工许可证、从业资格审查、招标投标制度方面对建筑业从业规范做出了更明确的规定，但建设单位为了自身利益却只管降低成本。这给非正式用工打开了有利的空间。一方面，很多国有及改制后的建筑企业开始以提供挂靠的方式赚取利润，一不出工，二不出力。另一方面，包工头通过挂靠国有施工企业取得施工许可，再利用传统的社会关系从农村募集劳动力，构成建筑业的主力军。自此，农村青壮年以价格低廉的方式大量涌入建筑业的劳动力市场，成为半商品化的劳动力。所谓"半商品化"，意指建筑工人的劳动力连完全的商品都称不上，他们现在的生活境遇比完全商品化的情况还要差，建筑工人在出卖自己的劳动力后，时常不能按时拿到相应的劳动报酬。为了规避劳动合同法，用工单位多不与工人签订劳动合同。以私人雇佣关系替代正式的劳动关系，法律规定的劳动者权益（如休假、加班工资、社会保险等）对建筑工人来说都成了一纸空文。❷

　　因而，现行的包工制实际是20世纪90年代以来整个体制市场化改革的结果，国家逐步让出管制空间，资本贪婪寻求利润，同时律法不严，工人抗争乏力，造成建筑工人权益急剧恶化。❸ 60多年来，建筑工人整体上经历了从固定劳动关系到包工制度，从身份相对平等到身份歧视，从社会主流尊重劳动价值到青睐资本的巨大转变，这一转变构成了今天建筑工人面临的重大挑战。正是在这种社会背景下，有关这部分劳动者权利以及劳动生活状况的研究开始发端，并逐渐发展。如何使他们的劳动关系走向正规化、有保障、劳动价值得到平等的尊重成为各种努力的核心。

三、农民工群体的镜缘

　　农民工是中国内地特有词汇，指从农村进入城市，依靠为雇主工作为谋生手段，但不具备非农业户口的社会群体。虽然"身在城市从事非农业工作的农业户口的务工人员"，也包括大中专院校毕业后户口在农村而在城市工作的中高学历人员，但人们通常所说的"农民工"，主要是指具有农业户口身

---

❶ 日内瓦国际劳工局. 中国建筑业的政策研究——发展与就业的战略选择［M］. 2004.

❷ 关爱 workers. 共和国六十年来建筑工人之地位变化［EB/OL］. 人人网，http://blog.renren.com/blog/304012437/769826666.

❸ 潘毅，卢晖临，张慧鹏. 大工地［M］. 北京：北京大学出版社，2012.

份、从事简单体力劳动的工人。直至 2005 年，这一群体基本上没有工会组织、几乎没有任何权益保障，更不能享受因为城市经济发展带来的社会福利。"农民工"成为户籍制度之下的特殊群体，也是城市被雇佣者中劳动条件最差、工作环境最苦、收入最低的群体；同时也是中国产业工人中人数最大的群体，是城市发展经济的主力军。

社会弱势群体是不仅经济上贫穷、政治上基本权益极易受到伤害、社会上遭受歧视的一群人。他们处于极其不利的社会地位、与主流社会的就业体系和行为规范体系相断裂。转型时期的农民工是公认的弱势群体，在城市受到各种不公平对待。在社会矛盾和群际利益冲突日益显著的今天，我们可以看到、甚至切身感受到弱势的农民工开始越来越多地抗议种种不公正待遇。他们有时通过体制内的渠道（如投诉、上访）宣泄不满，有时使用体制外的策略（如各种集体行动），甚至不惜以"弱者为武器"进行具身抗争。

然而，不可否认的是，除非生存受到威胁而不得不采取的讨薪行动，农民工仍极少为了争取特定权利而努力。他们中的绝大多数人虽感到社会的不公，却依然选择沉默。他们或者是默认自己的弱势身份，甚至感觉此刻的遭遇的确是因为自己的某些特质不如强势群体成员优秀，因而倾向于将彼此待遇的差别理解为"理所应当"，很少愤怒或悲伤；或者是虽然认识到差别待遇不合理，但仍能够在相当程度上忍受、甚至配合各种非正义安排。

经受不公待遇而不自知、或疏于维护自己的正当权益，是农民工群体成员的自我认同在镜像效应影响下不断调整的直接结果。镜像效应（mirror effect 或 image effect）来源于库利的"镜中我"理论，指别人对自己的态度犹如一面镜子能照出自己的形象，人们想象他人心目中关于自己的行为、态度、性格等，并根据他人对自己所作的评价与判断来形成自我概念。在农民工对自己的身份定位形成过程中，"镜像"起着决定性的作用。本书以建筑装饰业农民工为例，采用社会心理学的视角来分析社会弱势群体的社会地位，及其所处之社会地位体系被他们接受为合理的心理机制，揭示地位合法化的心理效应，并在此基础上尝试提出解决策略。

在本研究中，合法性是一个纯粹的社会心理学概念，意味着事物的正当性得到了承认。地位合法性即现有地位体系以及群体之间的地位关系被社会成员普遍接受。作为"镜像"的社会他人态度便是合法性确立的关键因素。身份地位一旦被合法化，便对主体施加内外双重约束力，使其行为遵循角色规范，令其态度观点符合主流价值判断。以往研究表明，权威的合法性会降低其遭受群体成员质疑的概率。❶ 将此道理放到社会语境中可以如此推论：由于农民工的弱势身份具有合法性，所以他们很难质疑现有的分层体系，极少有意识地将自己的困苦与境遇公正与否联系起来，更不会轻易质疑此种地位关系。

即便是那些已经借助制度化或反制度化方式投身于维权行动中的人，也未必真正脱离了地位合法性的桎梏。现时农民工虽已然采用多元、尤其非制度性的策略维护自身权益，但他们是否跟保罗·威利斯笔下白人工人阶级家庭的叛逆男孩子们一样，虽然洞察到强势群体的惯用手段，甚至建立起自己独特的亚文化，但这样做却恰好证明他们自身对强势群体主流文化和价值、行为规范的认可，以及对彼此存在地位差距的承认呢？

当社会资源和机会分配不均时，能在此体系中获益的强势群体成员，或者说既得利益者，自然会全力赞同并维护于己有利的群际关系的合法性。这并不难理解。然而，从属群体成员、那些地位关系中的弱势者为什么也支持对自己不利的地位安排？葛兰西之后的研究者强调，弱势群体在社会中经受的不利是结构性因素与其自身因素二者共同作用的结果。合法性概念本身也意味着一种意义的次级客观性，❷ 即建构性。本书的重要目标之一是，清晰展现农民工的社会地位被宏观/微观两种层次、内/外两种指向的因素共同形塑的脉络与过程。

地位合法性的确立与自我认同密切相关。前文提到农民工生活艰辛。如今，物质上的艰难或许已得到大幅改善，政策上的藩篱似乎也有望通过不断的制度创新而消除，精神上的压抑却比以往更严重地煎熬着他们，且影响其身心健康。最直接的表现便是身份迷失。进城务工者，尤其是所谓的新生代农民工，虽然在户籍身份上仍旧是农民，但依照目前从事的职业和劳动特征而言，又是地地道道的工人。他们中绝大多数人甚至不曾从事过农业劳动，对农村逐渐陌生。在内心深处，他们向往城市生活，打心眼里拒斥"农民工"这个被社会、被他人冠以的污名称号。然而心中的希冀和工作中的努力并不必然带来美好的结果。目前探讨颇多的农民工认同困境问题，根本上反映了他们对自己身份的迷茫。但这种情况又非一而概之。农民工是一个庞大的群体，其内部因年龄、职业、教育程度、外出务工时间等多种因素而产生巨大

❶ GEORGE M. THOMAS, HENRY A. WALKER, MORRIS ZELDITCH Jr. Legitimacy and collective action [J]. Social Forces, 1986, 65: 378-404.

ZELDITCH, MORRIS, HENRY WALKER. Legitimacy and the stability of authority [J]. Advances in Group Processes, 1984 (1): 1-25.

❷ 伯格·彼得，托马斯·卢克曼. 现实的社会构建 [M]. 汪涌，译. 北京：北京大学出版社，2009.

分化。即便是完全依赖打工的受薪者❶中，也有人会超越以往研究对这个群体的认知惯例。H市建筑装潢业农民工，便欣然承认自己是"非正式建筑工人"。本书通过分析这部分人的身份建构，揭示他们如何"被动接受某种同一性"，❷ 指出"农民工"身份的合法性及其程度，会给这一群体成员的心理和行为带来什么影响。

"人的社会存在特征就是个体终身不懈追求其多元群体资格，并建构其独特的完整生命的过程"。❸ 探讨游走在城乡两种身份之间的农民工如何建构他们的地位认同，其多元群体资格经历着怎样的合法化过程，将有望为勾画转型期农民工群体的心理地图添上浓重一笔。

四、已有相关研究

应现代化需要而大量涌入城市的农民工将既存的城乡二元差异带入城市内部，令城乡不平等在此特定空间表现得更为直观而激烈。如何勾勒转型时期处于弱势的农民工在地位公平、社会公正方面的心态，使他们更好地适应城市社会，成为当前的重要议题之一。目前已有关于农民工群体形象感知与评价、自我身份定位和社会公正态度等方面的研究，为了解其地位合法性状况和作用机制提供了丰富的背景材料。

（一）农民工的社会表征

农民工，尤其是所谓的"新生代农民工"，部分或彻底脱离农业劳动而从事工业、服务业、商业等工作，他们越来越长时间地劳作于城市，逐渐适应这里的环境、生活方式与习惯。然而职业身份的转变并没有带动社会地位的提高，❹ 长期居住地的变更也不意味着能因此获得市民的资格与权利。户籍制度更加固化了中心—边缘、城市—乡村的传统地位分层惯例，毫无例外地将先赋地位是农民的人置于劣势。作为社会身份与职业身份处于分离状态的特殊群体，农民工在社会地位上处于绝对的弱势，在学界被称为城市社会中的

---

❶ 根据拥有资本和雇佣方式的不同，农民工可分成三个不同的社会阶层：占有相当生产资料并雇佣他人的业主（老板）、占有少量资本的自我雇佣的个体工商业者（个体户）和完全依赖打工的受薪者（打工仔）（李培林，1996）。

❷ 陈映芳. 农民工：制度安排与身份认同 [J]. 社会学研究，2005（3）：129.

❸ 方文. 群体资格：社会认同事件的新路径 [J]. 中国农业大学学报，2008（1）：105.

❹ 王春光. 农民工的社会流动和社会地位的变化 [J]. 江苏行政学院学报，2003（4）：51-57.

"沉默"阶层、"无根"阶层和"边缘"阶层。❶ 这个群体的消极形象和不利身份处境也反映在人们对这部分人的社会表征上。

社会表征是人们在特定情境中共享的观念、意象和社会知识，是一种具有社会意义的符号或系统。它反映了所表征群体在大众心目中的基本形象。❷如今谈起"农民工"、"流动人口"等社会表征性称呼，人们极少将勤劳、节俭、纯朴、善良、诚实等字眼儿与这些农民出身的外出务工者联系在一起，而是首先联想到"愚昧无知"、"肮脏下流"、"粗俗"等消极词汇。"在对城市居民的访谈中，其对农民工的社会污名指向呈现多元化特性，肮脏、随地吐痰、偷盗、不礼貌、不文明等，似乎自然地加在农民工的身上；一旦在一个地方发生了刑事犯罪，人们首先将怀疑的对象指向进入城市的农村人，而且这种消极的刻板性污名还存在得如此广泛和一致"。❸ 由于社会表征连接着社会事实与个体主观经验，可以为社会互动、群体分类和秩序维持提供规则，所以它直接导致了农民工在城市中遭受各种歧视性对待。另一方面，作为独立于个体经验之外的知识体系，社会表征还为群体成员在特定生活世界中的生存进行定向，促使一致性社会认同和社会心态的形成。❹ 因此，承受污名的农民工与施加污名的城市居民在日常互动和交流中集体建构了社会表征之后，其自身态度和行为也在同时受到这种表征的规范和调节。各种偏见以及兼具时间长度和空间广度的歧视集中效应，❺ 既是农民工污名社会表征的外在显现，又是表征反作用的结果。而一旦"农民工"身份经由制度与文化的多元建构被主体认同，这种地位所获得的合法性便会影响农民工的权利意识和争取利益的行动。❻

污名的建构过程是一种对话式的表征形态（dialogical representations），直接经验、社会互动和媒体影响是污名的直接成因。❼ 其中，媒体更是发挥着不可小觑的作用。然而，脸谱化的消极叙事，一直引领着主流社群对农民工群体产生负面的刻板印象。在类型化、单一化的媒体报道中，农民工早已不再

❶ 朱力. 农民工阶层的特征与社会地位 [J]. 南京大学学报，2003（6）：41.

❷ MOSCOVICI S. Social representations：explorations in social psychology [M]. Cambridge：Polity Press，2000.

❸ 管健. 身份污名的建构与社会表征——以天津 N 辖域的农民工为例 [J]. 青年研究，2006（3）：21-27.

❹ 管健，乐国安. 社会表征理论及其发展 [J]. 南京师范大学学报：社会科学版，2007（1）：92-97.

❺ 王星. 城市农民工形象建构与歧视集中效应 [J]. 学习与实践，2006（11）：97-104.

❻ 陈映芳. 农民工：制度安排与身份认同 [J]. 社会学研究，2005（3）：119-132.

❼ 管健，戴万稳. 中国城市移民的污名建构与认同的代际分化 [J]. 南京社会科学，2011（4）：30.

是时代的拓荒者，攻苦茹酸的外来者形象也逐渐转型。如今他们更多被定位成容易卷入社会冲突事件的弱势群体。由于城市精英潜意识中存在着对农民的偏见，由其主导的媒体总在有意无意中不断地完成着对农民工群体的污名化叙事。虽然随着社会的发展，各种报道的规模、质量和议题设置上都在不断改进，但在主流媒体话语表征中，农民工负面形象（即违规者和受难者）的比重仍较正面形象多，❶ 受苦受难的形象一直占据较大比例。这不仅是对农民工生存状态流于表面的观察与记述，而且忽略了他们，尤其是日益成为这个群体主力的新生代农民工的行为特点和特殊矛盾心理。

社会大众既有的、对农民工的表征和认识，反映了农民工群体与城市主流群体的矛盾关系。由于农民工在城市遭受经济、政治、文化多方面的社会排斥，❷ 多种公民权利都面临边缘化境地，他们能否真正从心理上融入城市，他们能否且如何建构自己全新的身份地位，就不能不让人心生疑问。多数研究从农民工的身份认同和社会认同中寻找答案。

（二）农民工的自我身份定位

我国的农民工是 1978 年实行改革开放在农村实行家庭联产承包责任制，农民开始从土地上解放出来并开始大量涌入城市后渐渐出现的。从全国来看，最开始的农民工主要以建筑业为主，接着就是制造业。改革开放以后农民工流动的规模在中国是史无前例的。

自我认同是个体对自身身份和角色的理解与把握。20 世纪 80 年代以来，大批乡村剩余劳动力流动到大城市从事第二、第三产业的工作。由于制度和文化的双重作用，这部分人获得了一种除农民、城市居民之外的第三种身份——农民工。他们在某种程度上接受自己是"局外人"，称"我们农村人"、"他们城里人"；但又相当反感已带有浓厚歧视色彩的"农民工"称谓。实际上，多数 80 年代之后出生的农民工（又称新生代农民工）对纯粹农民身份的认同正逐渐减弱，或者说传统的"农民身份"已被增添了一些新的含义。❸ 根据当下的生存状况和社会身份特征，在社会结构坐标中重新给自我定位，对于这些农民工来说是一种相当迫切的潜在需求。

在各种身份字眼的锚定过程中，勤奋学习、坚持劳作而掌握了特殊工种

---

❶ 刘力，程千. 主流媒体话语表征中农民工阶层的形象意义 [J]. 求索，2010（3）：110.

❷ 潘泽泉. 社会排斥与发展困境：基于流动农民工的经验研究——一项弱势群体能否共享社会发展成果问题的研究 [J]. 浙江社会科学，2007（3）：96-103.

❸ 王春光. 新生代农村流动人口的社会认同与城乡融合关系 [J]. 社会学研究，2001（3）：63-77.

技术技巧的人率先找到了自己的答案。❶ 这些青年技工很明确地将自己界定为工人，对企业兴衰有决定性作用和价值的"技术顾问"。资本与社会变量成为他们考量自身地位的重要参考因素，户籍的身份认可作用则已微乎其微。然而，能像技工师傅们这样成功确立积极身份认同的农民工毕竟只是少数。大部分农民工，由于流动所造成的漂泊无根感和社会排斥所造成的生活不安感，而在自己辛勤劳作、艰难立足的城市里陷入了认同困境，❷ 不知道自己是谁、究竟属于哪里。当他们挣扎于理想身份与现实身份的冲突，而不得已建立起一个个脱离城市主流群体、同质性的"老乡圈"和聚居区时，更不成想陷入了一个悖论："为了融入被人们视为更加现代化更加美好的城市生活，他们在心理上永远地离开了自己的家乡，固执地在陌生的城市里寻找新的可能。但是他们的理性选择和社会行动的结果，却是让自己在城市里陷入另一个隔离的世界"。❸

农民工的认同迷惑在一定程度上是他们与城市人不平等对话关系的结果。以泰勒和霍耐特为代表的承认政治理论指出，个人的自我认同离不开主体间的相互承认关系。个人认同一般通过与"重要他者"的对话得以产生和维系。只有获得另一个自我意识的承认，个体才能客观地确信自身的价值。"得不到他人的承认或只是得到扭曲的承认能够给人造成伤害，成为一种压迫形式，它能够把人囚禁在虚假的、被扭曲和被贬损的存在方式之中。"❹ 农民工的认同在城市里根本无法得到他人平等的承认，或者说城市人承认的是他们介于城市人和农村人之间的第三者身份——农民工，以至于这个群体已经被建构为一个特殊的社会类别，这个名称也成为每个农民工的个体身份。❺

(三) 农民工的社会公平感

农民工因职业、地域流动而达致了经济地位的提高，但其社会地位却基本无明显变化。当设身处地感受了自己与城市社会的隔离、与城市居民生活水平的巨大鸿沟之后，他们还会觉得现有地位关系合理吗？

---

❶ 华正新. 结构理论与身份认同——农民工中的青年技工 [J]. 中国青年研究，2009 (5)：49.

❷ 郑松泰. "信息主导"背景下农民工的生存状态和身份认同 [J]. 社会学研究，2010 (2)：106-124.

郑耀抚. 青年农民工的城市生活体验与身份认同 [J]. 当代青年研究，2010 (3)：11-14.

❸ 郭星华，储卉娟. 从乡村到都市：融入与隔离——关于民工与城市居民社会距离的实证研究 [J]. 江海学刊，2004 (3)：94.

❹ 泰勒·查尔斯. 承认的政治 [M]. 汪晖，陈燕谷，译. 文化与公共性. 北京：北京三联书店，2005：290-337.

❺ 陈映芳. 农民工：制度安排与身份认同 [J]. 社会学研究，2005 (3)：119-132.

有研究发现，公平感建立在城市融入水平的基础上。农民工与城里人的客观差异越小、社会交往越频繁、心理越认同城市社区和城市人，且受歧视感越弱，其公平感就越高。❶ 已有研究发现，农民工虽然处于不利的经济、社会地位，但却保持着较为积极的社会态度。❷ 文中认为，这主要因为农民工往往与家乡的农民相比较，与自己过去的生活相比较，因而易于获得积极体验。无独有偶，李强在用剥夺理论解释农民工问题时，也提到农民工没有将市民作为自己的参照群体，所以以相对剥夺感不甚强烈。❸ 那么，为什么农民工不与城市居民比较呢？是什么因素导致其"缺乏自我权利意识和社会参与性，常服从权威"❹？已有解释指明了农民工积极社会态度的直接原因，但尚缺乏对其中深层心理机制的挖掘。仅仅两年之后，调查就显示农民工的社会安全感、社会公平感和政府满意度都有所下降，对社会群体利益冲突的感知则显上升趋势。❺ 生活压力感提高、社会保障不到位并不能很有说服力地解释社会态度的迅速变化，应该还有更深层的力量调节着农民工对公平性的感知，或者在规制着他们对不公平现象的归因。我们需要从内外因素联合作用的角度探寻这种力量的存在。王毅杰等人❻基于 2012 年"外出务工人员调查"数据，提出决定当前农民工分配公平感的因素既不是社会经济地位，也不是参照群体的选择，而是农民工的生活体验。他们在实际生活中感知到的社会距离越远，生活压力越大，越认为其收入是不公平的。农民工的分配公平感是农民工在日常生活中面对社会资源分配状况时所产生的一种主观评价，任何个体都无法脱离自己的生活场域单纯地对某一事物进行评价，其或多或少都会受到生活场域中种种情境的干扰。相对而言生活感知更能影响农民工的社会态度与个体行为。

随着社会的发展，农民工群体吐故纳新。当下农村户籍"打工者"的行为动机、生活追求，以及社会实践的现时特征已经发生了明显的变化。关于这一群体的研究迫切需要从传统的"生存—经济分析叙事模式"中转型，将研究核心放在农民工的社会地位上，关注作为主体的农民工与其他社会主体

---

❶ 胡荣，陈斯诗. 农民工的城市融入与公平感 [J]. 厦门大学学报，2010 (4)：97-105.

❷ 李培林，李炜. 农民工在中国转型中的经济地位和社会态度 [J]. 社会学研究，2007 (3)：1-11.

❸ 李强. 社会学的"剥夺理论"与我国农民工问题 [J]. 学术界，2004 (4)：7-22.

❹ 李培林，李炜. 农民工在中国转型中的经济地位和社会态度 [J]. 社会学研究，2007 (3)：1-11.

❺ 李培林，李炜. 近年来农民工的经济状况和社会态度 [J]. 中国社会科学，2010 (1)：119-132.

❻ 王毅杰，冯显杰. 农民工分配公平感的影响因素分析 [J]. 社会科学研究，2013 (2)：98-104.

之间的关系，从农民工与其他群体的关系中来探讨社会分层、城市融入等问题。已有关于农民工身份认同与建构的研究进行了这方面的尝试。当"农民工"群体符号边界逐渐清晰，社会认同又不断发生内卷化，❶ 他们会如何看待自身所属的这个群体在社会中的位置呢？

事实上一部分农民工已经在尝试表达这种呼声。负责上海世博会施工的一些建筑工人就在反问："那么大的世博怎么说也有我们的一份吧？"他们向记者表白："我图的不是东西，而是城里人对我们的承认。"❷ 相信当农民工更进一步融入城市社区、民主观念的逐步深入，他们中越来越多的人会在越来越多的领域中关注自身权利的维护。而如何获得积极的身份承认，牵涉有利身份地位的合法化和不利身份地位的去合法化过程。

上述研究在一定意义上反映了受歧视的"农民工"身份获得进城务工者自身以及公众的认可的程度，和弱势地位给他们心理造成的影响。但他们何以会承认自身处在劣势地位？地位合法性又通过什么渠道作用于其态度和行为？究竟怎样才能使消极的地位区分去合法化，并使他们确立积极的身份认同？这些问题仍需要进一步的探索。本书的核心兴趣点是地位体系能被弱势群体成员接受的原因，以及弱势身份合法化的机制。

五、理论基础

社会学中历来不乏对地位分层的探讨。很多社会心理学研究都曾尝试从自己的理论视角回答群际关系何以能够同时得到高、低地位者的认可，尤其是什么原因导致显然处于弱势一端的低地位成员接受了自己劣势地位的合法性。已有的相关阐述大体可归入以下四种类型。

（一）社会态度路径

说到被支配群体成员能同支配群体成员一样认可既有的地位关系，人们的第一反应也许是从其态度、观念中寻找答案。这一取向理论的共同点是，它们都认为社会成员普遍持有一种容忍、赞同地位差异的基本态度取向。

1. 系统合理论

正如系统合理化（system justification）的名字一样，宙斯特和博纳吉提出

---

❶ 王春光. 农村流动人口的"半城市化"问题研究 [J]. 社会学研究，2006（5）：107-124.

❷ 徐佳和. 2000 多张照片记录世博建筑工人 [N/OL].（2010-04-25）. 东方早报，http：//expo. 163. com/10/0425/10/653VO2KG00943RJS. html.

这个理论就是要整合关于群际关系、思想观念和正义的既有理论，对"虚假意识"（false consciousness）以及"社会体系（social system）的思想合法性"给出一种系统化的解释。其核心的论断是，每个人都倾向于认为自己所处的系统是相对公平正义的；从属群体成员之所以会表现出强烈的外群偏好，是因为系统合理化倾向令他们将现有的地位体系合法化了。❶

系统，可以小至家庭，大至国家。社会等级体系就是最常见的一种系统。人们认为其合理，并愿意支持、捍卫既存的社会安排。维护系统的方法之一就是承认其合法性，即认为大家都理所应当处在他们各自不同的社会位置。系统合理化是有目标驱使的过程（motivated process）。❷ 当系统受到威胁，或者人们感觉系统存在具有必然性，抑或自己依赖于或受控于系统时，这种动机会更加明显和强烈。系统合理化倾向源自人的基本需求。因为合理的系统使人们维持了一份共享的实在。这在一定程度上帮助个体降低生存不确定性，管理自己与生俱来的死亡恐惧。

人不仅具有系统合理化需求，还有自我合理化（ego justification）、群体合理化（group justification）需求，因而分别生发出自我提升、内群偏好和系统合理化三种动机。在高地位群体成员那里，三者很自然地协调统一并在功能上互补。因为他们的自我评价（肯定自身价值的自我合理化过程，以及肯定所属群体价值、进而证明自身价值的群体合理化过程）和社会对他们的界定（承认既定社会安排公正性的系统合理化过程）是统一的。但对于低地位群体成员而言，自我评价和社会界定却是本质对立的，因而三者时刻存在冲突。首先，他们的自我合理性与系统合理性意识之间存在冲突。由于在社会分层体系中处于靠下的位置，低地位群体成员承认这种社会系统的合理性就意味着否定自身的价值，而有损自信和自尊。❸ 如果放弃系统合理化需求，转而保护自尊，他们就不得不做出脱离系统、退出某些行动的牺牲。❹ 其次，他们要经常面对群体合理化和系统合理化的冲突，在坚持本群体优越性与承认社会体系合理性之间做出选择。具有系统合理化作用的思想观念总是与他们

---

❶ JOST J T, BANAJI M R. The role of stereotyping in system-justification and the production of false consciousness [J]. British Journal of Social Psychology, 1994, 33 (1): 1-27.

❷ JOST J T, LIVIATAN I, VAN DER TOORN J, et al. System justification: How do we know it's motivated? [G] // BOBOCEL D R, KAY A C, ZANNA M P, et al. The psychology of justice and legitimacy: the ontario symposium (Chapter 8). Hillsdale, NJ: Erlbaum, 2010: 173-203.

❸ CCROCKER J, MAJOR B, STEELE C. Social stigma [M] // GILBERT D T, FISKE S T, LINDZEY G. The handbook of social psychology (Vol. 2), 4th ed. Boston: McGraw-Hill, 1998: 504-553.

❹ CROCKER J, VOELKL K, TESTA M, et al. Social stigma: the effective consequences of attributional ambiguity [J]. Journal of Personality and Social Psychology, 1991, 60: 218-228.

的内群偏好呈负相关关系。❶ 最后，他们的自我合理性和群体合理性意识也是矛盾的。由于系统合理化已经将它们放置于一个劣势地位，所以要进行积极的自我评价、获得自我合理性就必须贬低群体的价值。反之，脱颖而出、成功实现向上流动的低地位群体成员，其群体认同或者其思想观念中的群体合理性也必然较低。❷ 于是，就会发现他们更容易对本群体表现出"爱恨交错"的态度。❸ 低地位群体成员就是这样一个矛盾的统一体。

2. 社会支配论

社会支配论（social dominance theory，SDT）旨在阐述群体不平等的形成与保持机制。它认为社会等级划分普遍存在于能持续产生剩余价值的社会中，因而社会不平等，尤其群际不平等也深深体现在个体的社会支配倾向（social dominance orientation，SDO）中，即渴望并支持基于群体的等级和"优等"群体支配"劣等"群体。❹ 社会支配倾向显然只能使大家更加偏爱支配群体。因而群体权力地位越高，成员越容易具有较高水平的社会支配倾向，❺ 越易于承认群体间的阶层差异，认为优势群体应更多地支配劣势群体，甚至希望加大这种地位不平等。❻ 对于从属群体成员来说，社会支配倾向无助于提升其内群偏好，因而等级合法化便主要借助合法化谎言❼得以实现。

合法化谎言为社会实践提供道德上和知识上的正当性。因其具体内容不同，而发挥着提高或降低群际不平等的作用。绝大部分合法化信念都为各社会群体共享，尤其当群体间关系相对和谐时，共识性合法化信念更是远比群

---

❶ JOST J T，THOMPSON E P. Group-based dominance and opposition to equality as independent predictors of self-esteem，ethnocentrism，and social policy attitudes among African Americans and European Americans ［J］. Journal of Experimental Social Psychology，2000，36：209-232.

❷ WTIGHT S C，TAYLOR D M，MOGHADDAM F M. Responding to membership in a disadvantaged group：from acceptance to collective protest ［J］. Journal of Personality and Social Psychology，1990，58：994-1003.

❸ JOST J T，BURGESS D. Attitudinal ambivalence and the conflict between group and system justification motives in low status groups ［J］. Personality and Social Psychology Bulletin，2000，26：293-305.

❹ 斯达纽斯·吉姆，费利西娅·普拉图. 社会支配论 ［M］. 刘爽，罗涛，译，方文，校. 北京：中国人民大学出版社，2011.

❺ LEVIN S. Perceived group status differences and the effects of gender. ethnicity，and religion on social dominance orientation ［J］. Political Psychology，2004，25：31-48.

❻ 李琼，郭永玉. 社会支配倾向研究述评 ［J］. 心理科学进展，2008，16（4）：644-650.

❼ 英文为 legitimizing myths，指为社会实践提供道德上和知识上的正当性的一些价值观、态度、信念、因果归因和意识形态，而无论这些社会实践是提高、维持还是降低社会群体之间的社会不平等水平（斯达纽斯，普拉图，2011，P117）。《社会支配论》中译本将"myth"直译为"神话"，而将其译作"谎言"，意在强调社会支配论并不关注这些信念在认识论上的真假，只欲突出合法化谎言/神话（legitimizing myth）的一个重要特征，即"社会中有足够多的人认为它们（即那些提供正当性的信念）是真实的，并依照它们来采取行动，所以它们看起来是真的"。

际意见分歧为重要。因此，那些叙说、判断和证明群际不平等正当性的合法化信念，就成为助长从属群体负面刻板印象蔓生的温床。负面刻板印象使从属群体成员难以形成积极的社会认同，无法建构有利于内群偏好、地位提升的文化。而这只是从属群体成员配合不平等对待的一个方面。从属群体成员与支配群体成员实际行为的差异也佐证了社会等级的合理性。

由于支配群体和从属群体生活在不同的社会环境中，从属群体成员囿于歧视及其造成的各种资源匮乏而做出对自身、家庭、本群体有害的行为。研究表明，从属群体成员在内群偏好、意识形态和群体贬抑行为等方面均表现出与支配群体的巨大差异。他们更少表现出内群偏好、更多认可等级强化的合法化谎言（这意味着支持支配性外群体、排斥自己的从属性内群体）、更经常贬低、迫害本群体成员。正是在此过程中，他们弱势的地位被合法化了。而且由于这些行为符合群际不平等的刻板印象，甚至证明不平等的对待是合情合理的，所以强化社会等级的合法化信念也更加根深蒂固。可见，来自外界的歧视和源自自身的贬抑不仅相互依存，而且互相强化。两种过程联合起来使社会等级分化得以持久、稳定地存续。

（二）社会认知路径

合法化意识形态和系统合理化倾向缩短和易化了社会等级被认可的过程，理性的判断则将使这些信念的说服力愈加强大。社会认知取向的理论力图揭示，不平等如何通过从属群体成员的实际行为得到支持和印证。

1. 地位差异的内归因

受海德认知平衡论启发，克兰朵和贝斯雷将合法性与人的社会认知特点联系在一起分析低地位群体成员社会印象的形成原理，提出合法性的素朴感知理论（naive perceptual theory of legitimacy）。❶ 他们认为，人具有认知闭合倾向，因而总试图保持自己认知结构的平衡，并对人形成情感上统一的印象。可控性归因将人和人的行为看作一个认知整体，整体中的部分应当具有一致性。于是，如果行为结果糟糕、而行为可控，那么人们自然推论是行为者很差劲。这种归因习惯与简单的合理化思想结合起来，其推论范围就变得更加广泛：坏人受到消极对待乃罪有应得；被鄙弃的人肯定是自食其果。后一种情况也许正是人们在看待低地位群体成员时潜意识里生发的判断倾向。

---

❶ CRANDALL C S, RYAN K B. A perceptual theory of legitimacy: Politics, prejudice, social insititutions, and moral value ［G］// JOST J T, MAJOR B. The psychology of legitimacy. Cambridge University Press, 2001: 77-103.

对社会等级合法性的感知还会受到群际地位关系的影响。因权力地位差异而站在维持地位现状和改变地位现状不同立场的双方，后者为了获得争取权利过程的胜利往往投入更多精力深入了解对手，反而是权高位重的一方更易于误解人微位轻的低地位群体，对其形成刻板印象。❶ 极端偏差的认知大大助长了对方不利地位的合法化。

此外，群体实体性也是人们判断群体地位合法性的重要参考。我们知道，实体性强的群体其内部一致性就高，成员之间共享很多标示群体本质的特征；而这些特征往往是人们判断、解释、论证这个群体所处社会地位的论据。因而，群体实体性越强，其地位越容易被合法化。从某种程度上说，这种社会归因就好似群体层次的"基本归因错误"。❷

2. 刻板印象内容模型

此种群际认知模型通过对刻板印象内容的"整理与细分"，指出了外群偏好，尤其是低地位群体成员也能认可不平等群际关系的原因。费斯克等人提出，群际关系是依循社会经济地位和互依类型（合作或竞争）两种结构性因素编织起来的。❸ 人们对任何群体的偏见一般都非纯粹敌意，对外群体的刻板印象往往混合了积极与消极双重成分。以能力和热情为核心维度，❹ 地位高低不一、互依类型有别的群体会令人形成不同内容性质的刻板印象。❺ 社会经济地位决定人们对地位主体的能力判断，地位高的人通常被认为能力较强；互依类型调节着人们对社会亲和性的判断，合作型的个体或群体则容易让人感到友好而热情。地位高的群体虽然大多令人佩服其富于能力，但能力强的人也通常被认为缺乏热情。地位低的群体虽然很可能缺少获得有价值社会资源

❶ CRANDALL C S, RYAN K B. A perceptual theory of legitimacy：Politics, prejudice, social insititutions, and moral value ［G］// JOST J T, MAJOR B. The psychology of legitimacy. Cambridge University Press, 2001：77-103.

❷ YZERBYT, VINCENT, ANOUK ROGIER. Blame it on the group：Entitativity, subjective essentialism, and social attribution ［M］//JOHN T JOST, BREANDA MAJOR（Eds.）. The Psychology of Legitimacy. Cambridge University Press, 2001, 103-134.

❸ FISKE S T, CUDDY A J C, GLICK P, et al. A model of（often mixed）stereotype content：competence and warmth respectively follow from perceived status and competition ［J］. Journal of Personality and Social Psychology, 2002, 82（6）：878-902.

❹ 佐斌，张阳阳，赵菊，等. 刻板印象内容模型：理论假设及研究 ［J］. 心理科学进展, 2006, 14（1）：138-145. 高明华. 社会转型中的群体分类和评价——对刻板印象内容模型（SCM）的修正与发展 ［J］. 社会, 2010（6）：193-216.

❺ CUDDY A J C, FISKE S T, GLICK P. Warmth and competence as universal dimensions of social perception：the stereotype content model and the BIAS map ［J］. Advances in Experimental Social Psychology, 2008, 40：61-149.

的能力，但却让人感到善良而温暖。由能力、热情交互形成的四类刻板印象中，有两种是同时掺杂了积极和消极评价成分的。人们认为，地位较低、不具有竞争性的外群体成员更友善、但欠缺能力（"家长式偏见"，paternalistic prejudice）；社会经济地位高、具有竞争性的外群体成员有能力、但冷酷且缺乏人情味（"嫉妒型偏见"，envious prejudice）。

混合型的刻板印象、或者说矛盾的刻板印象给人一种客观性表象；真诚热情的形象更赋予从属群体积极特异性，实现了社会创新。群体取向的认同重构策略使处于劣势地位的从属群体成员欣然接受了对自己不利的群际关系判断。带有赞许性内容的偏见就是这样促成了不平等地位关系的合法化。

（三）社会认同路径

前面两种取向的解释一直在强调从属群体成员的劣势。无论是地位分化天经地义的社会态度，还是证明劣势群体低人一等、输人一等的认知归因，反复传达的信息都是他们的确天生不如人。然而，这并不是令从属群体成员承认自身地位合法性的唯一路径。况且一味的打击和压制较容易产生负面效果，适当的温和激励才更利于诱导出积极的行为。从认同取向的研究中，我们可以看到从属群体成员的社会认同对等级合法化的作用。

1. 个体化认同重构策略的内涵

个体向上社会流动策略的选择及结果在相当大程度上影响着其所属群体的社会地位的合法性。根据社会认同论，弱势群体成员可以通过三种途径追寻新的群体资格、提升自身的社会地位：个体流动（individual mobility），社会创新（social creativity）和社会竞争（social competition）。❶ 前一种是个体化的行为选择，后两种是群体性的策略。选择个体性策略的人通常对本群体的认同较低，他们力图证明自己与其他群体成员不同，或者确切说自己优于其他人。当这些人成功实现向上社会流动，无论他们自己、还是群体内其他成员、甚或是社会上其他群体的人都会从其成功案例中看到群际差异的确存在。人们很自然地认为仍旧处于弱势地位的个体是因为其自身因素而沦落至此。这无疑强化了群际不平等的合法性。研究证明，即使提高个体流动可能性的预期也会使群际地位差异的合法性增强，并令内群成员之间的竞争行为及其

---

❶ TAJFEL H, TURNER J C. The social identity theory of inter-group behavior［M］// WORCHEL S, et al. Psychology of inter-group relations. 2nd ed. Chicago：Nelson-Hall Publishers, 1986：7-24.

程度增加，同时减少个体对内群福祉的关注。❶

怀特阐述了个体向上流动在社会结构方面的象征意涵（tokenism）及其合法化功能。❷ 他指出，人们对群体边界可渗透性的感知有助于群际地位关系合法化。少数人的成功经历，让人们感到群体边界是能够被跨越的，个体可以通过自己的努力经由制度化的程序优化自身的地位处境。这样一来，对于成功实现向上社会流动的个体而言，群体之间本就应当存在地位差异，是他们证明自身优越性和以往努力价值的基础。况且他们在达到地位提升目的的同时，也在社会认同上发生了变化，认为自己已经是新的、优势地位群体的一分子。其次，群体边界可渗透性使得不公正的地位关系更具有隐蔽性或模糊性。向上流动成功的案例，令高地位群体成员以及没有成功流动的低地位群体成员只注意流动的可能性，而忽视不平等的存在。其他没能成功流动的弱势群体成员也几乎不会选择集体行动的方式加以反抗。这都是地位合法化的结果。

无论是原本认同弱而选择个体流动策略的人，还是群体认同感强而固守内群偏好的人，其行动目标都是形成与维持自己合意的社会认同。这一点在泰勒（Tom R. Tyler）关于程序正义的研究中获得了更充分的证明。

2. 程序正义的合法化作用

泰勒的程序正义观在社会心理学关于地位合法化的解释中可谓独树一帜。❸ 本质上，他是运用社会认同原理来解释人们对权威或组织的态度。但它区别于刻板印象内容模型的地方在于，后者论述的是不平等群际关系的合法化是如何受低地位群体成员对自身所属群体的认同的影响，而程序正义观点集中讨论地位合法性如何透过低地位群体成员对群体和群体权威的认同得以实现。

具体来说，泰勒认为权威的合法性有两个先决条件：公正性和认同。公正的决策程序和对下属的尊重，使人们体会到权威是中立且值得信赖的，这

---

❶ ELLEMERS N. Individual upward mobility and the perceived legitimacy of intergroup relations [G] // JOST J, MAJOR B. The psychology of legitimacy. New York: Cambridge University Press, 2001: 205-222.

❷ WRIGHT S C. Restricted intergroup boundaries: tokenism, ambiguity, and the tolerance of injustice [G] // JOST J, MAJOR B. The psychology of legitimacy. New York: Cambridge University Press, 2001: 223-254.

❸ TYLER T R. The psychology of procedural justice: A test of the group-value model [J]. Journal of Personality and Social Psychology, 1989, 57: 830-838.

TYLER T R. Why people obey the law: procedural justice, legitimacy, and compliance [M]. New Haven, CT: Yale University Press, 1990.

会增强权威在下属心目中的合法性。❶ 此时，人们也更愿意服从，更忠于权威。因为来自权威的信任与尊重会增强下属对群体的认同，令其感到自己是地位较高的重要群体中受人尊敬的一员，进而达到自我效能感与群体效能感的统一。❷ 随着群体认同的增强，人们也会更加在意权威在群体内是如何对待自己的，他的决策以及领导行为是否具有合法性。程序的公正性、权威在互动行为中的尊重倾向带给成员归属高地位群体的自信，使其感觉有责任服从这个群体及其中的权威。这正好从另一个角度解释了低地位个体是怎样在地位多元化的群体互动中认可了自身劣势地位的合法性。

（四）地位合法性路径

低地位群体成员面对自己处于弱势境遇的现实肯定要找办法保护自尊。他们可以采用自我防御措施，否认自己的弱势地位，努力将被歧视的感觉最小化；也可以承认现存的地位分别，认为整个社会系统是合理的，人们处在不同的位置各有其道理。这两种方法都具有保护自尊的作用，但具有合法化作用的认知策略功效更高，因此成为首选。上述理论从不同角度为我们呈现了不平等地位关系被合法化的主观基础。它们的共同点在于均单面向地讨论如何在从属群体成员内心建立一种行为规范，甚至唤起他们的正义感，使其接受既定的等级安排，并主动依据相应行为规范指导、约束自己的行为。

主观信念虽能令合法化过程更加顺理成章，但现实中，个体行为不仅受其自身态度、观念的影响，通常还受外在规范的制约。也就是说，使从属群体成员接受地位等级合法性的除了"应该如此"的心声，还有"必须如此"或者"不得不如此"的妥协。车尔迪奇（Morris Zelditch, Jr.）和沃克尔（Herry Walker）对权威合法性理论的整合发展，以及期望状态论对地位等级合法化的论述，都强调合法性建构中群内、群际互动的作用。❸

在车尔迪奇等人的理论中，合法性具有两个面向：个体层面的合法性代表着一种"行为准则"（propriety），是主体内心指导自己所作所为的准绳；群体层面的合法性则指"效力"（validity），是行为的外部约束力。权威的效力，既可表现为同级或上级的认可（即"授权"，authorize），也可表现为下

❶ TYLER T R, SMITH H J. Social justice and social movements [M] // GILBERT D T, FISKE S T, LINDZEY G. The handbook of social psychology (Vol. 2). 4th ed. New York: McGraw-Hill, 1997: 595-629.

❷ TYLER T R, SMITH H J. Justice, social identity and group processes [G] // TYLER T R, KRAMER R M R, JOHN O P. The psychology of the social self. Mahwah, NJ: Erlbaum, 1999: 223-264.

❸ 赵德雷. 期望状态与地位等级制度的维持 [J]. 中国农业大学学报：社会科学版, 2011 (4): 34-45.

级的支持（即"赞同"，endorse）。合法性权威以个体承认、遵守相关行为准则为前提，同时更有赖于效力的支撑。某种规范的效力越大，人们遵从此规范的意向就越强烈，也越容易将其内化为自身的价值。该理论指出，权威合法化本质上是一种集体过程，合法权威的确立是众人合作的结果。权威结构的形成，标志着至少两种群体——拥有权力、权威的强势群体与缺失权力、权威的弱势群体——被区分开来；合法性权威结构的形成，更意味着群际分化不仅得到了强势群体成员的认可，而且获得了弱势群体成员的赞同。

博格（Joseph Berger）等人❶从期望状态论视角对非正式群体权力声望等级形成过程的描述更生动反映了地位合法化、或者说群际地位关系形成与固化的原理。期望状态论认为，日常生活中的交往双方总是根据彼此的相对地位，预期（expect）各自适宜的行为反应。这种预期或者期望（expectation）之所以果真决定了互动行为，是因为大家相信期望基于参照信念（reference beliefs）形成，因而也被其他群体成员认可。❷ 行动者总是理所当然地认为其他人也运用同样一套参照信念，会形成同样的绩效期望、地位期望。于是，大家便依其行事，就好像彼此的确存在地位差异。当某些期望较高的人在互动中表现出支配倾向，其他互动者很可能做出与之相呼应的顺从行为，结果进一步确定了差异的存在。即便他的行为并未得到明确的赞同，只要没人做出有悖于地位期望的行为，大家就会认为自己预期的地位等级秩序获得了集体性支持，因而具有合法性。处于地位等级系统内的人显然共同建构了地位的合法性。而在此过程中被合法化的，又何止非正式群体内个人地位的高低，更包括了不同群体成员各自所代表的群际等级关系。

上述各派观点多从个体自身的态度、认知倾向中挖掘地位合法性的主观基础。社会态度路径的观点列出了一系列可资人们利用、能将不平等地位体系合法化的态度观念，比如社会支配倾向、系统合理化倾向。不管这些想法缘何产生，它们的存在令合法化过程更加顺理成章。社会认知路径的观点指出了现有认知资源（比如群体实体性）对判断地位合法性的参考价值；认为

❶ BERGER J, WEBSTER M, Jr., RIDGEWAY C L, et al. Status cues expectations and behavior [J]. Advances in Group Processes, 1986 (3): 1–22.

BERGER J, NORMAN R Z, BALKWELL J W, et al. Status inconsistency in task situations: a test for status processing principles [G] // BERGER J, ZELDITCH M, Jr. Status, power and legitimacy. New Brunswick, New Jersey: Transaction Publishers, 1998: 207–228.

❷ BERGER J, FISKE M H, NORMAN R Z, et al. The formation of reward expectations in status situations [G] //BERGER J, ZELDITCH M, Jr. Status rewards and influence. San Francisco: Jossey-Bass, 1985: 215–261.

地位合法性的生成，是由于人们归因时经常受认知一致性的驱动，根据行为及其结果推论行为主体的特征（地位）。双维度的刻板印象内容，更为社会上关于从属群体成员地位低、能力差的偏见带上了客观且公正的伪装。社会认同路径的理论发现，从属群体成员的社会认同状况会直接影响其对地位体系合法性的认知。个体流动策略既为群体认同较低的成员追求上向流动的首选方法，又使不平等的群体关系隐而不彰。另外，程序正义、公平的待遇可以增加成员的群体认同，提高其对群体公正性的判断，从而大大加强权威的合法性。这种解释思路一定程度上跳出了从主体自身因素找原因的传统思路，转而关注组织或群体内"民主氛围"的作用。只是最后的落脚点仍是认同，认为公正的程序、制度会提高被支配者的归属感和责任感，铸就"各安其位、各谋其政"的格局。

车尔迪奇和博格等人的理论根本不同于前几种观点，其重要价值首先在于区分了合法性的两层含义：个体层次的行为准则和群体层次的效力。这在其他观点那里是含混不清的，而归因、认同、思想意识等因素的结果究竟有多大程度是个体层次的行为准则，又具有什么样的效力，是非常值得探讨与明确说明的问题。其次，正由于它指出了效力的存在，该派观点将合法化过程中他人的影响与人际互动的作用带进人们的视野，使地位合法化的社会建构本质昭然若揭。最后，也是最重要的，该取向的研究还将社会情境（social context）与群际关系视角共同纳入对地位合法性的解释当中。社会认同派在论述个体流动策略的象征意义时曾提到群体边界可渗透性能增强群际关系的合法性，证明它也注意到环境对合法化过程的影响。而期望状态论则把共享价值观、效力、社会控制等个体外因素作为其核心关注点来考量，更贴近现实地把不平等群际关系的形塑过程勾勒出来。

本书将透过合法化理论视角来审视农民工在城市所面对的失衡群际关系给其态度行为带来的影响，探讨农民工群体内部以及农民工群体与城市里其他群体之间地位关系被形塑的机制、影响因素和解决策略。

六、概念框架

本研究主体分四个部分。第一部分从个体和群体两个层面论述农民工弱势地位合法性的存在。第二部分探讨弱势地位镜像的生成机制。第三部分指出合法性镜像对现有群际关系的固化作用。最后一部分，讨论解构此地位合法性的策略。

地位合法性是人们对现有全部或部分分层结构合理与否的认识与判断。受车尔迪奇等人权威合法性观点的启发，本书提出地位合法性的内涵包含两个层面。个体层面的地位合法性是一种内化了的行为准则，地位主体承认自己在社会等级体系中的位置，并将体系内各群体的地位关系作为指导自身行为的标准，据其评判自己的态度观念、思维言行是否得当。群体层面的地位合法性体现为外在的约束力，个体依据社会制度规范以及群内、群际互动参与者和旁观者的态度、行为来确认自己的地位身份。对于农民工群体来说，其弱势地位一方面通过他们自己的观点得到印证，即承认自身在具有决定性意义的社会特征上不如其他高地位群体，因而相应方面的自我评价较低、态度较消极；另一方面弱势地位还经由外群成员、主要是城里人的互动反应得到强化。由于关于农民工的种种偏见性刻板印象弥漫在城市社会环境之中，这些污名很容易招来针对他们的歧视行为。第二章主要从内、外两方面展示农民工社会地位合法化的表现。

个体、群体两个层面的合法性不仅发挥着不同的"维稳"作用，而且经由各自不同的路径生成与巩固。第三章重点剖析农民工地位合法性形成的前因机制，分别讨论影响合法化程度的不同因素。本研究中的农民工能够接受自身的弱势地位，在内心树立相应的行为准则，至少受社会正义观念、劳动过程特点、群际比较和外部强化力量四方面因素的影响。正义观念决定了一个社会评判个体成员身份地位的内隐标准。它指导人们在心中确认不同地位特征者之间的等级区分，是地位合法化的信念基础。劳动过程中公正的程序帮助成员尤其是处于不利地位的成员建立自我效能感，权威或上层人士对下层成员的体恤更能提高后者的自尊。这些有利于增强人们对群体的认同，是地位合法化的组织制度基础。一个群体与外群比较时能在某些方面显现出优势也会影响其成员对地位合法性的评判，是地位合法化的个体认知基础。胜出的群体更容易在弱势地位和优势特征之间找到心理平衡，因而更易于接受自己处于不利地位的现实。上述三种因素都可直接影响人的地位认知，使其形成与社会声望地位相对应的内在行为准则。

将主体自身的身份认同与他人外在的承认赞许联系到一起来解释地位关系固化原理，是合法性视角区别于认同视角的重要方面。他人赞同的作用集中体现在效力的产生过程中。效力主要来源于权威性认可和他人的支持与强化。就农民工的身份地位而言，户籍相关制度的规定就构成了权威性认可。我们知道，长期存在的城乡二元结构下各种制度将城市人和农村人划分到不同的利益系统中，二者间地位差距通过户籍壁垒不断强化。这使得农村人在就业、社会福利、社会声望等方面具有与城市人完全不同的境遇，来到城市后的打工生涯更是异常艰辛。但由于多方面的原因，两种身份的差距很难在短时间内改变。在此过程中，权威人物的观点、媒体的报道和其他社会舆论方式，也都是确认农民工身份地位的无形力量。他人的支持与强化则包括互动对方的行为模式和旁观者的赞同。日常交往中处于高地位的群体成员（城市人或者工作单位的管理人员、领导）总端起一副居高临下的姿态，给农民工传递的信息是：我比你强。农民工若回以顺从性的行为，便通过自己的实际行动肯定了双方的地位差距和不对等互动模式。假如这时候，其他农民工与强势群体成员的互动也以类似方式进行，那么两个群体之间的地位差距便得到进一步的印证和强化。

需要强调的是，行为准则和效力并非两种彼此独立的系统，而是相辅相成的合法性元素。根据期望状态论，社会上绝大多数人都是根据既有的参照信念预期自己和他人的行为。此参照信念即为一种内化了的行为准则。人们假定参照信念是社会共享的，因此其他人也会依照这套准则行事。如果一个人发现大家的行为都没有逾越最初预期的框架，或者自己的行为没有遭到任何反对，那么他就会认定其他人支持这套信念体系。假定共享的地位等级法则因而获得了合法性的另一个要素——效力，效力又令个体心中的参照信念更加坚定，行为准则和效力就是这样彼此支撑、共同组建了统一的地位合法性。

社会地位被合法化，必定给个体的态度和行为带来全方位的影响。首先，农民工对妄加于自己身上的污名并不直接否定，也很少有怨恨的消极情感反应。他们满意自己的生活现状，知足的情绪状态经常溢于言表。其次，本研究中的建筑装饰工人们欣然接受自己的农民工身份。他们或许有轻微的认同困惑，但并未感到认同威胁。从某种意义上说，他们的地位合法化更加彻底。再次，这些农民工的社会认同呈现出二元性。一方面，他们打算回到农村，认为那里终会是自己的归宿。另一方面，他们又根据长久以来从事的工作内容和工作性质认定自己是"非正式建筑工人"。最后，很多时候农民工仍认识不到自己应争取的权利；或者即使意识到不公正，也很少选择用制度性途径来解决问题。稍微年长的人都从来没有想过、也不希望留在繁华都市。壮年农民工虽承认生活在城里的诸多好处，但拖家带口的他们往往更加现实，不会做无谓的奢望。只有尚未成家的极年少人群才会不断憧憬自己未来在城市里的生活。但即便是他们，也更多认为自己是农民工群体的一员。第四章将具体从农民工对自身地位状况和各种社会境遇的认知与情感反应、应对行为以及他们认同建构的特征，阐述地位合法化给农民工带来的心理效应。

农民工地位合法化，显然会固化其弱势处境。因而，本书在最后讨论了去合法化策略。无论引入新的地位特征因素，还是传播权威性的平等理念，最终目的都是为人们提供更多的地位特征信息，使之形成更中性化、甚至更偏向积极维度的地位期望，从而弱化消极地位合法性的根基。

七、研究设计

（一）研究对象的选取

GG建筑装饰有限公司成立于1988年，是H省最大的建筑装饰类工程企业，中国建筑装饰行业百强企业。1996年、2000年度还分别被评为该省龙头企业。公司具有建筑装饰装修工程施工的一级资质和国家甲级装饰工程设计资质，主营建筑装饰装修工程的承包，在北京、上海、广州、青岛、长春等大城市均设有分公司。总公司仅设计、技术、管理人员就有450多人，加上挂靠的自负盈亏项目经理及其下属，正式在编员工近千人。每年以GG公司名义承包的装修工程特别多，经常同时在不同的地点分别开工，每个工程项目中都汇集了大量农民工。本书就以该公司下属若干包工队里来自全国不同地区、从事不同工种的农村籍打工者为主要研究对象。

选择这个身份群体、这个行业、这家公司，是出于以下几点考虑。

第一，远离农村故土、来到城市异乡打工谋生存的人们，为城市的发展做出巨大贡献，却由于没有城市户口，而遭受种种制度性歧视。人数庞大的农民工群体身陷不平等的地位关系体系，以及由此带来的非正义声望分化和身份污名。他们的被支配地位得到广泛认可并巩固的机制和原理，以及改变这种不利地位处境的策略，具有十分重要的研究价值。

第二，建筑行业与房地产业紧密挂钩，在我国方兴未艾，是聚集农民工最多的产业之一。大量外出打工的农民如若没有特殊技术，大多也会选择在建筑工地出卖劳动力。这使建筑工人成为人们印象中农民工最典型的形象。

第三，说到农民工密集，制造业中的农民工也很多。之所以选择建筑装饰业做研究，是因为这个工作领域又包含很多工种，不同工种之间以及同一工种内技术精到程度不同的工人之间，都有明显的工资待遇差距。收入水平、工作类别、技术高低都是影响个体地位高低的重要指标。因此这里具有本书研究地位合法化的有利环境。

第四，以建筑装饰业农民工为研究对象，还因为他们不是农民工中生活最苦、受歧视最严重的人群。相对更底层的进城务工者，装修工人收入不低、待遇不差，遇到劳动力短缺或者具体技术问题时，手艺好的大工还能得到工头、客户在工钱给付和交往态度方面的妥协，但他们却也认同了自己的弱势身份。这应该更能说明制度、日常互动模式等多元社会力量在地位分化过程中的雕刻作用。而这类人所经历的地位合法化过程也更能代表大多数社会成员的声望地位，也是整个地位体系定型强化的路径。

另外，在同这个行业的工人和管理者较长期的接触中，我们注意到从事这类职业的农民工对自己目前的身份十分认同，甚至十分骄傲自己现今的"业绩"。这与当下很多研究提出农民工身份污名、认同困境等观点似乎有些出入。本研究想发掘其中的缘由，将这部分农民工的劳动特点和心理特异性反映出来，探究导致其地位合法化的原因究竟何在。

第五，选择 GG 建筑装饰公司，一来因为对此行业的相关情况比较了解，有深入调查的社会关系基础，容易进入；二来因为该公司成立时间较早、经营范围较广，即便在全国同行业中也是屈指可数的大型公司。在这里接触到的农民工、工种、工程项目性质和管理方式等因素的类型都会更多、更全面。

（二）收集调查资料的多元方法（triangulation）

如前文介绍，GG 建筑装饰公司下属多个项目承包公司，每个分公司里还有若干施工队，经他们负责承包的工程遍布全国多个省市。根据施工队的工作地点（在笔者所在市施工）、工程的规模（以此估计完成此工程大概所需的工种），以及这些施工队里农民工的籍贯、年龄分布等信息，三个工程队最终成为开展本次研究的主要阵地。这三个施工现场里，农民工（也是准受访者）身份变异程度最大、包括工种最齐全，因而保证了能接触到的研究对象的广度。研究方法与研究流程见表 1-1。

表 1-1　研究方法与研究流程

研究问题	对问题的操作化	具体实施方法
地位合法化的现状	·考察在外群成员眼中建筑装饰农民工处于什么样的社会地位，及其污名程度； ·考察建筑装饰业农民工对自己身份地位的认知与评价	·实验验证农民工所处的弱势地位和身份污名； ·访谈了解农民工怎样评价自己的地位、生活水平和身份处境

研究问题	对问题的操作化	具体实施方法
地位合法化的前因机制	·传统正义观：儒家传统家族伦理和正义观念； ·劳动过程中的社会公正原则； ·外部效力：制度因素、主流公共话语以及日常互动的地位建构作用； ·自身地位维度之外的比较优势：相比其他群体生活境遇而获得的尊严	·应用访谈和问卷相结合的方法，确定程序正义、内在价值观、传统仁义观念影响地位合法性的内在规范形成； ·非参与式观察工人的日常劳作和人际交往，确认互动行为模式的地位建构作用； ·文献法和访谈法相结合了解建筑装饰企业、工程队的管理规范、管理惯例； ·访谈法了解制度、媒体对官方意见的强化与传播，构成合法性形成的外在促动力； ·访谈法了解工人对内群、外群地位相对处境的看法和理由
地位合法化的心理效应	·认知方面； ·行为方面； ·情感方面； ·社会认同	·访谈了解他们是否知道哪些权利是自己应该争取的，和他们如何看待合理权益被剥夺； ·观察和询问工人遇到不公平事件时会表现出哪些消极情绪，及其反抗的概率和特征； ·访谈了解工人的自我认同和自我范畴化状况，以及他们的群体认同特征
去合法化的策略	·引入新的地位特征变量； ·传播理念	·实验验证增加新的地位特征可以提高群体社会地位或降低不利地位的合法性； ·文献回顾，总结制度变迁对进城务工群体社会地位的影响，展望社区服务的作用

1. 实验法

研究初始设计了一个实验，目的在考察农民工社会地位在他人眼中的合法性现状和农民工身份的污名程度，以及相应的去合法化策略。实验以 YT 一所高校的 150 名大学生为被试，在此校教学楼内的四个教研室进行，从筹备设施、申请实验室到招募被试、正式收集数据，共历时三个多星期。实验人员均经过两天的系统培训。

实验以研究群体互动与问题解决能力之间关系为名，让参与者完成两组图形判断题，和预计实验过后一周进行的小组讨论。第一组题目由参与者单独完成，第二组题目由参与者和另一个参与者通过网络合作完成。实验通过设置合作者的身份地位，将参与者分成一个控制组和四个实验组，共五种条件中。控制条件下，合作者与参与者身份相同，都是在校大学生。实验条件下，合作者是在校初中生，或者是农民工。参与者被告知，他在完成第二组题目时可以跟合作者互通意见，修改自己的初选答案。实际上，合作者的答案是计算机根据参与者的初选答案特意设置的，有一些与其初选意见相同，另一些与之不同。根据地位特征论，优势地位者获得的期望更高、影响力也更大。因而当群体内出现意见分歧时，人们往往遵从高地位者的意见。本实验的因变量之一就是当参与者发现合作对方的选择与自己不同时，会在多大程度上参考对方的意见，也即受对方的影响而改变自己的初选答案，以此来佐证农民工的地位水平及其影响因素。

图形判断题结束之后，实验助手会请参与者注册下一周的面对面讨论小组。本实验的第二个因变量就是，参与者是否会选择仍旧与刚才的同伴同组近距离合作。因为有关污名的研究表明，污名会增大污名群体与其他群体的社会距离。是否愿意跟农民工同组讨论能从一个方面反映两个群体之间的社会距离，从而说明农民工禀赋污名的程度。

2. 观察法

在联系工程经理和具体项目的工头时，只将调查研究目的比较笼统地表达为：大学生的社会实践，比较关心当前农民工的工作、生活状况，而且长期在书斋里需要下来体验生活。这些说法拉近了研究者与农民工的距离，也降低了管理者的防备，便于对农民工日常生活实践进行真切的观察。由于研究者的性别和外貌与被调查对象差异过大，不方便进行完全参与式的观察，所以研究主要采用非参与式观察。在一个多月的时间里，研究人员与这些农民工一同上下班，进入他们居住的地方一起吃午饭、聊天，有些时候还力所能及地帮忙打扫或者搬运工具，很快便融入其中。

研究采用观察法的目的是收集地位合法性生成与影响方面的个体行为信息。观察的内容包括：农民工相互交流时的语气、语词与交往行为特征，农民工与工头、主管或经理互动时双方的语词以及语气、语调、表情等非语言特征，农民工与普通城市居民的交往场合、交往行为与互动话语等。农民工在工作场域和非工作的生活场域的言行、经历都是本研究关注的目标。

3. 访谈法

访谈可以更进一步深化观察得来的初步体会和结论。为了了解农民工对自身地位和社会公平状况的相关态度，研究者在三个调查点接触的近百名农民工中挑选了41位比较典型的人物进行细致的半结构式访谈。他们中午通常有一到一个半小时的休息时间，这种正式的访问一般是午饭过后在他们的住处进行。工作间隙与其他农民工的闲聊则构成了辅助性的访问资料。整体来看，访谈对象既有普通农民工，也有包工头、工程队经理及其他管理人员，还涉及公司主管和普通城市居民。他们的教育水平参差不齐，有些人读过高中，有些人小学还没毕业，大部分受访者是初中文化程度。全部41位受访者的年龄分布在18~60岁之间，其中3位为女性。访谈所涉及的内容主要包括：个人进城的方式、生活状况和职业生涯经历，目前此行业的工作特点、薪酬惯例、奖罚制度，访谈对象所在工程队中的各种劳动关系，以及他们对自身社会地位、阶级/阶层身份的看法。访谈提纲参见附录。

4. 文献法

本研究分析合法性地位的效力必然要参考国家、当地有关农民工的政策，这些政策法规也是解释农民工地位合法性生成的重要变量之一。另外，新闻报道、纪实文学（如报告文学）等资料也为合法化影响的论述提供很多启示。

适应城市本质上是现实生活中有生命的个体不断实践的过程，因而有学者主张回到经验本身，用实践社会学视角来考察这个"以事件经历为主线形成的绵延不断的行动流"。❶ 本研究也会注意把握日常实践对农民工地位合法性的建构作用，使其呈现一种"具体工人"形象；同时将生产过程当作塑造农民工的决定性因素之一，力求在"返回生产中心性"上有所突破。

---

❶ 符平. 青年农民工的城市适应：实践社会学研究的发现 ［J］. 社会，2006（2）：136-161.

第二章 建筑农民工群体：社会地位体系中的位置

从字面上分析农民工这个称呼，它应该是农民和工人两种身份的结合。"人类历史上，农民大量转为产业工人几乎是任何一个工业化国家都必然经历的阶段。在世界最早的工业化国家英国，由于圈地运动迫使农民离开自己的家园，从而解决城市产业劳动力不足的问题。而更多的情况是，农民离开土地，一方面有自耕农要解决越来越难以生存的问题，另一方面也是其他产业的发展提供了更好的工作机会。在东亚，包括日本、韩国、我国台湾地区，过去的几十年都先后经历了自耕农转为产业工人这一阶段。"❶ 而我国现存的特殊户籍制度，则导致了特殊的"农民工"现象。虽然在新中国成立初期的一段时间里，农民老大哥和工人师傅都曾一度备受尊敬，但特殊的国情和政策并不能根本改变脑力劳动和体力劳动标示地位差距的意义。随着国家重工业优先发展战略的强积累模式，农村向城市、小城市向大城市的人口迁移都受到严格限制。之后又由于资源的稀缺，原本用来管理人口的制度最终成为限制人口流动的帮凶。在长达50年的时间里，户籍政策构筑了"农业户口"与"城市户口"在实际利益上的不平等，也固化了持有不同户籍身份的人在社会地位上也严重分化。❷

如今，到城里建筑工地上干活的农民，兼有付出体力劳动和农村户籍两种不利地位特征，在社会声望等级系统中处于极低的位置。这些打工者为城市的发展做出重要的贡献，却遭到各种制度性、非制度性的歧视；人们从来都欢迎外来劳动力到城市来工作，但却很少愿意把他们视作有资格享受各种权益的成员。这样的地位关系本来是极不公平的，但它竟然得到了弱势群体成员——建筑农民工的认可。本章通过内群成员和外群成员两类主体对该行业进城务工人员之社会身份的定位与行为反应，揭示他们弱势地位的合法性状况。

---

❶ http：//zhidao. baidu. com/link？url = tUy5lV4GwzaZK6ZMF9b2VoX0hjWTaq2DB _ O4T4Xt P47V 8jZ8 Cxpejv38uCMF _uDM4LGQcB6HWKbxVk5pIcM5WK.

❷ 陆益龙. 户籍制度：控制与社会差别［M］. 北京：商务印书馆，2003.

一、何谓"地位合法性"

（一）合法性的本质

英文单词 legitimacy 原本并无一个非常恰切的中文词汇与其严格对照，有人也将其译作"正当性"。这里的"法"取"规范"之意，其中既包括法律，也包括制度、规则，甚至涵盖社会价值、道德、传统等。因而"合法性"绝不仅仅是合乎法律的意思，更通常指"与既定规章、原则、标准相一致的"、"符合逻辑的"意思。

作为从西方司法、政治学领域引进的术语，这个概念开始主要被学者用于表示国家政治权力、结构与秩序的正当性及被认同程度。比如现代合法性理论奠基者马克斯·韦伯认为，合法性是指对一种政治秩序或统治的信仰与服从。李普塞特（Seymour Martin Lipset）进一步指出合法性不同于有效性：前者是评价性的，指"政治系统使人们产生和坚持现存政治制度是社会的最适宜制度之信仰的能力"；后者则是工具性的，指政治系统满足公民要求的程度。[1] 后来，合法性的对象逐渐扩展，以至于车尔迪奇认为，任何事物只要符合群体共同接受的规范、价值、信念、实践和程序，就都是合法的。

在经验主义占主导、兼具规范主义的合法性理论潮流中，合法性的主观性含义越来越受到强调，被认为反映在公众对政治统治的一种认同和忠诚态度。迈克尔·罗斯金等人甚至明确地说："中世纪以来的合法性不再只是指'统治的合法权利'，而且指'统治的心理权利'……现在的合法性意指人们内心的一种态度……认为政府……是合法的和公正的"。[2]

一个事物若具有合法性，那么它既应具有合乎正当性的价值属性，又应具备能获得人们认同的事实"魅力"。当然，事物本身是否具有正当性与其所处的社会情境密切相关。不同历史时期，人的认识能力和价值诉求都有很大差异；不同社会发展阶段，人们对规范与秩序的理解也大相径庭，尤其制度本身也经历着很大的变迁。所以"正当性"的标准自然不同。而虽然从理论上说，社会现象由于具有合法性而得到承认，可是从社会学研究来看，社会现象由于得到了承认，才见证它具有合法性。[3] 合法性概念无论是广义的用法

---

❶ 李普赛特. 政治人：政治的社会基础（东方编译所译丛）[M]. 张绍宗，译. 上海：上海人民出版社，2011：55.

❷ 迈克尔·罗斯金. 政治科学 [M]. 林震，王锋，闭恩高，译. 北京：中国人民大学出版社，2009：7.

❸ 高丙中. 社会团体的合法性问题 [J]. 中国社会科学，2000（2）：100-111.

（被用于讨论社会的秩序、规范），还是狭义的所指（国家的统治类型或政治秩序），其实都包含着同一要旨：由于被判断或被相信符合某种规则而被承认或被接受。❶

（二）合法性理论

合法性是社会学和政治学的核心概念之一。任何政治统治、社会管理要想成功，都离不开合法化作用。对合法性的理论分析大多遵循着社会科学理论传统的规范与经验二元模式，人们也不断在规范研究与经验研究的张力中逐渐加深对合法性的认识。车尔迪奇对合法性理论进行社会心理角度梳理。他以地位关系双方是否受真正公意性行为规范的调节为标准，将历史上关于地位合法性的代表性论述分成共识型观点、冲突型观点和综合型观点三类。❷

1. 共识型合法性观点

共识型合法性观点是指支配群体和被支配群体都共同承认某种标准和原则。判断支配合法性的理性标准是大家公认的正义、好、善等价值规范。

共识型合法性观点渊源甚久，最早可追溯到古希腊时期。亚里士多德在《政治学》中就考虑到稳定政权与合法性的关系。他认为合法性应奠基于法律规范、普通民众的自愿赞同以及人民的公共利益，因而必须客观地甄别出哪些制度是正确的，哪些是错误的。卢梭将他之前合法性思想中纯客观主义的、假设的中间原则升华为人民的共同利益和公意，是彻底的共识型合法性理论。他在《社会契约论》开篇指出："即使最强者也不会强得永远做主人，除非他把自己的强力转化为权利，把服从转化为义务"，❸而转化的途径就是通过建立契约而产生的公意。

社会学中将共识型合法性观点发扬光大的是帕森斯。他在结构功能理论中提出，统治者和被统治者共享一套规范、价值观和信念；基于这套信念而产生的公意使人们自愿接受一种社会秩序；规范和价值观的正义性，也就是合法性，蕴含于双方的公意，或者说群体利益当中；而社会秩序或者政治秩序只有合法，才能稳定。❹帕森斯之后，李普赛特更把群体利益对民主政权合法性的意义直接联系起来。他认为合法性完全取决于政治系统的价值与其成

❶ 高丙中. 社会团体的合法性问题［J］. 中国社会科学，2000（2）：100-111.
❷ ZELDITCH M, Jr. Theories of legitimacy［G］// JOST J T, MAJOR B. Psychology of legitimacy：emerging perspectives on ideology, justice, and intergroup relations. Cambridge：Cambridge University Press, 2001：33-53.
❸ 卢梭. 社会契约论［M］. 北京：商务印书馆，2003：10.
❹ 帕森斯. 现代社会的结构与过程［M］. 梁向阳，译. 北京：光明日报出版社，1988.

员的价值是否一致，任何有助于实现群体目标的事物和行为都是合法的，因为群体目标是成员们的"公意"。❶

2. 冲突型合法性观点

冲突型合法性观点认为支配双方的利益是根本对立的。单纯借助权力可以制定规则使人们服从，但却不能保证这种关系的长久稳定，所以它需要合法性的支撑。少数支配者为了使那些有利于自己的规则显得正当、正确，就必须用谎言、习惯等表面具有合法性的言论掩盖本群体的真实利益。大众相信、赞同就是判断统治合法性的唯一标准。无论人们服从的动机是什么，凡是被大众相信、赞同，能保持大众的忠诚和支持就是合法的统治。

冲突型合法性观点强调经验的作用。这种经验取向是受马基雅维利思想影响的结果。这位欧洲文艺复兴时期的意大利著名政治思想家主张以历史和个人的经验教训为依据来研究社会政治问题。而此种观点的典型代表应该算是马克思。他关于"主流意识形态"的论述指出，由于统治阶级控制着精神生产方式，即把持着宗教、教育、媒体等，所以统治者的观点渐渐为被统治者所接受，甚至成为他们自己的信念。❷ 当然不同人接受主流观念的程度有所差别。有些情况下，人们真的将其内化，因而出现所谓"虚假意识"现象；有些情况下，人们仅具有一些未组织、碎片化的阶级意识，虽然并不深信所谓主流价值观，但受权力的约束也不会有任何外显特征。

之所以称这派观点为博弈，是因为它认为支配双方存在根本利益的矛盾；建立合法性的一切努力完全是支配群体为了掩盖自己真实利益、稳固自身政权而采取的策略之举；被支配群体的服从也可能是他们在既定情境下的权宜之计。实际的切身利益才是人行为的真正驱动力。个体行为的工具性取向，支配双方的利益冲突，以及权力在制定规范和规则过程中所起的关键作用，是博弈观点区别于共识观点的关键之处。

3. 综合型合法性观点

共识型合法性观点与政治学中的规范性合法性观点相似之处在于，二者都关注合法性中的价值判断问题。但共识观点可以接受社会成员达成一致的任何态度信念为合法性的标准，而规范主义者则只相信存在一种普适性的、永恒正义标准。冲突型合法性观点与政治学中的经验性合法性观点也有类似之处，即

---

❶ 李普赛特. 政治人：政治的社会基础（东方编译所译丛）[M]. 张绍宗，译. 上海：上海人民出版社，2011.

❷ 马克思，恩格斯. 德意志意识形态（节选本）[M]. 中共中央马克思恩格斯列宁斯大林著作编译局，译. 北京：人民出版社，2003.

二者都强调政治合法性的事实层面、技术层面，均以被支配群体的赞同和支持来判断一种统治是否具有合法性。但二者的区别在于，博弈观点指出了支配关系双方的利益矛盾，以及个体出于工具性目标而服从或赞同的可能。

现代合法性理论的创始者马克斯·韦伯在分析价值理性行动和工具理性行动的基础上，也将共识型和冲突型合法性观点统一到一起。他的效力（validity）概念提示人们，合法性其实还有超越个体信念和统一价值规范的群体约束成分。当一个人看到其他人的行为都明显受某种规范的制约，其他人的行为似乎也表明他们的确相信这种规范的正确合理性。❶ 他会预料到自己一旦违反规则行事，定会遭到维护规范者的反对甚至排斥、驱逐。此情况下，无论这个人本身是否认同，该价值规范对他来说都具有群体层面的合法性，即效力。有效的社会秩序渗透在社会控制的整套体系中对个体发挥约束力。人们服从某种统治，遵从某种价值观，可以如共识型观点所说，是因为认同了某种既定的价值、制度、程序；也可能如冲突型观点所说，是出于很多目的，经历多种心理过程的权宜之举。

后来很多学者批驳韦伯思想中严重的经验主义取向。他们说，如果自愿服从就代表了基于合法性信念的统治，那么统治者似乎只要努力为自己营造合法性就足够了。这完全抹杀了统治形式存在的客观基础、历史条件等要素。❷ 合法性问题中有一个关键性的因素："被统治群体的信念如果是由统治者所强加在它身上的话，那么这种信念本身处在带有欺骗性的或意识形态的地位。"❸

哈贝马斯也反对将合法性单纯理解为大众对于政权的忠诚和信仰。他提出，合法性不能仅仅来源于支配群体为自身统治所作的论证或证明，而应有更深层次的价值基础，即对某种标准和真理的追求。在哈贝马斯看来，"合法性意味着某种政治秩序被认可的价值"❹，即一种政治只有包含了被认可的价值，才可以证明自己是合法的。哈贝马斯虽然强调合法性赖以存在的价值基础，但并不完全否定它需要得到大众认同的"事实"。由于合法性存在于"社会文化"生活中，而健康发展的社会文化生活有助于政治系统得到大众的广泛信仰和支持。所以国家应允许社会对其合法性进行公开的讨论。

实际上，哈贝马斯也承认合法性是一个具体的历史性概念，一种政权只有

---

❶ 韦伯. 经济与社会 ［M］. 阎克文，译. 上海：上海人民出版社，2010.
❷ 孙建光. 西方政治合法性理论辨析 ［J］. 求实，2004（2）：60.
❸ 张康之. 合法性的思维历程：从韦伯到哈贝马斯 ［J］. 教学与研究，2002（3）：60. 基恩·约翰. 公共生活与晚期资本主义 ［M］. 北京：社会科学文献出版社，1992.
❹ 哈贝马斯. 交往与社会进化 ［M］. 重庆：重庆出版社，1989：188-189.

被放在具体的历史环境中才能评价其合法性。❶ 在这方面是不存在一种永恒的、终极的价值标准的。而且韦伯并未否认合法性应有价值支撑。因为个体自身的信念、态度、价值追求仍被认为是合法性的一个重要层次。而且他所强调的正是当一些个体不承认这种合法性，也即一种统治秩序的合法性不具有充足价值支撑时，它如何实现统治的结果。韦伯想要表达的思想是，合法化是一种包含很多心理过程的集体建构物。这引发了后续大量的社会学取向合法性研究。多恩巴克和斯哥特首先在他们关于组织权威的研究中完整总结了韦伯以来关于合法性具有多层面本质的观点。他们指出，合法性包含个体层次的行为准则（propriety）和群体层次的效力（validity）两个面向。❷ 然后，进一步指出效力的获得既来源于由上至下的"授权"（authorization），又少不了由下至上的"拥护/赞同"（endorsement）。权威地位的合法性以个体承认、遵守相关行为准则为前提，同时更有赖他人的授权与赞同（效力）。而效力在维持权威系统稳定性的过程中，也具有更强大且广泛的作用。这方面的相关研究随即引发了研究者对社会地位、社会等级秩序合法性的更浓厚研究兴趣。

（三）地位合法性的含义

在中国学术期刊网（中国知网）上输入合法性词条，会看到 4 万多个有关合法性的文献。这些讨论的主题虽然都叫作合法性，但合法性的主体却千差万别。其中除了以往讨论最多、关注最久的统治合法性、政权稳定性问题，还有权力合法性、地位合法性、程序合法性、不平等合法性、社团合法性、越轨合法性、抗议合法性，甚至报酬分配的合法性等。由此我们将合法性的主体大致分成两类：权力制度和社会事物（这里包括行为、事件、群体组织等）。它们的共同之处在于，合法性意味着支配关系的两极，或者说利益双方，都承认制度、文化、观念、社会现象、群体组织等合法性主体的存在具有正当性；合法化也必然促进权利、地位系统的稳定。而它们的区别则体现在合法性的原因、条件和结果等方方面面。概括说来，社会事物的合法性是指人们承认此事物为正当、正义的状态和程度。社会事物的合法性程度不同，可能导致其被接受或被消灭、被重构等不同的结果。权力制度的合法性指人们认同合法性所代表的价值规范体系的状态和程度。它的程度不同则会导致人们对规范体系的行为反应在自觉服从与抵制抗争之间变动。本书所说的地

---

❶ 哈贝马斯. 交往与社会进化［M］. 重庆：重庆出版社，1989：191.

❷ DORNBUSCH S M, SCOTT W R. Evaluation and the exercise of authority［M］. San-Francisco：Jossey-Bass，1975.

位合法性属于后一种类型。

地位（status）指人们在社会层级结构中的相对位置，以及围绕这一位置所形成的权利义务关系。韦伯用财富（wealth）、权力（power）和声望（prestige）三个指标来划分社会成员地位的高低。"地位合法性"中的"地位"一词，更偏重此概念的社会属性，即社会地位不同的人拥有大小不等的权力和高低不一的声望，并因此在所获得的社会评价、尊重、影响力等方面存在差异。财富虽然是影响人地位高低的重要因素，但却不是决定地位的唯一条件，也不能成为地位区分的结果。群际地位分化（比如受教育程度、性别不同人，在社会上的权力声望有差异）和人际地位差别（比如有些人的影响力比别人大，有些人倾向于顺从、服从另一些人），是地位差异的两个方面。二者借助地位信念（status belief）❶ 而彼此联系、相互作用。❷ 地位信念对不同类别群体做出差别性的判断，并使之合理化。人们遵从地位信念的指引，承认了群体间的地位差别，同时也认可社会关系应建立在这种类别区分的基础上。于是，个体之间的关系就不免受到他们各自类别特征（其实也就是群体归属）的调节。人与人交往时更要根据双方所属群体的地位关系来决定互动模式。这个时候的人际交往即便发生在两个人之间，也具有群际互动的性质。本书所用的地位概念，主要指群体地位。无论内群成员是否意识到彼此的同一性，是否有强烈的群体认同，地位都将是体现在个人遭际中的群体命运。

地位合法性指社会分层体系及相关规则具有被人们认可的价值，并确实得到大多数社会成员赞同的情况。它具体表现在，处于特定地位的人承认现有地位关系、地位结构的公正性，认可自己地位处境或在等级结构中所处位置的合理性，并愿意遵从地位规范，接受与社会分层相关的法律制度、文化期待和价值观念的约束，规范自己行为的程度。

在所有关于权威、地位合法性的研究中，多恩巴克和斯哥特对正式组织内权威合法性双面向本质的总结概括，考虑到价值和经验的双重作用。这给予本书一个重要的启示，即地位合法性也包含价值诉求与权力运作的互动：个体层次的合法性就是地位主体对自身在社会等级体系中所处位置和与其他群体所形成的地位关系的认同，这种身份的认同往往通过内化的行为准则（propriety）影响着地位持有者的一举一动；群体层次的合法性就是这种地位

---

❶ 地位信念就是社会成员共享的、关于某个群体的成员比另一群体的成员更有能力、更值得尊敬的文化观念（Ridgeway and Correll，2006）。

❷ RIDGEWAY C L, ERIKSON K G. Creating and spreading status beliefs [J]. American Journal of Sociology, 2000, 106（3）：579-615.

关系受到他人，尤其外群成员的拥护和赞同，通常称之为效力（validity）。个体层面的地位合法性告诉行为者应当怎样做，是其内心指导、约束自己所作所为的准绳。群体层面的合法性则作为具体行动的外部约束力，警告行为者必须怎样做，是权力或权威影响力得以实现的必要保障。因而，我们必须从两个方面来判定某种身份地位是否具有合法性。一是，具有该身份的人是否承认自己处于跟身份相应的特定社会地位，并愿意用且确实用相关角色规范指导自己的行为。二是，社会中其他群体的成员，尤其是那些已经或有可能与之发生互动的人，是否认为此类人应该处于此社会地位，并确实按照相应的关系假设与之交往互动。而在文化多元主义的探讨中，不同群体之间也正是通过这样的"承认的政治"过程来获得各自的合法性的。❶

从上面的总结中可以看出，本书所说的地位合法性本质上是对自身地位处境和整个分层体系的正当性的感知。它与通常的政治社会学术语略有差别，是一个主观性很强的社会心理概念。就进城务工人员的情况而言，即使我们根据日常观察体验或调查研究分析得出他们是受歧视的城市弱势群体，也不能判定这种社会地位就具有合法性。因为要获得是否具有合法性的结论，必须同时考虑农民工对自己劣势身份地位的认可程度，尤其是他们按照社会对本群体的期许行为的程度和他们可感知到的其他人，尤其城市居民对农民工群体弱势地位处境的赞同态度。两方面的信息缺一不可。如果只是进城务工人员将自己定位成弱势群体，而其他地位群体的人并没有这么看他们，那是进城务工人员的自怨自艾；如果只是其他地位的人藐视、鄙视他们，而进城务工人员自身并不认为自己处于弱势，那是其他人的妄自尊大，也是不稳定的短暂地位波动期才会出现的状况。只有进城务工人员自身和社会中其他群体成员都认为他们是处于弱势的农民工，这种身份地位才具有合法性。

地位合法性与身份认同、规范内化、地位信念几个概念的含义有些相近，但却不能简单地认为它是这些概念的同义词。身份认同只是地位合法性的个体层面要素，却不代表此地位在群体层面也能获得他人的赞同。地位合法性和地位规范虽然都具有规约人行为的作用，但合法性通常只经由影响人的主观预期来归导行为取向，而规范则更加体系化地指明行为目标和行为方式。有些时候地位规范尚不具备合法性，有些时候地位合法性也可能还没有上升到规范的层次。地位合法性与地位信念更有很大区别。后者仅表示某类人处于某种地位获得这类人自身和其他社会成员的承认。而地位一旦获得了合法

---

❶ 泰勒·查尔斯. 承认的政治［G］//汪晖，陈燕谷. 文化与公共性. 北京：北京三联书店，2005：290-337.

性，便使除观念和态度信仰之外的很多事物也获得一种正当性，比如整个社会的等级秩序，区分人地位高低的主客观标准，该地位身份者与外群成员的互动方式，他们应从事的主要职业类型，以及应该得到的报酬待遇等。

下面就从个体、群体两个层面内涵来分析进城务工人员社会地位状况。本章的第二部分用一个简单的实验来考察其地位的群体层次合法性，即外群成员对建筑农民工的态度。实验参与者完成任务时会在多大程度上参考农民工同伴的意见，反映了他们彼此间的地位关系；而参与者是否愿意跟同伴近距离合作，反映了农民工群体的污名状况。第三部分是从进城务工人员的话语表述中把握其地位的个体层次合法性。他们是否承认自己是农民工，是否按照社会对农民工群体的期待行事，反映了这部分人怎样理解自身的社会身份和地位水平。

二、他人眼中的"建筑工人"——弱势地位与社会污名

建筑业是国民经济的重要部门。改革开放三十年来，该行业始终处于高速发展的态势。快速的城市化步伐受到国家积极财政政策的推动，更使建设领域投资规模不断扩大。自2001年至今，建筑业总产值及利润总额增速一直在20%的高位波动。以2010年为例，全国建筑业增加值26 451亿元，比上年增长12.6%。作为建筑业中的三大支柱性产业之一，建筑装饰行业是随着房地产热潮的逐步兴起而快速成长起来的一个劳动密集行业。近些年，建筑装饰装修行业获得巨大的发展。2008年装饰业产值已达14 700亿元，占国内生产总值的3.2%；2009年建筑装饰业总产值同比增长15%左右。在全国50多万家具有资质等级的总承包和专业承包建筑业企业从业的4000万人员中，仅建筑装饰行业就容纳了1400万劳动人员。其中绝大部分是农民工。

建筑业农民工是典型的进城务工者形象。按照韦伯的分层理论，这些拿着微薄的工资，在城市的角落里从事着最边缘、最辛苦工作的人无论以财富、权力、声望中的哪个指标来衡量，都属于分层体系中的下端。现实生活中，城市公众对这部分人的印象一直处于矛盾状态：一方面觉得他们吃苦耐劳、诚信简朴，踏实地为生计奔波，默默地推动城市发展；另一方面发现他们文化程度较低，不讲卫生、不文明，个别人甚至由于种种原因对社会治安构成威胁。人们渐渐对进城务工人员形成了一种顽固的消极认知。负面刻板印象日久，便成为这个群体所有成员时刻禀赋的污名。本部分用实验方法证明，建筑行业进城务工人员处在社会弱势的地位，同时承受着社会施加的污名。这不仅是普通人基

于日常生活体验做出的主观判断，还渗透在社会成员的交往体验之中。

（一）研究背景

1. 地位（status）与影响（influence）

"地位"在《辞海》中有两条基本注解：一是一个人在社会中的职务、职位以及由此显示出的重要程度；二是个人或群体在社会关系中所处的位置（《新华词典》亦给出此解）。社会学中的社会地位（social status）概念，更偏重后一种意义，着重强调个体或群体在系统中的定位和功能。在类似先赋地位、自致地位的基本概念区分中，地位一词甚至包含了角色（role）的意涵。本书中的社会地位概念，主要指个体占据的社会位置以及相应的尊严与声望。本部分的目的之一便是了解当前进城务工人员在普通人眼中处于什么样的社会地位，这种处境会给他们带来什么影响。

有关人们如何确定自己和他人的社会地位，之后又会怎样处理相互之间的交往等问题，地位特征论做出了相对比较成熟的论述。该理论认为，发生互动的双方总是根据彼此身上的特征来预期各自的任务完成能力。一个人秉承的期望越高，也即他本人和其他人越认为他能出色完成任务，他在互动群体里的地位就越高。因为大家都认为他能把任务完成得又多又好，所以这个人就会按照这种期望来要求自己，并不断追求达到期望的目标。这么做的结果是，他的确如当初预期的那样取得骄人的成绩，因而也赢得了较高的声望。最终，这进一步验证和强化了群体内当初由期望差异而形成的地位区分。这一系列作用的关键，也是整个演化过程的起点便是人的特征，或者叫做地位特征。"地位特征"（status characteristic）是任何能将行动者区分成不同地位的特征。性别、年龄、种族、教育程度等都是其中的典型。地位特征分两类，一类是具体地位特征（specific status characteristics），表明一个人所具有的仅适于特定领域的才能，比如力量大小、计算快慢；另一类是泛化地位特征（diffuse status characteristic），表明一个人所具备的在很多情境和任务中都需要的才能（generalized expectation states，GES）。

地位特征由于同一群体中地位不同的人所拥有权力和声望是有差别的，所以后者往往被用作标示一个人地位高低的重要参数。权力声望等级（power and prestige order）一般体现在四个方面：行动机会（action opportunities），即为完成群体任务出力献策的机会；绩效付出（performance outputs），即为完成群体任务所做的努力；回报行动（reward actions），即人们对成员自身及其绩效付出的评价；影响力（influence），即遭到反对时，是否会改变自己的意见。

地位特征论构建了一套精妙的程序，来预测人们加工各种显著性地位特征信息以形成绩效期望，进而为我们呈现出群体内地位组织化、结构化的过程。这个领域的绝大多数研究都采用实验法，影响力（influence）就是其中测量一个人在群体内地位高低的重要指标。行动者总是依据自身与互动对方的相对地位而行事，表现出符合自己权力声望级别的行为。假如一个人的地位高，那么他的影响力就大。当群体讨论中出现不同意见时，地位高的人更容易坚持自己的观点，其观点也更容易获得他人的赞同。反之，地位低的人更倾向于放弃自己的观点，转而支持他人的意见。

如果凡是具有地位区分作用的特征都可被称为地位特征，那么进城务工人员身份是否也可算作其一呢？本研究尝试通过被研究者完成任务时受进城务工人员身份的同伴所影响的程度，来测量这一身份的地位区分作用以及进城务工人员实际社会地位的高低情况。

2. 污名（stigma）与社会距离（social distance）

"污名"一词最原初的意义是指古希腊时期刻在或烙在某些人身上，提示其他人对其回避、远离的身体标记。1963 年戈夫曼以《污名：受损身份管理札记》将此概念带入社会歧视的研究视野。书中认为，污名是个体或群体所具有的不被社会欢迎和喜欢的特征或属性，是社会对受污者贬低性、侮辱性的标签，这种标签降低了其在社会中的地位，使他们不为社会充分接纳，还会招致种种不公正待遇。[1] 灵克和费兰[2]从群际关系角度重新定义的污名概念，更系统化地表述污名的作用过程与影响，获得了广泛的认可。他们认为，当以下五种相互关联的要素同时出现时，污名就存在了：第一，人们选择一些显著的特征对人类加以区分，并给人类的差异贴上标签；第二，主流文化观念将被贴标签者与不受欢迎的特征联系在一起；第三，主流群体为了在一定程度上把"我们"从"他们"中分离出来，将被贴上标签的人置于独特的类别中；第四，被贴上标签的人遭受种种不公平待遇，大家认为对他们的贬抑、拒斥和排挤等歧视行为都是合理的；最后，一个群体在社会、经济和政治等方面的权力或影响力决定了它能否对另一个群体施污以及污名的程度。从此定义中我们不难发现，污名化综合了贴标签、刻板印象化、地位丧失，以及歧视等多种过程。

社会心理学家在很多领域（心理疾病、同性恋、生理缺陷、肢体残疾、吸毒、艾滋病等）进行了有关歧视和污名的研究。而能导致污名的属性除了疾病、个性、行为方面的特征之外，还有人的社会身份。诚如科劳克所说，

---

[1] 戈夫曼. 污名：受损身份管理札记［M］. 宋立宏，译，北京：商务印书馆，2009.

[2] LINK B G, PHELAN J C. Conceptualizing Stigma［J］. Annual Review of Sociology, 2001, 27: 363-385.

"一些属性或特征代表了在特定社会背景中能够受贬抑的社会身份，当一个人拥有（或被认为拥有）这些属性或特征时，污名化就会发生。"❶ 农民工就是这样一种污名身份。不少城市居民从外貌、行为举止、人格与道德水平、怪异行为以及内隐疾病等方面，把他们看成是肮脏、不文明、违法犯罪率高、不遵守规章制度、难以管理的问题群体;❷ 各种媒体报道也把他们渲染成"愚昧"、"粗俗"、"蛮横"以及"怪异"的人。"农民工"在不断的污名化建构中渐渐变成了一种汇集众多负面特质的身份代名词。

研究表明，对受污个体来说，背负污名有很多不利后果，比如学业成绩下降，身心健康受损，一部分人的自尊水平甚至也有所降低。当与污名相关的情境线索被评估为对个体的社会身份有危害并且超出个体应对资源时，受污者还将体会到认同威胁,❸ 进而在消极事件归因，完成任务努力程度和群体认同等方面做出不同的行为选择加以应对。❹ 更关键是，由于被贴上标签的污名特征往往成为受污者的"主要身份"（master status），隐蔽这些人身上的其他特征信息，受污者很容易仅仅用内化的标签指引自己的行为,❺ 而其他人对他们的判断也仅以污名特征为依据。❻ 这势必导致因污名而形成的地位分化和社会区隔更加固化。

强势群体在身份、性别、种族等特征上对弱势群体施以污名，以证明自己取得优势地位而对方遭受不公平对待是合情合理的。污名化与地位分化有很多相似之处。首先，它们都有将人划至不同类别、区分成高低等级的作用；其次，两种过程都会带来一部分人丧失平等地位的结果；最后，不利地位一方的影响力也必然有所削弱。然而二者之间更存在本质的差异。那就是污名过程还伴随着一种额外后果：社会排斥。❼ 在单纯的地位分化过程中，无论一个人占据多低的位置，他仍属于"正常"之列，不会有社会排斥效应出现。

---

❶ CCROCKER J, MAJOR B, STEELE C. Social stigma [M] // GILBERT D T, FISKE S T, LINDZEY G. The handbook of social psychology (Vol. 2), 4th ed. Boston: McGraw-Hill, 1998: 504-553.

❷ 管健. 身份污名的建构与社会表征——以天津 N 辖域的农民工为例 [J]. 青年研究, 2006 (3): 21-27. 李建新，丁立军. "污名化"的流动人口问题 [J]. 社会科学, 2009 (9): 56-64.

❸ MAJOR B, O'BRIEN L T. The social psychology of Stigma [J]. Annual Review of Psychology, 2005, 56: 393-421.

❹ 张宝山，俞国良. 污名现象及其心理效应 [J]. 心理科学进展, 2007, 15 (6): 993-1001.

❺ EPSTEIN C F. Great divides: the cultural, cognitive, and social bases of the global subordination of women [J]. American Sociological Review, 2007, 72 (1): 1-22.

❻ BLINDE E M, TAUB D E. Women athletes as falsely accused deviants: managing the lesbian stigma [J]. The Sociological Quarterly, 1992, 33 (4): 521-533.

❼ LUCAS J W, PHELAN J C. Stigma and status: the interrelation of two theoretical perspectives [J]. Social Psychology Quarterly, 2012, 75 (4): 310-333.

而一旦其身份被污名化，他便背负起"不正常"或是"异类"的标签，面对"我们—他们"的区隔，并遭遇社会排斥。污名还会成为受污者的"主要身份"，使其在方方面面陷入贬抑处境。而某种显示个体处于劣势地位的特征，却并不一定是决定其最终社会地位的主要因素。另外，处于不同地位的人还都遵循着共同的等级规范。这套共识性规范设定了他们之间影响—顺从的行为模式，甚至提供一种行为原型，让人们在根据地位特征预期彼此的绩效表现时有所参照。而污名却有可能从根本上打断互动。因为"正常人"不知道该如何预期"异类"的行为。污名带给"正常人"的不适和窘迫，使他们在面对"非正常人群"时宁愿选择逃离。因此污名的结果只能是加大人们之间的社会距离（social distance）。

现实生活中，如果一个城市人被问及对农民工的态度，通常都不会很张扬地表示自己看不起他们。这一方面因为随着社会的发展、文明程度的提升，平等理念越来越被强调和宣传，人们确实在外显态度上有所改变；另一方面施污者有时也要保持自己的体面，还希望让自己显得有教养。所以大多数人都有意识控制自己，不会随意将自己内心的偏见表现出来。但不受意识控制的、自动化的内隐态度才更准确、可靠地反映人的真实态度。本研究的目的之一是想验证农民工身份是一种污名身份，以及这种污名化的程度。关于污名反应过程的研究表明，面对受污者，人们首先的行为反应就是回避。受此启发，同时也遵循污名研究的惯例，本书在实验中使用社会距离作为测量污名效应的指标。

3. 目前的研究

农民工，从城市公众以往对他们的消极刻板印象和评价来看，既是一种弱势地位特征，又是一种污名身份。但在对城市居民的访谈中，建筑装饰业进城务工人员已然成为城市人羡慕的对象。在付酬与干活的交换中，甚至完全处于被动。这是否表明这部分人的地位有所提高？是否意味着他们的身份污名得到洗脱？我们需要用更可靠的方式来把握当前建筑装饰行业进城务工人员的地位、污名状况。因为要对比考察单纯的泛化地位特征与污名具有不同的效应，我们选择了受教育程度作为前者的代表。

实验中我们让实验参与者与虚拟的同伴通过互联网进行交流，共同完成一项任务。实验条件依同伴身份特征不同而不同。控制条件下，同伴的地位特征与实验参与者相同，都是18~25周岁内的大学生。泛化地位特征条件下，同伴的受教育程度低于实验参与者，仅为初中文化水平。污名条件下，同伴是进城务工人员。所谓共同的任务是一套图形选择题。答题过程中，实验参与者和同伴可以获知彼此的初步选择意向。我们通过测量实验参与者最终答案受同伴影响的程度，来确定同伴身份特征的地位区分作用。接下来，实验参与者需要为下次的讨论任务重新选择同伴。我们通过记录实验参与者是否选择现在的这个同伴继续进行下一轮实验，来确定他希望与当前这个身份特征的同伴所保持的社会距离。

在影响力的测量中，我们希望发现进城务工人员身份与受教育程度一样是地位特征，进城务工人员和低文化水平都具有降低影响力的作用。

假设1：相比同伴身份特征跟实验参与者相同的情况，当同伴（1）的文化水平较低，或者（2）是建筑装饰业进城务工人员时，实验参与者受同伴影响的程度较低。

在社会距离的测量中，我们希望发现进城务工人员身份的污名效应，而低文化水平不会产生这种结果。

假设2：相比同伴身份特征跟实验参与者相同的情况，当同伴是建筑装饰业进城务工人员时，实验参与者希望与同伴拉开更大的距离。

（二）方法

1. 被试

本研究在山东烟台的一所高校内进行，共招募被试91人。他们均经同学（实验助手）介绍，且对心理实验和实验宣称的研究主题感兴趣，自愿报名参加。测试前对实验的真实目的并不知情。其中男生73人，占48.3%；女生78人，占51.7%。被试年级构成主要集中在大一到大三，其中大一的56人，占37.1%；大二的44人，占29.1%，大三的46人，占30.5%；大四仅有5人。91名实验参与者，平均分配到3种实验条件中。进城务工人员条件下的参与者有31人，其他两种条件各有30名实验参与者。

2. 工具

实验以研究群体互动与问题解决能力之间关系为名，让参与者完成两组图形判断题，和预计实验过后一周进行的小组讨论。实验谎称图形题目可以测试人的一种感知能力，第一组题目由参与者单独完成，第二组题目由参与者和另一个参与者通过局域网合作完成。所谓合作完成，就是两个人先给出各自的初选答案，然后电脑将两个人的初选答案显示在彼此的屏幕上，最后每个人综合考虑了自己和他人的意见之后给出自己的最终答案。实际上，题目与感知能力无关，人的肉眼和即时分辨能力也无法准确判断题目的正确答案是什么。合作者的答案是计算机根据参与者的初选答案特意设置，有一些与其选择相同，另一些与之不同。根据地位特征论，人们对地位较高者的期望更高，这种人的影响力也更大。因而当群体内出现意见分歧时，人们往往遵从高地位者的意见。这则实验的目的在于通过把同伴的身份和实验参与者受同伴影响的程度联系起来，对大学生的性别、年级进行控制，以验证地位特征论。这阶段实验的自变量是同伴的身份；因变量是被试作答的受影响程度，即在第二轮测试中当参与者发现合作对方的选择与自己不同时，会在多大程度上参考对方的意见，而改变自己的初选答案（实验参与者根据同伴的选择修改自身答案占总题目数量的比例）。

图形判断题结束之后，实验助手会请参与者注册下一周的讨论话题。这阶段实验的目的是，考察两个变量之间的关系，即人的身份和其他群体成员愿意与之保持的社会距离，以验证污名的社会排斥效应。自变量是同伴地位特征所标示的身份。因变量是社会距离，在本研究中即实验参与者是否选择跟原来的同伴同组、面对面讨论。

（1）对同伴身份的控制：我们用伪装的同伴个人信息材料，来控制实验条件。实验正式开始前，参与者首先要完成一份电子版的"个人信息登记表"。此表让他填写年龄、性别、文化水平、民族、职业、户籍所在地和类型等信息。此表的目的是为稍后给被试呈现同伴的个人信息登记表做铺垫或掩护。伪装的同伴信息登记表已经由研究人员事先圈画好答案。根据这份伪造材料上所显示合作者身份的不同，实验分三种条件。

条件1（控制组）：同伴的受教育程度和身份与参与者相同，是男性，18~25周岁，大学文化水平，汉族，学生，城市户口。

条件2（泛化地位特征组）：同伴的文化水平低于参与者，是男性，18~25周岁，初中文化水平，汉族，工人，城市户口。

条件3（农民工组）：同伴是进城务工人员，不仅文化水平低于参与者，职业一栏也清楚显示他在建筑装修工地打工，农村户口，男性，汉族。

（2）地位测量：地位测量阶段的实验任务都是有关反差对比的判断。第一部分测试由参与者单独完成。每个题目都是一个黑白相间的长方形（如图2-1），要求参与者判断长方形中黑色面积多，还是白色面积多。这部分的题目一共为25个，每个图形在电脑上仅停留5秒钟。25个长方形中，黑白面积都是大概差不多的，一般人的肉眼很难做出正确的判断，更不可能在短时间内选好理性答案。但电脑上的指示语告诉参与者，有些人的反差甄别能力强，因而正确率会更高。这一阶段的测试只是为了给参与者形成一个印象，即我们是在测试他们的某种知觉能力，而这种能力比较难捉摸。

图2-1　反差敏感度实验第一部分试题举例

第二部分题目由两个黑白相间的长方形（如图2-2）组成，要求实验参与者说出哪个长方形的白色面积多。依电脑程序的指导语，这部分实验关注的是小组成绩。小组成绩是两个人正确回答题目数量之和。因而参与者和同伴都应努力保证自己的回答正确。答题时，每组图形仍旧出现5秒钟之后消失。每个参与者先在答案栏的第一行标出自己的意见，选择哪个选项，哪个选项旁边的灯泡就会亮。片刻之后，答案栏的第二行也会有一盏灯亮起来。实验人员和电脑指导语都告诉参与者，那代表着同伴的选择。最后，刚才的图形再次出现，参与者在答案栏第三行标记自己最后的选择。这时，他可以参考同伴的意见，也可以坚持自己的想法。

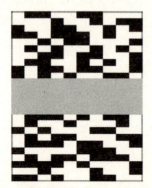

图2-2　反差敏感度实验第二部分试题举例　　　图2-3　答案栏

第二部分仍旧包含25个题目。经电脑程序设置，其中20个题目"同伴"初始答案会跟参与者不同。我们要测量的就是在这20个题目中，参与者会在几个题目上受到同伴的影响，改变自己的想法，转而选择同伴给出的答案。

（3）污名测量：第二部分测试完成后，参与者要选择注册下周的讨论小组。我们给参与者呈现的注册表也是经过实验设计的。注册表中共有三个讨论话题，每个话题由一个两人小组讨论。在给参与者呈现的讨论题目注册表中，一个话题下面已写有两个名字，证明注册名额已满。另两个题目均各有一人注册，其中一个写着是356Y，代表是参与者刚刚的同伴。因为实验过程中，研究人员和电脑程序一直不断用356X来指称参与者，目的是让他记住自己的代号，且同伴的代号跟自己只差一个字母。所以现在参与者能很清楚明白，自己刚才的同伴就是356Y，同伴已经选择了这个讨论话题。而自己如果也选择这个话题，下周就会跟他面对面讨论。这样话题的选择就变成同伴的选择。参与者要么跟刚才的同伴一组，要么跟另一个陌生人一组。虽然我们自始至终都只说让参与者选择自己最感兴趣的讨论话题，但他们其实也可以选择跟同伴近距离接触，或是远离同伴。更具体说，参与者选择哪个讨论小组，表明他是否愿意仍旧与刚才的同伴近距离合作。这种实验设计实际上给参与者表达自己对同伴身份的内隐态度设置了一道保护屏，可以在相当程度上避免他们的社会赞许倾向。

（4）测试后的态度量表：实验中，参与者完成图形判断题之后还填答了一份态度量表，主要是询问他们对于同伴地位、污名以及所在实验小组绩效表现的主观印象与评价。这些题目从另一个侧面说明了不同身份特征的意义与作用。与地位相关的题目意在了解参与者对同伴"能力"的评价。与污名相关的题目是用来获知被试是否愿意与同伴更亲近一步交往。

3. 研究程序

具体的实验流程是这样的：实验参与者来到指定实验室后，研究人员首先向他介绍此实验的目的（群体互动形式与交流效果对群体绩效的影响，对比远程联网互动和面对面交流的作用）。告诉他整个研究分两次进行：实验当天主要通过电脑答题，下一周是针对一个社会话题进行小组讨论。当天的时间大概需要1个小时。然后，研究人员请参与者填写"个人信息登记表"，并告知他的实验号码是356X（此信息也已明显标注在他的登记表上）。参与者填写完毕后，研究人员随即将其保存在桌面上，留待下一个任务中使用。参与者随即开始做第一部分试题。

第一部分测试结束后，研究人员告诉实验参与者因为第二部分的测试是由他跟另外一名实验参与者合作完成，所以需要交换彼此的个人信息登记表，以便相互之间有个基本的了解。研究人员通过QQ将标记为356X的参与者信息资料传送给实验的综合协调员。稍后，再从综合协调员处接收标记为356Y（同伴）的个人信息登记表（综合协调员会根据实验开始时给参与者随机分配到的实验条件，传送相应的表格），并打开文档给参与者查看同伴的信息。

待实验参与者了解了"同伴"的信息，他便可以开始第二部分的测试。

等参与者完成全部的反差敏感度测试，研究人员便告诉他实验的主体部分基本结束，接下来请其选择下周讨论的题目。与前面的步骤类似，研究人员通过 QQ 从综合协调员处接收"讨论话题注册表"，并打开文档给参与者讲解、请其填写。

讨论话题选择完毕并及时保存、发送给综合协调员之后，研究人员再请参与者填答实验后的调查问卷，内容主要涉及他们在地位分化和污名效应方面的态度和心理反应。最后，告诉参与者实验结束，下周的讨论会另行通知，并付给他们实验报酬。

4. 分析思路

首先，统计出被试在得知同伴基本身份信息的情况下，受同伴答案影响的次数，并用 t 检验检视不同地位特征的同伴之间是否存在影响力的差别。其次，计算愿意继续与同伴近距离接触、合作完成任务的被试所占比例，比较被试希望与不同身份同伴保持社会距离大小的差异。

（三）结果

1. 地位测量结果

如表 2-1 所示，两种实验条件下，实验参与者受同伴影响的次数以及对同伴地位的评价，均显著低于控制条件中的情况。在控制条件中，实验参与者的受影响次数均值为 7.3（SD＝2.93）。这个数值的意思是在实验程序故意设定让同伴答案与参与者答案不同的 20 个题目中，控制组的参与者平均有 7.3 次改变了自己的最初意见，转而选择跟同伴相同的答案。未受影响比例正好是从另一个角度来反应参与者的受影响程度。它显示的是在这 20 个题目中，参与者坚持自己意见的比例。这个数值通过（20-受影响次数均值）/20 的算式得到。表中控制组的未受影响比例为 63.5%，证明参与者在 63.5% 的情况下会坚持自己的最初判断。受影响次数均值和未受影响比例都是反应同伴对参与者影响作用的变量。在地位特征论的经验研究中，遇到不同意见后按照改变自己观点以跟他人趋同、还是坚持自己的观点，是测量个体影响力的简单且相对直接的指标，也是表明行为者地位高低的常用参数。

低教育水平条件中，参与者平均有 4.67 次（SD＝2.76）受到同伴的影响而改变自己的答案，显著低于控制条件下的数值（t＝3.587，P<.01）。相应的未受影响比例为 76.7%。而在农民工条件中，参与者受影响次数的均值为 5.48（SD＝2.30），大约有 72.6% 的题目没有受同伴答案的干扰。其中的受影响次数均值也相对低于控制组情况（t＝2.696，P<.01）。这个结果与我们的假设相符，

即受教育程度是一种地位特征，教育水平低的人其地位就低，影响力也小。因为在操作农民工实验条件时，我们特意让参与者获知自己的同伴是从事建筑装饰业的农村进城务工人员。所以这个结果也说明农民工身份是一种具有相当程度地位区分作用的地位特征。

表2-1 地位测量分数和 t 检验结果

实验条件	人数	未受影响的比例	受影响次数均值（方差）	地位分数（实验后测题目结果）
1	30	0.635	7.3000（2.92610）	60.5000（11.15761）
2	30	0.767	4.6667（2.75848）**	51.4111（9.19830）**
3	31	0.726	5.4839（2.30754）**	54.8441（8.60156）*

* 表示经单侧 t 检验，该实验组的受影响次数/地位分数显著低于控制组在相应项目上的得分，P<.05

** 表示经单侧 t 检验，该实验组的受影响次数/地位分数显著低于控制组在相应项目上的得分，P<.01

实验后测的态度量表中，一共有6个题目属于地位特征判断类别，分别关涉同伴的能力、学识、地位、领导身份、受尊敬程度。它们是：2-你感觉同伴的反差敏感能力如何，5-你认为这个同伴能力强弱，11-你觉得这个同伴令人鄙视、还是令人敬佩，12-你觉得这个同伴有没有影响力，14-你觉得同伴有没有见识，15-你觉得这个同伴是个领导者、还是只知道仿效别人的追随者。参与者用鼠标拖动调整一个方块在一个长条上的位置来表明自己在这些方面对同伴的印象。最积极的评价在右边，为100分；最消极的评价在左边，为0分。中间方块位置不同，评价的分值也随之变化。表2-1列出的就是不同实验条件下，参与者给同伴打出的地位评价分的均值。其中，低教育水平组的地位分数是51.4（SD=9.198），显著低于控制组的60.5（SD=11.158）（t=3.443，P<.01）；农民工组的地位分数是54.8（SD=8.602），比低教育水平组的分数稍高，但较控制组的分数也有很大差异（t=2.222，P<.05）。态度量表的结果与实验结果是相符的。

2. 污名测量结果

实验参与者是否为自己下一次的实验任务选择相同的同伴，表明了他们是否愿意跟同伴保持较大的社会距离，从侧面反映了同伴身份的污名程度。如表2-2所示，控制条件下，只有46.7%的参与者选择了新的同伴；而在低教育水平条件下，则有 50% 的参与者选择了跟第一阶段实验不同的同伴；61.3% 在第一阶段与"农民工"合作的参与者，为自己下一阶段的实验任务选择了新的合作对象。但我们对三组数据中"选择新同伴的次数比例"进行卡方检验却发现，两种实验条件与控制条件并无显著差异。低教育水平组的卡方值为 0.067（P=.796），农民工组的卡方值为 1.313（P=.252）。

表 2-2　污名测量分数和 t 检验结果

实验条件	总人数	选择新同伴的人数比例	污名分数（实验后测题目结果）
1	30	46.7%	68.3333（12.48871）
2	30	50%	61.6867（13.97680）
3	31	61.3%	61.4839（13.01033）*

* 表示经单侧 t 检验，该实验组的受影响次数/地位分数显著低于控制组在相应项目上的得分，P<.05

与地位测量类似，我们也让参与者填答了一份态度量表。反映污名评价的题目一共有 5 个题目，分别关涉同伴的细心程度、是否讨人喜欢、权力大小和合作性。它们是：3-你觉得同伴在刚才的任务中也认真努力地付出了吗，7-你愿意在实验之后结识这个同伴吗，12-你觉得这个同伴有没有影响力，13-你觉得这个同伴惹人讨厌、还是讨人喜欢，16-你觉得这个同伴是积极合作的。参与者用鼠标拖动调整一个方块在一个长条上的位置来表明自己的态度。最积极的评价为 100 分；最消极的评价为 0 分。根据表 2-2 显示，控制组的污名分数是 68.3（SD=12.49），低教育水平组的污名分数是 61.7（SD=13.98），二者间没有显著差异（t=1.942，P=.057）；农民工组的污名分数是 61.5（SD=13.01），显著低于控制组的污名分数（t=2.097，P=.040）。这一结果稍许表现出农民工身份的污名效应。但此组的污名分数与低教育水平组的分值相差不是很多。

（四）讨论

在研究之初，我们假设教育程度是典型的地位特征，单是文化水平低只会降低人的影响力，但不会造成其他人对他的疏远；农民工身份则是一种污名，它不仅会带来与不利地位特征一样降低身份主体影响力的结果，而且还会打破他们与其他外群成员的互动链条，增加污名群体与其他群体的社会距离。实验结果验证了地位特征部分的预想，而污名作用却只是在数据变动的方向上表现出与假设一致的趋势，并没有达到统计意义上的显著水平。

面对不同身份的同伴，大学生被试的"影响力"表现出了很大差异。当看到教育程度不如自己的同伴选择了跟自己最初想法不同的答案，大学生们更多地坚持自己的观点。这证明在此情况下教育程度作为一种地位特征将被试和同伴划分至不同的地位类别。居于优势地位的大学生具有更强的影响力。同伴是农民工的条件下，双方影响力对比情况也表现出类似的趋势。遇到彼此观点相异时，大学生很少会改变自己的主意转而选择跟农民工一样的答案。因为无论根据教育、职业、社会声望等判断地位的共识性标准，还是依照对他们日常生活环境、行为举止等的主观感受，这两个群体中间都横亘着不言自明的地位鸿沟。人们很难期望一个没有上过几年学、成天沉浸在噪声和简单重复体力劳动中的农民工会在这样面对电脑答题的情境下取得很优异的绩效。大学生是显然的优势方，他们对农民工的期望较低，自然也就不会受他们的影响。之后态度量表测出的地位评价分数也证明了他们对农民工群体的绩效预期较低。

实验以是否选择新同伴来测量参与者希望与同伴保持的社会距离，借此表明同伴身份是否带有污名。虽然实验数据变动的方向与我们假设（农民工是污名身份，能产生污名效应；教育程度只是地位特征，不是污名身份，不会受污名影响）一致。但是两个实验组先是在新同伴选择比例上差异不明显，后又在污名分数上极其相近。单从实验结果来看，文化水平低和农民工身份似乎都没有污名作用。这与我们最初对农民工身份的假设有所出入。然而，之后的态度量表分数显示，被试对农民工同伴的评价又确实掺杂了预想的污名印象。因而实验中参与者和虚拟同伴之间的社会距离没有因为对方的农民工身份而显著拉大，或许可以归咎为我们实验设计的情境还没有达到威胁私人空间的程度。也就是说，告诉被试他仅仅是跟农民工在一个小组讨论问题，这种距离还不够近，因而导致我们观测不出污名效果。这是我们下一步研究应该改进的地方。

另外，选择大学生为被试可能也在一定程度上影响了污名效果。我们知道青年学生的思想开放程度历来处在社会前沿。他们在学校内接受平等观念，认同公平、公正思想，且涉世不深，因此更容易摒弃社会的偏见，平等接纳污名群体成员。大学生的思想也比较单纯。很多实验参与者在实验结束后向我们表示，他们只关注讨论的话题，他们选择某个讨论小组纯粹是因为自己对那个话题感兴趣。未来研究应当将实验被试选择的范围扩大。

虽然目前的实验被试选择和实验程序存在一定局限性，但我们仍可尝试性得出农民工群体地位低，且有污名的结论。因为如前所述，大学生已经是思想最开放、最支持平等观念的人群。如果连这部分人也表现出轻视他们的态度，那么本就对农民工群体存有严重刻板印象的普通城市居民的歧视程度就更加大了。

（五）其他证据

实验的优越之处在于可以更直观且逻辑严密地论证自变量（农民工身份）与因变量（群际互动中的影响力、社会距离）之间的关系。透过实验结果，我们了解到，农民工作为一种特定的地位特征，会招致社会偏见和歧视。外群成员对农民工的贬低态度显然不仅局限于同大学生的互动中，更多体现在日常工作生活时与上级、与普通市民、与各类机构打交道的过程中。最典型的比如城市人对农民工的偏见。调查显示，城市居民虽然比较认同外来务工者的工作态度，却对他们的"素质"做出较低评价，而且认为与外来务工者交往，应该持防范心理。❶ 即便最"宽容"的观点也认为农民工就是"不学无术"的粗人，很难或者根本不值得信赖。访谈中绝大多数城市居民表示，跟农民工一起参加集体性活动、聊聊天，这都还行，但如果让自己在公交车上挨着他们坐，甚至让自己的亲属与他们结亲，那肯定不行。还有很多人"善意"地提醒："上工地采访，可得小心点儿，那里什么人都有！"

农民工既是一个现实中的群体，也成为人们意识中的一种观念。"农民工"话语所建构的意义已经超越了它原来的文件意义。❷

包工头、班组长、项目公司驻地负责人等管理者，对待农民工也总是摆出高高在上、颐指气使的架势。至于劳动、社保、司法等农民工可能有所诉求的部门官员也经常未能及时回应农民工的权益诉求，这些态度和行为反馈的信息显然就是，农民工在社会上没有地位，因而得不到他人的重视和尊敬。

《简·爱》中有一段话："在上帝面前，我们的灵魂是平等的，就像我们最终要经过死亡走向坟墓一样。……所谓春兰秋菊，各有其秀。……就生命个体而言，农夫与总统永远是平等的；不平等的，是那些世俗的眼光"。农民工社会地位在相当程度上就是在世俗的眼光中逐渐合法化的。

---

❶ 翁定军，何丽. 社会地位与阶层意识的定量研究 [M]. 上海：上海人民出版社，2007：99.
❷ 赵凌. 媒介·话语·权力·身份："农民工"话语考古与身份生产研究 [D]. 浙江大学博士论文，2013.

三、建筑装饰工人的自我地位感知

合法性包含个体、群体两个层面内涵。前一部分已经以实验方式呈现了建筑业农民工地位合法性的群体样貌。所以这部分意在展示此地位合法性的个体要素，看看农民工是如何认识自己的地位处境的，或者说他们为何认可了自己的弱势地位。

（一）群体资格的接受与追逐

社会科学中"群体"的一般定义是，由两个以上的人所组成的相互依存、相互作用的有机组合体。我们经常使用的"农民工群体"概念，对共同目标和成员之间的依存关系强调比较少，而更多指作为一种社会类别的个体集合体。即他们是从农村来到城市打工，且尚未获得制度认可成为城市居民的那类人。对此，被划归这个范畴的人未予否认，也无法否认。

然而，社会分类的尺度和标准是多元的。个体不可能只属于一种群体。每个人从出生起就已具备很多群体资格，终身不懈的认同努力更不断构造"多元一体"的完整生命。❶ 任何一种后致特征和制度化标定的社会分类机制，都必然经历非群体资格—部分群体资格—完备群体资格的建构或者解构。就目前进城务工人员的情况来看，建筑装饰业农民工已经开始觉察、并尝试提出自己具有"建筑工人"的特征，模糊地意识到自己应该归属于这个群体。但无论从制度层面，还是从城里人的心理接纳角度来说，他们的建筑工人身份距离完全群体资格还相差很远。在建筑装饰业进城务工者身上，农民工完全群体资格和建筑工人部分群体资格正处在激流暗涌的角逐中。

1. 完全群体资格——农民工

群体资格是行动者在社会范畴化或社会分类体制中所获得的群体成员特征或范畴特征。❷ 国务院研究室课题组将农民工定义为："户籍身份还是农民、有承包地，但主要从事非农产业、以工资为主要收入来源的人员。狭义的农民工，一般指跨地区外出进城务工人员。广义的农民工，既包括跨地区外出进城务工人员，也包括在县域内二、三产业就业的农村劳动力。"❸ 宏观层面的制度化分类体制以身份、职业、收入来源为标准，将从农村进城务工的这

---

❶ 方文. 学科制度和社会认同 [M]. 北京：中国人民大学出版社，2008：171.

❷ 方文. 群体资格：社会认同事件的新路径 [J]. 中国农业大学学报，2008（1）：89-108.

❸ 国务院研究室课题组. 中国农民工调研报告 [M]. 北京：中国言实出版社，2006.

部分人划归统一的社会类别。微观层面的外貌行为特征为日常互动中的范畴化过程提供线索。建筑工地漫天飞尘赠予他们从头到脚的灰白，油漆和泥水喷溅出污渍斑斑的制服，以及长期劳作修炼成的粗糙手脸，甚至忠厚的眼神，都透露出他们的身份。这些信息虽能简化社会对此类别群体的辨识和认知，也为其他优势群体给他们强加污名与歧视提供了方便。

按照社会认同论的定义，属于某类别的个体会认为自己是该社会范畴的成员，并在对自身的这种共同界定中共享一些情感卷入，以及在有关其群体和群体成员身份的评价上，获得一定程度的社会共识。❶ 这提示我们，群体成员资格的获得是内群自我界定和外群社会界定交互作用的结果。现实中，无论这些进城务工人员多么不愿意被冠以带有如此污名意味的称呼，却还是不得不承认自己的农民工身份。

事实上，年岁稍长的务工人员根本不忌讳这个称呼。

"是呀，当然是农民工了，要不然还能叫啥？咱又不是城里人
儿。"（受访者编号：WGC11）

电工谢师傅的定义是"只要出来打工的，就都是农民工"。当徒弟显然对此称呼表示不满时，他还以惯有的实事求是语气在一旁纠正：

"是就是，不是就不是。你在这里没有户口，又不是种地的农
民，那就是农民工，有啥不承认的。"（受访者编号：DGX15）

很多时候，地位区分和身份认可还揉进他们的话语中。一次，跟一位做油工的大姐访谈时间稍长，而且当时天气较冷，她关切地问我：

"这么半天不冷啊？你不像我们农民工，你站在那儿不活动，一
会儿就冻透了！"（受访者编号：YGJ35）

年轻一代，尤其所谓 90 后新生代农民工，则对此称谓中的歧视意味比较敏感。但他们也无法直接予以否定，只是承认得稍微有些无可奈何：

"农民工，算是吧！"（受访者编号：DGL16）

走南闯北、颇有雄心壮志的小于曾表示：

"现在，肯定是喽，看看我们这一身打扮都瞒不住，但我将来肯
定不会一直当农民工。"（受访者编号：DGS21）

内、外群双重界定肯定了建筑装饰行业中的进城务工人员具有完全的农民工群体资格。群体成员对此身份的认同虽不强，但外群社会界定已经引发了共识性的社会评价。城市里的各种遭遇让他们深深地知道，他们和城市之

---

❶ 方文. 学科制度和社会认同［M］. 北京：中国人民大学出版社，2008：157.

间有一道难以跨越的鸿沟。他们更加清楚自己不属于这个城市，更加固化自己作为"农民工"的身份。但这并不是他们唯一的身份。另一种基于职业特征的群体知识和集体记忆正被积极建构。在此过程中，完全的农民工群体资格也面临解构的危机。

2. 部分群体资格——建筑工人

部分群体资格是介于完全群体资格和非群体资格之间的一种过渡状态。与完全群体资格不同，部分群体资格的成员尚未被群体全部接纳和认可；他们的自我认同、对群体的情感投入和内化的群体文化价值观等不如完全群体资格深刻且强烈；所享群体资源的质和量也不及完全资格的群体成员。进城从事建筑装饰工作的农民工，就只具有部分的建筑工人群体资格。

说它是部分群体资格，是因为虽然制度和社会其他群体还没有做出类似的外群社会界定，但从群体资格的内群自我界定角度来讲，进城务工人员对这一"职业身份"的认同，或者更准确地说潜在的认同，已经出现，且逐渐增强。有些技术工在访谈中突出介绍自己区别于力工的优势，以此强调自己的部分群体资格处于相对较高的梯度阶段。他们认为建筑工人更符合自己的"实际"。这里的实际，显然指的是社会职业分工。

> "现在已经没有人这么叫了（指农民工）。那都多少年的事儿了，……现在都说打工的。"（受访者编号：DGL16）

> "（我们）不应该叫农民工了吧，我们得算建筑工人，就叫建筑装修工人嘛。（我们干的）这是技术活儿。你说的农民工，那是他们。看见没有？就那边，推车上料的那些，他们肯定是农民工。"（受访者编号：MGW20）

木工 WR 在被问到他自己是否农民工时，这样回答访谈员。凭借着双方工作内容和性质的微妙差别，他很明确地将自己从那个群体中划分出来，认为自己是"有手艺的"、"懂技术的"，所以自然不同于"出苦力的"农民工。

干瓦匠多年的刘师傅思索半晌，非常认真地说：

> "还是（叫我们）建筑工人合适。你看，我们也不种地了，成天盖楼。当然比人家正式工人，咱不行，人家那家伙，不像我们这么累。咋地能有周末，休息还挣钱。我们这（工作），你干一天的活儿才给一天的钱。"（受访者编号：WGL10）

因为完备群体资格，意味着更多部分群体资格无法享有的权利，意味着一定限度内权利和义务的对等（部分群体资格成员可能需要履行更多义务，而享有更少的权利），也意味着成员之间的平等，❶ 所以几乎所有部分群体资格成员都希望获得完备群体资格。建筑装饰业进城务工人员尤其盼望自己身份的转变。他们希望自己的工人身份有朝一日能够得到制度的认可，进而也为他人接受。现阶段，他们也许还不能清楚认识到完全建筑工人资格可能带给他们的保障与权利，而只是单纯追求一种体面的感觉，一种与完全群体资格相伴随的群体认可，以及完整的归属感、安全感和认同感。

3. "全"与"无"之间的梯度

行动者的群体资格具有多元性。建筑装饰业进城务工人员一方面认可自己是农民工，另一方面又以劳动性质、工作内容和职业特点为由强调自己的建筑工人身份。前者符合外群社会界定，又能获得身份主体认可，是一种完全群体资格。后者在一定程度上符合职业划分标准，也为身份主体模糊地向往着，但并未得到外群认可、也不具有制度依据，是一种部分群体资格。

特定群体资格的意义和价值随个体所处环境的变异而有所不同。如今建筑工人群体资格之所以被这些进城务工人员向往，主要是因为与工人资格相伴随的尊严与声望。回想我们的建国史和幼时接受的意识形态教育，即使没有经历艰苦革命时期的年轻人也会多少具有"工人阶级当家做主人"的情结。建筑工人在改革前和改革初期都是工人阶级的生力军。更何况，工人还意味着与城市居民平等的地位。与此形成鲜明对比的是，农民工称呼从一开始就带有的贬低意味。因此虽然在制度化界定的话语霸权下，进城务工人员被迫接受了此范畴化结果，但在现实中，他们一直想摆脱这种身份。于是，解构农民工完全群体资格，建构并不断提升建筑工人部分群体资格的梯度，就以此消彼长的态势竞相发展。建筑工人的部分群体资格所包含的不确定性和非限定性尤其要求个体积极地应对。从这个意义上讲，这个行业的进城务工人员出现很多学者提出的认同困境、在自我认知上出现迷惘等情况，其实是他们在逐渐放弃农民工的完全群体资格，争取将建筑工人的部分群体资格变为完全群体资格的过程中，所经历的阵痛。

我们知道每个群体资格都有与其对应的领域特异的社会知识，可以引导和支配具有此群体资格的个体的心理和行为。工人是现代工业社会才产生的群体概念。与建筑工人群体资格相对应的社会知识，必然带有优于农民工群体资格相对应社会知识的现代性成分。如果我们在特定语境下激活建筑工人的群体资格，那么就会更多激发出他们作为现代工人的行为特征。当然，因

---

❶ 刘爽. 部分群体资格：以高校学生入党经历为例［J］. 开放时代，2009（1）：71.

为这部分进城务工人员的建筑工人群体资格尚处于不完全阶段，所以他们作为一个群体的实体性也还比较低。

（二）身份暴力挤压下的选择

由于多元社会力量的雕刻，我们每个人都兼具多重群体资格。这是人的社会存在特征。❶ 但如果忽视多元范畴化标准所预示的人与人之间的共性，仅用单一的身份标签将某类人区分出来，甚至将其与他群体对立起来，使之因为身份的特殊性而被边缘化、弱势化，便是一种身份暴力。❷

远离农村家乡，来到城市建筑装饰行业务工的人们，就经常遭遇身份暴力。虽然他们每个人都是多重身份组合的独特生命，但城市人对他们的认识却是单一的。无论什么样的情境下，他们的农民工身份都会被人们首先知觉到，并成为城里人判断和预期他们行为的主要甚至唯一根据。至于这些务工人员其他方面的特征，比如性别、年龄、民族、家乡、家庭角色、兴趣爱好、职业工种、技术、从业经验等，则很少被列入思考范围。务工人员自身受制于身份暴力，也逐渐将既有的分类意识内化。但他们也在积极寻求化解之法。多数人首先想到在现有分层体系内寻找自我解脱的空间，少数人则开始在内心深处渴望全新的身份。

1. 在暴力中生存

在身份暴力下，处于弱势地位的进城务工者群体往往被动服从强势群体根据自己需要设定的、以户籍为标准的范畴化方式，接受农民工身份在自己诸多群体资格中的优先性。这突出表现在，他们自觉地按照农民工身份的单一属性，把自己归为没知识、少教养、粗俗、干体力活儿的不文明乡下人。城乡二元社会结构使他们的自我认知也呈现二元特征，认为城市象征着文明、先进，乡村则是愚昧落后的代表；城市人素质高，农村人素质低；城市人因为其高素质，就应该享受好的待遇，农村人之所以受歧视，是因为自身的素质低。

因为建筑业的入行门槛低、劳动力需求量大，所以很多刚从农村出来的人都会选择从事这个职业。但也正因为似乎每个人都能胜任这种工作，加之由于生产分工的细化，大部分材料都是加工好的成品，运到工地只需要简单的拼接即可完成，所以许多务工者很难从工作中获得足够的自我价值感，更

---

❶ 方文. 转型心理学：以群体资格为核心［J］. 中国社会科学，2008（4）：137-147.

❷ 阿马蒂亚·森. 身份与暴力——命运的幻象［M］. 李风华，陈昌升，袁德良，译. 刘民权，韩华为，校. 北京：中国人民大学出版社，2009：12.

加把自己归为"没有出息"、"没素质"的人。

"说下等人吧,好像不好听,但实际上的确让人瞧不起。要能耐没能耐、要本事没本事的,就只能干这个了。"（受访者编号:WGC11）

"我们这里吧,确实有些人不文明。到饭店里吵吵吧火的（说话声音大）,在公共场合不讲卫生。没见过大世面呗,自己也不知道注意,怪不得招人小瞧。那有文化的人儿就不一样。"（受访者编号:WGL10）

他们赞同用文化知识、财富多少,以及职业上的脑体分工性质来区分人的地位高低,也以这些标准衡量自己和所属群体的声望。外貌一表人才,且在队里公认聪明能干的电工"龙哥"在安徽交了个女朋友,可是对方父母一直不同意。

"谁愿意找个打工的,没钱、没能耐,这点我理解。"（受访者编号:DGL25）

木工老绍是有多年党龄的老党员,年轻时曾多年连任村支书。后来三个孩子都上学,花销大,才决定出来干活儿增加收入。如今在外面干活儿也有十多年了。虽然连带队的都不算,但工地上的小辈们都信服他的话,也愿意听他的指挥。因为他"懂文化"、"有头脑"。老绍自己也非常肯定文化知识的重要性。他认为这个社会里"能致富的都是一些有文化的人,没文化的只能干一些体力活"。（受访者编号:MGS29）即便收入有所提高,那也是社会生活整体改善的结果,"终究是富不起来的"。所以他倾尽全力培养自己的孩子。已过知命之年的他,大儿子在武汉某大学留校任教,女儿在国外做生意,还有一个小儿子读大三。他要坚持供小儿子完成学业,使他彻底脱离"卖苦力"人的行列。

由于内化了单一性的弱势、被支配身份,所以他们意识不到自己服从、听命于其他优势群体成员有何不妥。相反,很多人认为,老板出这么多钱,就得给人家好好干活,"不能对不起那些工钱"。在他们看来,"给人家干活儿嘛",受气是正常的,"谁都喜欢会来事儿的"。甚至一些刚来到工地实习的年轻设计员也能指使工人们干这干那。这背后的逻辑便是双方权力地位的差距。

2. 另外的出路

阿马蒂亚·森告诉我们,相信一种身份能够垄断我们,其实只是有关命运的一个幻想而已。进城务工者虽然不一定明白这样的道理,但长期遭受身份暴力的挤压，也会有想透气的冲动。为了反对外部强加的不利身份，他们可以反对对自己特征的错误描述，也可指出自己所具有的其他身份。❶ 这些工人难以直接反驳污名身份的消极特征，于是选择强调自己占有的其他身份资源。

年纪稍微大一点儿的人想到自己本源的农民身份。因为近两年国家优惠的农业政策，家里有田的农村人再也不觉得土地是拖累，或者是可有可无的财产。他们切实感到土地就是自己生活的巨大保障。这也得到几乎所有人的艳羡："现在农村人得（děi）着呢。"（即农村人现在可舒服得意了）家住 H 市近郊的老黄说起前一阵政府征地时自家的收入，颇为知足。他说自己是村里第一个"签约服从政策"的人，政府一共补助了 60 万。"两个女儿，一人分点儿，我自己留点儿。留了些自耕地，种些菜够自己家平常吃。我现在还能出来挣点儿，老了也不愁了。"除了土地的优越性，很多务工人员还颇自豪农村的绿色食物和宜人生态环境。在他们眼中，城里高档饭店里的天价菜肴也不如自家菜地里的白菜和西红柿甘甜美味，成天大鱼大肉不及他们过年才吃得上的杀猪菜里有肉的味道和营养品质。在食品安全越来越不被人信任、空气污染越来越严重的今天，能自家种些安全、健康的蔬菜，呼吸新鲜少尘的空气，是他们颇感优越于城里人的地方。虽然常年劳作于城市里的他们，真正能享受独有清新环境的时间也就是过年的那几天。

年轻一点儿的打工者不再认为自己是农民，也不想如农村人那样土里土气。他们将自己定位成"准建筑工人"。虽然干的是体力活儿，但收入却明显高于城里的一般工薪阶层；虽然缺乏书本知识，但实际操作经验丰富；虽然工作不稳定，但来去自由。反正总能找到令自己满意的地方。每逢谈到当年选择外出打工的原因、展望未来职业前景时，新生代打工者们便不禁"后悔"自己当时没有好好读书。访谈中他们会时不时提到"学业有成"的亲戚朋友，羡慕、佩服之情溢于言表。虽然他们也清楚，即便时光可以倒转，重新回到上学的时代，自己仍旧"不是读书的料"。他们并无意打破既有的分层等级，只是希望通过自己的努力实现向上流动。况且年轻就是他们想象的资本。他们可以预测光明的职业前景（"以后是有力气的好找活儿，因为他有的人干不了出力的活儿。"受访者编号：DGX15），可以憧憬纯靠脑力吃饭的未来。小小年纪便走南闯北、参加过很多大工程的电工小吕，练就了过硬的技术，已经成为队里的业务骨干。他坚信自己将来肯定不会埋没在这种工作中，会有

---

❶ 阿马蒂亚·森. 身份与暴力——命运的幻象［M］. 李风华，陈昌升，袁德良，译. 刘民权，韩华为，校. 北京：中国人民大学出版社，2009：6.

"混出头"的那天。

从上面的描述中可以看出，进城务工者虽然通过强调自己的其他身份或者受歧视身份的其他特征来对抗身份暴力，但终究仍只是给自己找个借口，更心安理得地接受身份污名，并没有直接反驳自己的弱势地位。在内心深处，他们仍旧承认社会的基本分层标准以及自己在其中的位置。

认为一种文化或群体资格能够决定一个人所有的言行表现，是一种偏狭的观念。而且单一划分观要比多元和多种划分更偏于对抗。我们在给别人贴标签的时候，也把自己标记为与对方相异的一类人。这很容易造成彼此的对立，导致冲突。鉴于每个人身份都具有多重性，我们不能像社群主义者认为的那样去发现自己的身份，而应该根据不同的处境选择自己的身份、决定相应的身份认同。

然而，既然是一种暴力，外部的身份判断就不会依从个人的主观意愿。就像阿马蒂亚·森在其书中谈到的，指控别人往往蕴含着两种彼此不同但却相关的歪曲：错误地将人描述为属于某个指定的类别，并坚持认为这些错误的描述构成该人唯一相关的身份。从根本上说，我们并没有给自己身份归类的完全决定权。无论这些建筑装饰工人们如何自我安慰，社会其他人的歧视态度和贬低行为仍旧不会改变。他们需要的是跳出强势群体设定的群体界限，追求广义的身份主体性。只是真正能从这个层面来反思自己地位处境的工人还是太少。

小　结

一种地位等级只有同时获得了身份主体自身的承认和其他地位群体成员的支持强化，才能具有合法性。前一个要素牵涉个体的自我身份定位，是一种共享信念，体现为主体对自身地位的认同，具内在规范性（normative quality）；后一个要素指的是他人对个体地位的判断，构成了对个人/群体社会地位的集体共识性支持，具有评判（evaluate/evaluation）地位等级区分的客观效力。

建筑装饰业进城务工人员在城市里处于极其不利的弱势地位。他们做着最苦、最累、最危险的工作，获得的回报却极其微薄，更得不到任何保障。在他人眼里，他们总是贫穷、愚笨、道德败坏的代名词。因而在工作和生活中他们的行动绩效往往被低估，意见容易被忽视，甚至即便他们努力争取，也很难获得任何表现机会。这势必大大降低他们通过自身奋斗实现地位提升的可能性，也将损害其通过向上流动的积极性。此外，他们还背负着农民工身份的沉重污名，被排斥在社会生活之外，个人尊严受到极大伤害。

大部分务工人员，尤其是其中的年轻一代人，虽然意识到农民工称呼带有明显的歧视意味，反感并试图摆脱此种身份标签，但仍不得不承认自己具有完全的农民工群体资格，并在各种社会范畴化交错的激流中，被迫受制于无处不在的身份暴力。事实上，农民工作为一个植入的符号已经深深印刻在他身上，固化了他作为弱势社会主体的地位。

这些情况说明，建筑装饰业进城务工人员的弱势地位得到了内群成员和外群他者的共同认可。在双方的合意下，其地位关系获得了合法性。然而，合法性并非固化的客观状态。作为身份主体的农民工自身既承认完全的农民工资格，又追求向往着部分的建筑工人资格；既囿于整个社会施加的身份暴力，又不断追求逃脱暴力约束的出路。如果从这个角度来理解地位合法性，那么与其说它是弱势群体被动接受的结果，不如说它是内外压力平衡时的暂时性稳定状态。

第三章　地位认同的前因机制

在所有进城务工的打工者中，建筑业农民工又是最苦的人群之一。他们建造房屋，自己却住在低矮、拥挤，甚至是充满危险的住房里；干着最危险、最辛苦的活儿，却吃着廉价的食物且缺乏基本的社会保障；为城市发展做出巨大贡献，而子女想要留在这里上学却受到各种限制。有时候辛苦一年却连应得的工钱也拿不到。一座座恢宏的楼宇从地平线上升起之时，也是他们进入另一个地窖继续辛劳之日。用他们的话来说："我们永远看不到自己建造的宫殿。"❶

人们通常认为个体或群体若久处不公正的情境，遭遇的不公平对待积少成多，则势必会有不满。有研究者曾总结20世纪60~70年代西欧从农村迁移到城市的工人的行为特点："农民工（peasant workers）最初会容忍雇主对契约的违犯。但如果这一情况持续下去，这一群体就会达成不愿忍受的沉默共识。之后，农民工可能会因细微的刺激而爆发蓄积已久的怨气，与他们一贯顺从的形象相去甚远。"❷ 然而，我国建筑装饰行业的农民工却在不同程度上认可这种地位安排。究竟是什么因素导致他们承认了自己深陷其中的不利地位关系，愿意与强势外群体共谋，降低自己的地位期望？

本章通过跟劳作在建筑装饰领域的农民工访谈，总结他们判断社会事物公平正义性的基本标准和总体观点，了解其对自身从事工作和当前地位处境的看法和评价；通过观察其日常劳动和人际交往行为，体会群际互动对地位关系的强化建构作用；通过考察该行业内企业、大小包工头管理、组织工人劳动的惯例，发掘程序正义和制度因素在合法性判断中的意义。所有这些最终都是为了能理解地位合法化——这种"不合逻辑的逻辑"。

---

❶ 老愚. 大工地上的民工兄弟［M］. 北京：北京出版社出版集团/北京十月文艺出版社，2006.
❷ SABLE C. Work and politics ［M］. Cambridge：Cambridge University Press，1982.

一、传统正义观

追求平等是文明新社会的象征。然而什么才是真正的平等，究竟有没有绝对的平等，这些问题可能并没有几个人可以想得清楚而透彻，尤其对于普通的老百姓，对平等、正义的理解，受到"各安天命"的传统等级观和现代新自由思想的共同影响。他们评价事物公正性的共识性参照依据，是一种具有传统特色的正义观。正是这套正义观点支配着进城务工者们对地位合法性、地位关系合理性的判断和认同。

（一）"劳心"与"劳力"

中国传统儒家思想认为，不同群体之间有等级差别是社会必需的，按等级分配资源才最合理。❶ 这方面的"训诫"，我们最熟悉的莫过于孟子的名言："夫物之不齐，物之情也。"（《孟子：卷五滕文公上》）即不平等是天经地义的。荀子细致阐述为什么社会需要不平等的地位安排："分均则不偏，执齐则不壹，众齐则不使。……执位齐，而欲恶同，物不能澹则必争，争则必乱，乱则穷矣。先王恶其乱也，故制礼义以分之，使有贫富贵贱之等，足以相兼临者，是养天下之本也。"（《荀子·王制》）这段话的意思是，名分一样就无法普及，势位没有高低就不能统一，大家平等就没法指挥。为了避免大家因争夺利益混乱不堪而给整个社会带来灾难，所以用等级制度把人区分开来，以便管理。这是治理天下的根本。由于人与人之间适当的不平等具有互补作用，绝对平均只会导致整个社会的普遍贫困。所以孟子给出了区分脑力劳动者和体力劳动者的著名论断："或劳心，或劳力；劳心者治人，劳力者治于人；治于人者食人，治人者食于人；天下之通义也。"（《孟子：卷五滕文公上》）劳心的人能力强，因而获得统治别人的权力；劳力的人能力弱，因而只能听劳心者的指使，这种关系互惠双赢，对大家都有好处。

劳力者并不清楚自己究竟能从所谓的合作关系中获得什么好处，但他们可以看到人与人之间在智力、个性、财富、声望等很多方面存在着差异，且无法找到自己可理解的答案，尤其是对弱势群体成员来说，苦难构成他们日常生活的主要内容，种种痛苦融贯于生命之中，通常无从归因，"因而他们对苦难的表述常常不可避免地带有先赋性和宿命论色彩"。❷

---

❶ 周桂钿. 儒家等级观与当代社会［J］. 湖南社会科学，2008（1）：17-20.
❷ 郭于华. 倾听无声者的声音［J］. 读书，2008（6）：37-44.

中国普通劳动者对于能够"读书"的人始终是充满羡慕和敬佩之情的。访谈中,师傅们总习惯称自己为"出傻大力的"、"粗人",说自己"比不上你们有学问的"。虽然不少人提到现在大学毕业生就业难、薪酬低,但这并不影响他们对"劳心、劳力有本质区别"的信念。脑力劳动者仍是尊贵的上等人,有资格获得他们的服从和服务。

而不少处于"上层"的管理者,也显然认为他们异于己类。一次,工头程叔抱怨现在的年轻工人不知天高地厚。他告诉我,力工小叶嫌老板给的工钱太少。

"他说'一天15块的伙食费哪够吃呀?你们(工头、工长)够吗?'——这是怎么说话呢?你跟我们比!你能跟我们一样吗?你说是不是?"(受访者编号:GZC08)

在他们眼中,即便是有技术的工匠,也仍旧是卖苦力的,更何况一个最无技术含量的力工。这些"出力挣钱的"不该享受更优越的生活条件。

(二)"亲亲"与"尊尊"

仅用出身或职业的单纯区分人的地位高下,让弱势群体承认自己低人一等,未必能保证他们甘愿长久屈从;劳心、劳力的划分,也不是任何时候都有说服力。但以孝悌为本的亲亲、尊尊等级制度为地位分化披上了温情的面纱。孝悌之道其实把人世的地位差异建立在朴素的伦理情感及对生命感恩的基础上,❶ 令其更不易为弱势群体发觉和反抗。严复曾指出"中国首重三纲而西人最明平等"。费老的差序格局概念也道出了纵向等级在中国传统人际/群际关系中的重要性。费老说,在家族内还存在着按照伦常体系来建构的等级序列。"伦重在分别,在《礼记·祭统》里所讲的十伦:鬼神、君臣、父子、贵贱、亲疏、爵赏、夫妇、政事、长幼、上下,都是差等……伦是有差等的次序。"❷ 正如阎云翔分析,差序格局是个立体的结构,既包含纵向的刚性的等级化的"序",也包含横向的弹性的以自我为中心的"差"。"差"主要以小家族的规模大小来体现;"序"主要以伦常的等级体系来表现。在"爱有差等"的伦理秩序中,永远附会不出人格平等的观念。

工地上盛行的就是一种混杂了伦常纲序的地位关系。新中国的包工头由于生产周期、产品的地域性、生产过程受气候影响等方面的基本特点,建筑行业无法像制造业一样机械化,而保留了大量的活劳动(也就是劳动者)。在

❶ 阎云翔. 差序格局与中国文化的等级观 [J]. 社会学研究,2006(4):201-213.
❷ 费孝通. 乡土中国 [M]. 北京:人民出版社,2008.

有效管理活劳动的需求下，包工制度产生了。这种制度以传统的社会关系为基础，一方面可以凭借已有的乡缘网络来加快劳动力的组织，另一方面可以利用熟人信任来有效约束工人的各种诉求与不满。

常驻工地的人员中，权力与社会地位等级最高的是项目经理和工程监理，最低的是普通农民工。处在两者之间的则是各工种的队长和班长。瓦工、木工、电工、油工、力工是建筑装饰工地的几个主要工种，每个工种都有专门的包工头，并有单独的队长带队管理。安装门窗、空调、消防器材等工作也是进程务工人员在做，这些人虽然一般直接隶属于厂家，但到工地干活儿的时候也有队长综合协调。

因为真正包工的大老板手下有几十人到几百人不等，通常分配到若干个施工现场，而且他还有寻找、承揽项目、索要工程款等其他事务，所以平时不会长时间待在某个具体工地。因而，包工头一般都委派自己精明能干的亲戚，或者同乡代他监管。队长是工地的实际负责人，类似于一个二手转包的小老板，负责工地上的日常工作。他们上对包工老板负责，执行工期任务，掌握工程进度，控制节约成本，处理与甲方和施工单位等各方面的关系；下对各班班长分派任务，监督任务完成状况，发现质量问题等。整个工地内的大小事务，如材料预算、进出库、工程进度、质检、工人间的关系等，队长都能掌握。

队长下面的班长只少量参与劳动，主要负责监督工人干活儿的进程、质量，给工人记工。班长的人选当然由队长直接决定，要么是跟着队长干了很久的"嫡系"；要么是队长或工地其他头儿的亲属、朋友。班长通过任务的多少和轻重来控制手下工人。在正常的工作气氛里，班长会根据工人的体质、技术合理调配工作任务。对于不听话、有抵触情绪的工人，班长可以让他干最重的活儿，或者给他分一天工作时间怎么干也干不完的任务。工人如果完不成任务，班长就正好有理由扣他的工钱。班长对手下普通工人的威慑力，一方面来源于他们分配任务、鉴定工效的权力，另一方面也依赖于由其直系亲属、同村老乡组成的关系网。亲属能在班长这里长期享受任务分配上的照顾，同村老乡间的彼此帮扶。当遇到需要赶工、需要合作的任务时，班长也可以获得一批"死党"的支持协助。工人们之间的信息、情绪传播是无形却极有效的。全心支持班长的人在干活儿时分散到其他农民工之间，依靠有意无意的闲谈维护了班长、队长的形象，和缓了工地里的上下关系。

工地上的地位分化还体现在技术水平有差异的工人间关系上。每个工种内都有大、小工之分。大工是从业多年，技术过硬，能够单独完成工作的师傅。由于具体的工程任务都有赖于大工完成，所以队长、班长对大工都比较信赖，彼此关系也还平和。小工则是没有技术，或是技术较差，只能给师傅打下手的工人，通常就做抬搬装饰材料、传递工具等工作。小工要么是年龄较大、没学手艺的工人，要么是初中毕业或肄业后即出门打工的年轻小孩。在工地上，小工最受人轻视。大工对小工的评价直接决定了班长对小工的印象和"处置"。年龄小的小工一方面忌惮大工的"评委"地位，另一方面还想跟大工学手艺来提升自己在劳动市场的价值，所以对大工一般都比较恭敬。有了技术及心理优势，大工与小工之间自然形成了一个等级。虽然年轻小工现在地位较低，但他们有充满希望的未来。而且从年龄上说，他们也本该敬重年长的师傅，所以并无很强的逆反情绪。年龄大些的小工，生长于乡村多年，出来打工只想多积攒些钱回家享福养老，因而也不太在乎暂时的身份之别。而且如果大工师傅出来打工的经验或年龄不如小工，他也会适当尊重后者。

这样一来，不仅整个管理层自上而下形成一个对老板忠诚、相互间信任的关系链，而且每个施工小组也都处在自己人的关系网络之下。其实整个班小组，甚至大包工头儿手下的几乎所有人员都跟工头儿沾亲带故，差别只是各人在以老板为中心的差序中位置不同。依据职权区分出的支配——服从关系因家族内外、远近、亲疏的差序关系而更加牢固，职责的履行有赖于地缘、亲缘纽带的辅助。凭借这种亦权亦亲的关系，包工头、甚至更高一层的施工单位实现了对最下层单个农民工的有效控制。有伦、有序、不可随便僭越的声望等级还赋予掌握技术的工人以尊敬。所有这些给弱势的工人一种错觉，就是自己生命经历的一切都是老天爷安排好的"命"，每个人都有自己应得的位置。他们的心智结构甚至也与社会结构发生同步，把自己的不利处境归于自身原因，而很少拷问体制因素。如果"各安天命"包含的认命心态未免让人觉得太过消极，那么它的另一层含义则显示出主动建构不平等的一面，即依照天命、认真履行自己的角色义务。

(三)"义"与"关系"

作为中国社会的主流哲学，儒家思想还用"义"来进一步强化个体对自己身份的认同。义是基于人际关系、内源于天性的道德概念。❶ 中国人判断社会事件的公平性往往以其是否符合"义"为标准。《中庸》有语云："义者，

---

❶ 赵志裕. 义：中国社会的公平观 [G] //高尚仁，杨中芳. 中国人、中国心（传统篇），台北：远流出版事业股份有限公司，1991.

宜也。"义要求人们清楚自己在社会中的角色，并通过适当的行为履行自己的角色义务。某人行为是否与其角色期望相符，是人们判断该行为正义性的主要标准。❶ 然而，角色期望是在特定关系之中生发的。所以公平原则亦随着互动成员间的关系不断变化调整。黄光国指出，中国人在跟不同关系的人交往时，秉承着相异的法则（见表3-1）。在中国社会，个体行事之前需要先判断好关系情境，再根据适宜的原则，履行相应的角色义务。只有尽了"本分"的行为才会被认为是正义的。

表 3-1　儒家思想中的正义观❷

关系种类	分配正义	程序正义
情感性关系	需求法则	差序法则
混合性关系	人情法则	差序法则
不对等工具性关系	差序性均等法则	差序法则
对等工具性关系	公平法则	平等法则

参照表3-1中分类，建筑工地上的人们以对等工具性关系为主导，同时掺杂了很多混合性关系的要素。这种关系结构在相当程度上决定了工人的正义判断和"合宜"行为的选择。

市场化用工体系内，工头代表的施工单位与工人首先形成了对等工具性关系，对正义的判断遵循公平、平等的原则。工人期望自己的投入与回报能够平衡。如果老板能够按时、如数支付工钱，便是履行了角色义务，会被工人们认可为好老板。老板期望工人保质保量完成工程任务。工人努力认真干活儿，也觉得这是自己应该践行的"义"。这些进城务工人员的文化水平虽然低，可能说不上来诚信的概念，但大部分人心中的诚实守信价值观念却很坚定。他们认为既然拿了老板的工钱，与工头有口头的约定，就应该尽自己的全力把工作做好。否则"都对不起那些工钱"。当然，假如工人认为工钱太低，或者对其他相关待遇不满而丧失公平感，他们也会依照"公平法则"，使用诸种隐秘的"弱者武器"来"惩罚"老板。

---

❶ CHIU CY. Role expectation as the principle criterion in justice judgment among Hong Kong Chinese students [J]. The Journal of Psychology, 1991, 125 (5)：557-565.

❷ 黄光国. 儒家思想中的正义观 [G] //杨国枢，黄光国. 中国人的心理与行为. 台北：桂冠图书公司，1991：77.

除了工具性关系，工地管理者与普通工人间还维持着混合性关系，即个人与其家庭外之社会关系网中其他人的社会关系，如亲戚、邻居、师生、同学、同事、同乡等，尤以同乡最为普遍。此类关系中，差序法则和人情法则成为判断正义的主导标准。我们知道，儒家文化从亲子轴出发设计了若干伦常等级，"在我们传统的社会结构里最基本的概念，这个任何人往来所构成的网络中的纲纪，就是一个差序，也就是伦"。❶ 与混合性关系网内的非亲戚来往时，人们通常也习惯引用亲属称谓体系，将双方纳入一种"疑似亲族关系"（pseudo-kin ties）之内，来界定彼此之间的上下差序关系。❷ 这意味着，"父慈，子孝；兄良，弟悌；夫义，妇听；长惠，幼顺；君仁，臣忠"（《礼记·礼运篇》）的天道人义的约束力渗透到混合性关系双方的行为指导原则中。

差序法则主张仁爱有差等。由于工头儿和其他基层管理者之间以及管理者与普通工人之间的关系在很多情况下都并非单纯的雇佣—被雇佣关系，所以工人很容易理解、并轻易接受班长、队长的亲戚朋友获得优待，工头儿的家人捞到额外好处，更容易因为自己是工头儿或班、队长的亲朋而加入"有福同享、有难同当"的阵营。人情法则要求人们在工作场合中互相合作，通过"做人情"维持和谐的社会交往。农民的经济行为通常也都是一种符合道义或道德的行为。❸ 所以当遇到工程任务紧急或危险，其他工人不愿意上阵，管理层的亲朋们却往往冲在前面，因为别人和他们自己都认为这是作为亲戚、朋友义不容辞的责任。还有工人虽然对薪酬制度和工作安排心怀不满，却仍旧坚守岗位，因为他们感激老板的栽培，佩服老板的人品，愿意一如既往地支持他。这些行为在工人眼中都是正义的，因为行动者履行了自己作为下属、朋友、亲属的角色义务。此时，人们评价其行为或所获报酬时会说这是合情合理的。合"理"，就是遵循当时情境的"礼"与"义"；合"情"，就是遵循人情法则。❹

总之，身份、角色义务等关系性概念在中国人公平观中占有举足轻重的地位。❺ 中国人的"义"与欧美的公平观的区别在于，义并不执着于付出与收回的机械式平衡，而在于把持人伦秩序的常规。各尽本分，做自己应该做

❶ 费孝通. 乡土中国 [M]. 北京：人民出版社，2008：30.
❷ 黄光国. 儒家思想中的正义观 [G] //杨国枢，黄光国. 中国人的心理与行为. 台北：桂冠图书公司，1991：79.
❸ 詹姆斯·斯科特. 弱者的武器 [M]. 郑广怀，张敏，何江穗，译. 南京：译林出版社，2007：34.
❹ 杨中芳. 人际关系与人际情感的概念化 [J]. 本土心理学研究，1999 (12)：105-179.
❺ 张志学. 中国人的分配正义观 [G] //李原. 中国社会心理学评论（第三辑）. 北京：社会科学文献出版社，2006：157-190.

的事，就是正义合理的。混合了前工业社会家族关系的建筑施工队的管理体制和人员奖酬方式使老板、工头儿与工人之间的关系包含上下级、亲戚、朋友等多重性质。不可否认，市场化与城市化的双重转型过程中，农民工对前工业社会的社会关系还有强大庇护需求，这也间接催生了现在建筑行业的分包体制；然而分包体制下，资本通过下放责任、卷入资本等方式对分包劳动体制加以利用，既实现了灵活积累，也将劳动关系遮蔽在人际关系中，使得建筑工人的地位进一步边缘化，处在劳动关系不明确，进而工人身份缺失的境地中。❶ 当亲情、友情关系掩盖了工作场所中的雇佣与被雇佣关系，工人主观上履行角色义务的行为，就在客观上造成固化他们社会地位的结果。

需要注意的是，弱势群体成员并非只是简单承认地位区分，任凭高地位者获得丰厚的回报，而自己却还在行"义"。他们愿意承认这部分人的优势地位，是期望占据高地位的人也能按照"义"的要求，依其地位之高低与能力之大小，尽量行仁。❷

二、劳动过程中的社会公正原则

要从根本上理解进城务工人员为何能承认现有地位关系合理，我们必须明了他们心目中衡量社会事件公正性的共识标准是什么。从前面的论述中不难发现，中国民众的公正观具有不同于西方个人主义民主、自由观点的独特性。转型时期传统社会价值观又受到多方面的冲击。在这些力量的作用下，国人对公正问题的看法早已不完全由儒家伦理观念主导，而是在此基础上发生了新的变化。张静等人通过一系列的调查和访谈总结当前公正观的基础性原则为：衡平原则、程序原则和平等原则。❸ 建筑装饰行业的劳动过程和工人们劳动体验恰好与他们具体而鲜活的公正观结合在一起，几近"完美"地稳固了建筑工地上的劳动关系。

（一）衡平原则

衡平原则指一个人的投入与获得相当。人们都希望自己的付出与回报能够对等。多劳多得规则绝对符合衡平的理念。

---

❶ 连佳佳. 建筑业农民工的生存政治——分包劳动体制下的劳动控制与抗争 [D]. 北京大学学位论文，2009：46.

❷ 黄光国. 儒家思想中的正义观 [G] //杨国枢，黄光国. 中国人的心理与行为. 台北：桂冠图书公司，1991：73.

❸ 张静. 转型中国：社会公正观研究 [M]. 北京：中国人民大学出版社，2008：2.

建筑装饰行业跟很多同样聚集了大量进城务工人员的制造加工业之间一个很大的不同之处在于,这个行业多数情况下实行"计时"工资制。包工头付给下面具体工人的报酬是按天/小时计算的,用行内话就是"干了几个工拿多少钱"。工人清楚地知道自己干多长时间活儿就能挣多少钱。他们情愿,甚至巴望着加班,因为那样就有"额外的"收入。

> "我是想干活,可现在没有活儿。"(访谈员:活儿多的时候,你
> 会主动加班吗?)"要是有加班的话,当然愿意干了。加班是双工资,
> 谁不愿意干啊!一般情况下老板不会轻易加班的,那样他就不合算
> 了,得多给好多钱的。"(访谈员:什么是双工资?难道是干一个小
> 时给两个小时的钱?)"晚上七点干到十二点是一个工就两百多,过
> 了十二点以后就算两个工。"❶(受访者编号:MGT31)

即使在正常的白班中,工人们也很投入各种形式的"赶工游戏"。在调查中,访谈员在清一色的男性壮劳力中惊讶地发现了三位女性的身影,而且她们的身份是瓦匠小工。这个工作主要负责为瓦匠大师傅搬砖、抬沙子和水泥,非常辛苦,很难想象女性能承受这样高强度的体力劳动。其中一位替丈夫打下手的中年女子道出了她们从事这个职业的缘由。

> "当然为挣这份儿钱是主要的原因。不想在家待着,出来找别的
> 工作也挺累。跟他在这里干,还能互相照顾点儿。我如果实在累了,
> 他也帮我干。现在大师傅的小工都是自己带来的,谁都不愿意人家
> (指工头儿)给配。因为认识的熟人不会让师傅闲着,不认识的人他
> 自己懒,跟不上师傅的进度,耽误师傅的时间。""另外那两个大姐
> 也是她们伺候的那个瓦匠的亲戚,好像是他的姨还是婶儿啊什么的,
> 反正是自家人。要不然不行,(碰上不认识又偷懒的小工)你(大师
> 傅)累够呛还不一定完活儿。"(受访者编号:WGQ27)

虽然大工和小工的工钱都是按日计时结算的,但大师傅的工作量每天由班长或队长分配,相对比较明确,如果能在规定日期内完成一个工程,就能马上赶赴另一个工程。出活儿越多工钱也越丰厚,还会博得老板的器重,有可能提薪等。而小工的报酬则只由工作时间决定,因此积极性不会很高。工人们希望通过熟人、亲人间的默契配合来提高工作效率以获得更多回报。

对多劳多得市场交换模式的信念和对劳动报酬的迫切追求还反映在工人

---

❶ 木工通常上"常白班",工作时间为早7点到晚6点,午间休息有半小时到一个小时,具体情况依老板和工地的规定而不同。这样算来一天的劳动时间为至少10个小时。加班的话,晚7点到12点只有5个小时,就可以挣白天10个小时的工钱,因而感觉颇为合适。更何况超过12点又算一个工。

们对劳动所得和生活消费的叠加计算方法上。生在东北、长在东北的瓦匠小王一直向往有朝一日能到以前课本上提到的祖国各地的名山大川去看看。其实按照他们现在月入过万的收入完全承受得起这个消费，但小王仍然舍不得。他的账是这么算的：

> "现在出去旅游不仅要花钱，还耽误工、少挣钱。这里外里加起来就是相当可观的一个数字呢！"（受访者编号：WGQ27）

进城务工者认为自己每天的劳作能够换来事先约定好的收入，这足以让他们心目中的衡平原则得到满足。然而，根据罗宾斯坦的论述，[1] 这其实是将市场公正原则和衡平原则混淆了。他指出，市场过程中遵循的是权利（entitlement）原则而非衡平原则。供需关系是市场过程中的支配性关系，在这一过程中，行动者是否具有持有、转让、所有等权利是关键所在。事实上，现在建筑装饰业工人的工资就明显受到从业人员数量的影响，日薪水平随季节不断变化。每逢秋收，很多工人要返家收庄稼，市场上可雇佣劳动力大大减少，他们的日薪就大大提高，有时候甚至比春季（淡季）高出三分之一。工人们只在内群成员间的比较和自己的劳动过程中，看到劳动付出与所得表面上的对等关系，却没有注意内外群之间付出/收益比的差异，以及整个社会是否按照所谓的衡平原则运作。

戴维·米勒提出三个社会正义的原则：应得、需要和平等，并从人类关系模式的角度限定了三原则各自的适用范围：需要原则适用于团结性社群；应得原则适用于工具性联合体；平等原则主要盛行于使用公民身份的场合。[2] 在建筑工程队这个工具性的联合体内部，表面上干多少活儿、给多少钱的约定与衡平原则契合得天衣无缝。但究竟如何判断哪些是工人们的应得利益，他们应得多少，仍是非常模糊的。

（二）程序公认原则

因能力差异导致的分配差别一般很容易获得公众认可，而当具体情境下人们由于各种原因对分配意见产生分歧的时候，大多数人往往选择遵从公认程序。程序公认原则指人们遵循公认的程序获得分配。工人们也认同并愿意接受通过公开竞争、同一规则、公认程序获得的利益和财富差异。

建筑装饰是个技术性要求相对比较高的行业。抹灰、砌墙、铺砖，谁抹得平、铺得稳；刮大白、抠角线、喷油漆，谁画得直、喷得匀；挂铝板、打

---

❶ ROBINSTEIN D. The concept of justice in sociology [J]. Theory and Society, 1988, 17（4）：527-550.

❷ 戴维·米勒. 社会正义原则 [M]. 应奇，译. 南京：江苏人民出版社，2001：27-32.

家具、钉框架，谁做得结实、挂得美观，这些一眼就能看出来，一摸就能感觉出来。因而，每个工匠师傅的功夫和水平都是一目了然的。大家的薪酬也就依各自的技术水平而有所分别。虽然对于基层的农民工来说，现在还没有正规而细致的技术级别划分，通常就是工头儿凭经验认定为上、中、下三个等，并据此付酬。但这种透明、公开方法也给工人一种特别公平合理的印象。

> "我们这里呀，就是姓黄的那位师傅技术最好了。人家那活儿干得漂亮。他铺完了以后啊，不管你用什么尺量，那都是溜平溜平的。而且人家干净，不像咱东北人儿，砖铺完了抹乎得哪儿都是。要不然人家咋挣得也多呢。一分活儿，一分钱，跟买东西一个道理。这不从7月份到现在，三个多月吧，昨天跟工头儿那儿，拿着5万块钱回家了。回去了，儿子十一结婚，回去参加婚礼了。"（受访者编号：WGL10）

做工的技术是通过长时间劳动不断积累和摸索才锻炼出来的，令人不得不由衷佩服。作为共识性的程序，它足以整合工人内部在一定程度上分化的利益，形成可接受的分配秩序。除了按技术等级分配，在工人中间比较公认的程序还包括灵活的用工体制和短期结算的工钱发放惯例。由于建筑装饰很少遇到需要投入大量时间、人力的大工程，多数情况下细致的做工都只能由少数人在相对较短的时间内完成，所以工人的流动性比较大。他们和老板间最多只有口头上的约定，原则上可以随时退出，没有任何约束条件。在这种情况下，"不满意就走人"成为工人经常使用的"弱者的武器"。他们觉得这样自己就不再受制于某个老板，甚至拥有了无限的自由。自打温家宝总理帮农民工讨薪后，建筑装饰行业拖欠工钱的情况也已很少发生。访谈中工人们都说自己没有遇到过少工钱的事情。

> "一来因为，全国在这方面的整治力度比较大，很多企业和劳务单位的管理都相比以前更加规范，不想因为蝇头小利趟这浑水；二来也因为工钱发放的周期很短（3天或1个星期一给，有的工程队甚至一天一结账），不给那些黑心老板留下克扣的空间。"（受访者编号：JLP41）

以往拖欠工资的事时有发生，工人们已经长了心眼儿。每逢碰到老板苛刻、工钱没有按时发放的情况，很多工人都会选择另谋他就。这样就算白干了两天，也不会损失太多。

> "现在通信发达了，谁都有手机。我们都认识不少包工老板和老乡，在一个地方不干了，很快就能找到其他地方干活儿。有的时候

你正在这里干呢，就有人打电话来问你去不去。只要你技术好，不愁闲着。当然我们通常都很讲信用的，答应一个老板了，就不能随便撂挑子。除非他欺人太甚，不仁义。"（受访者编号：MGT31）

最近几年城市化建设如火如荼，工程多、人手少，工人基本随时能找到活儿干。根据技术好坏，干一天活儿给一天钱的按劳分配方法和宽松的招工、辞工运作空间，让工人们感到这套行业规则是一种公正的程序，因而对其比较认可。

工人们对整个社会在财富、声望方面的差异分布也做出了偏向公正性的满意评价。大部分受访者都谈到，自己之所以现在只能做辛苦的体力活儿，是因为自身缺乏能力和才干、学历太低以及个人努力不够。城市人、富人能力强，工作勤奋，又有高学历，所以生活状况好于自己。虽然他们的言语中也不乏对社会不平等的批评和抱怨，但对个人通过教育、天分和勤奋努力实现向上流动充满信心。

以往研究表明，程序正义可以增强成员对群体身份的认同，认同则进一步作用于人的态度、价值观，促发更多的合作行为。[1] 当进城的农民工们在某一行业发现了实现目标（增加收入、提升自我价值）的可行途径，他们会更愿意按照既定的公认程序努力追求自己的理想。然而，他们中可能很少有人会意识到，随用随招、停工即散的灵活用工制度和即时结算工钱的分配规则除了给予他们充分的"自由"，还意味着用人方可以不对工人任何方面的保障负任何责任。

（三）平等原则

平等原则指人与人之间身份的对等。如今，平等思想深入人心。成天在建筑工地劳作的师傅们也懂得不管各自从事什么职业、大家人格都平等的道理。因而在谈到城市人的歧视时，不少"有思想"的人不仅会反驳，而且能上升到人类尊严的高度予以驳斥。

"有时候他们就鄙视你，这样的人多。我们只要出去，就经常碰到。感觉我们没有收入。上海人最严重。他们觉得自己很了不起，不就是地理位置不一样吗，不就是沿海嘛。其实人都是一样的，谁都不比谁高贵，更不应该有三六九等之分，那（歧视农民工）反而证明他们自己的素质低。"（受访者编号：MGZ28）

---

[1] TYLER T R, BLADER S. The group engagement model: procedural justice, social identity, and cooperative behavior [J]. Personality and Social Psychology Review, 2003, 7 (4): 349-361.

　　然而面对现实的升学就业境遇——这种影响人一生发展轨迹的关键性事件方面的差距，大部分人仍不禁陷入深深的"不忿"或者"无奈"。

　　　　"我们其实跟他们是一样的，年龄啊，可能还比他们聪明，就是因为他们城市的家里有背景，然后就能上学啊受好的教育，找工作也能找好的。"（受访者编号：KTC22）

　　　　"环境不一样，人家城市里的孩子就一个，生活环境不一样。即使不想上学的话也打算好了，也能找到好工作，尤其是女孩子，人家可以上学啥的，像在农村如果有两个孩子，那么如果女孩不想念书家长也就说不念别念了。其实他们的智商都不低，都挺聪明。被埋没了，没有开发出来，要是上学的话就开发出来了，自己把自己埋没了。"（受访者编号：MGZ28）

　　相比社会上的"不公"，工人们觉得自己在工地上更容易体会平等和受尊重的自我价值。在这里，周围都是跟自己一样的"农民工"。不存在谁瞧不起谁的问题。老乡之间互相帮扶，更额外让人感受到人间的温情。现在即便是班长、队长乃至工头儿都很少会以命令的口气对工人大呼小喝。遇到什么技术问题通常还跟经验丰富的大工商量解决方法。这种相对和谐的关系得以形成，有老板害怕工人一怒之下一走了之而给工程进度造成损害的原因，更多还是发自内心的尊重。因为这些人自己也是从"农民工"干起来的，所以他们能理解这些工人劳动的艰苦、生活的艰辛。用工人的话说就是"没有忘本"。他们认为"工人挣的是辛苦钱，不应该再在精神上克扣人家"。而这些基层管理者的出身也让工人感到，在这个行业内部上向流动是相对开放的，至少存在可供小人物梦想和拼搏的空间。

　　油工小军就是怀揣着"做大事"的梦想"加盟"GG 公司的。这个来自浙江金华的小伙子，18 岁开始在家乡学习厨艺。2 年后出师，成为西餐厅的一级厨师。但只干了 5 年，便辞职跟着父亲做起油工。一边是浑身油漆、满头尘土的形象，和噪声喧嚣的工作环境；一边是干净整洁、礼貌大方的仪表，和安静高雅的高档休闲氛围。有人居然选择前者，一定让很多人都深感讶异。但他的表白让人感觉这似乎是他这辈子最正确的选择。

　　　　"我有点儿厌倦了在餐厅的工作。开始也有些犹豫，因为（油工）这个工作这么脏、这么累，还被人瞧不起。但后来我想通了。当厨师很难做成你们想象中的大师傅，即便你再怎么努力。装修这行就不一样了，很有发展前景。不单是现在工程多，人们追求也高了，都想把自己家弄得漂亮点儿。那就有我们油工的用武之地，主要就是修饰嘛！最关键这里有个人施展的空间。不会先学呗。我爸干了这么多年，我跟着他把手艺学好、学精，然后就可以自己带着两个人干，再往后还可以出去包工程，就像现在我们的老板一样。我相信有一天我肯定会像他那样，甚至超过他！"（受访者编号：YGZ34）

他有一个极富野心的"职业生涯发展规划"，还在 QQ 上签名"孤独的狼，高傲的心。野性的气息，王者的男人。不学群狼嗜血情，只效狼性称霸王……天下诸侯，我主沉浮。"其实访谈中，很多年轻工人都有类似的想法。他们坚信个人有机会通过教育、天分和勤奋努力来实现向上流动，并希望通过自己的努力实现更"有前途"的发展。任何情况下，个人理性都有可能转变成努力的动机。

罗尔斯在《正义论》中提出两个原则来衡量正义。第一个原则就强调了平等。第二个原则补充说明，即使社会和经济方面存在不平等，也"应这样安排，使它们（1）被合理地期望适合于每一个人的利益；并且（2）依系于地位和职务向所有人开放"。❶ 如果社会能够提供公平的机会均等条件，那么即使存在财富和收入的分配及权力的等级制，也是满足平等公民自由和机会自由的要求的。❷ 工人们在装修行业中依稀看到了潜在的发展机会。至于这种是否真正平等，他们没有在意太多。只是觉得有一线希望也要抓住，当然最终能否发展起来，还要看自己是否有"运气"碰到并抓住"机会"。建筑行儿里有"一个工程出一个富翁"的说法。要能包下挣钱的活儿自然不是光有本事这么简单，还需要有人"提拔"，有"罩得住"的老板在背后支持。"关系"因素仍是至关重要的。机会均等毕竟带有太多理想化的因素。现实社会中，我们不可能把正义建筑在个人的道德自律上，还要考虑很多客观的社会条件。

通过建筑装饰业工人在生产过程中形成和认同的正义观点，我们了解到这些工人身处的不平等劳动关系已淹没在表面充满正义的劳动过程中。在转型中国，建筑装饰业农民工经由劳动过程不断生产和再生产着判断正义的标准。他们普遍比较认可用个人投入、公正的程序和机会平等来衡量财富与资源的分配是否公正。但由于正义的标准就产生于生产过程，所以有时蒙蔽了

---

❶ 罗尔斯·约翰. 正义论［M］. 何怀宏，何包钢，廖申白，译. 北京：中国社会科学出版社，2006：61.

❷ 罗尔斯·约翰. 正义论［M］. 何怀宏，何包钢，廖申白，译. 北京：中国社会科学出版社，2006：62.

此过程中本身存在的或者外在附加的不公正成分。而这种假象却让工人更欣然地接受了自身的弱势地位，并天真地以为凭借自己的努力可以达致美好的生存境况。

关于劳动过程研究，布洛维曾批判布雷弗曼理论忽视了生产领域中的政治与意识形态片段，并在自己的研究中揭示了工厂体制如何削弱工人的抗争能力，制造出工人主观的志愿性服从意识。依其观点，劳动过程是工厂生产中的经济片段，生产的政治规范工具（production apparatus）是生产领域中政治片段的凝结，而生产本身则是经济、政治和意识形态的结合体。❶ 但有学者评论布洛维的研究，虽然揭示了生产领域中的工人意识与行动，却缺少对工作组织外的地位影响（比如种族、性别等）探讨，以及对市场、国家力量的关注。为了避免类似的不足，本书接下来将论述制度和日常互动体验如何强化地位体系的合法性。

三、外部效力

一套地位等级体系能够获得合法性，固然不能排除与现有权力地位关系相一致的信念和价值观的原因。然而，个人是否遵从某种地位等级规范的要求受其信念影响的程度较小。地位关系的合法性更有赖于等级体系本身的效力。"有效力"指人们承认一种规范性秩序的存在，即不以个人意愿为转移的外部力量是支持既定地位体系的。既然是一种规范秩序，它就约束着群体内所有人的行为。事实上，很多时候人们并不一定从内心承认地位体系为合理，而更多受外部强制力的规约不得不依其行事。这种效力蕴含于已有合法性的制度规范，以及周围他人的赞同。

（一）权威因素的合法性传递

合法性不能凭空产生，只能建立在与待合法化对象有联系的、已为全社会接受的价值、规范、信念、目标、惯例和程序等因素的基础之上。❷ 进城务工人员处于弱势地位的合法性很大程度上来自于已具有合法效力的制度规范和主流公共话语的认定。

---

❶ 李洁. 重返生产的核心——基于劳动过程理论的发展脉络 [J]. 社会学研究, 2005（5）: 234-242.

❷ ZELDITCH M, Jr. Legitimacy theory [M] // BURKE P J. Contemporary social psychological theories. Stanford: Stanford University Press, 2006: 340.

1. 制度规范

人们因生活方式、正式教育过程以及与出身或职业相匹配的社会声望差异,而分处不同的身份地位(status)。❶ 在我国,以户籍制度为核心的分层制度体系将社会成员范畴化,鲜明区分出农村人和城市人两种具有地位差距的群体类别。

新中国伊始,政府出于建立城市公共秩序、城市经济建设等考虑,颁布了规范城市户口登记和管理的几个条例。后来为了工业发展的原始积累,也为了防止城市难以承受进城热潮带来的食品供应、交通、住房、服务等方面的压力,又出台《关于劝止农民盲目流入城市的指示》,控制农村居民向城市的流动。直到 20 世纪 70 年代末,政府一直强调要控制农村人口进入城镇,并在正式文件中严格规定每年"农转非"的人数比例。改革开放以来,户籍制度虽然已有很大的松动。但旧有制度的强大惯性依旧存在,上至国家、下至地方政府,还都依赖户籍制度控制财政负担和生活资源,再加上城市人口压力的威胁,所以城市政府仍在相当程度上采取沿用户籍制度的便利之举。

不可否认,户籍制度几十年的运作执行确实起到了维持社会秩序、资源分配秩序的作用。❷ 虽然现有户籍制度已遭到多方质疑,被认为已经不适合当前社会发展需要。然而,户口划分、转移和转换的有关规定,已经有意无意地赋予了个人户籍身份以不同的价值,随着价值评价的参与,户口名称的符号化效应已然十分明显。户籍作为同样社会成员享受不同权利、利益和资源的重要依据,变成了一种控制和维护社会差别或分层状况的机制。❸ 许多与户籍制度相关的政策法规潜移默化地影响着外来务工人员的身份认同,以及他们所处的整个地位体系的合法化。

比如目前多数农民工子女都选择在家乡上中学,就因为他们在城市上学受到户籍的限制。再比如农民工在就业领域曾长期受到严格限制。虽然 2003 年国务院办公厅发出通知,要求各地区、各部门取消对农民工进城务工就业的工种限制,不得干涉企业自主合法使用农民工,但很多企业之所以大规模招收农民工,是因为可以降低成本。农民工不算企业正式编制,企业可以不用负担跟正式城镇正式编制职工同等的社会保障(如公费医疗、住房、退休金等),甚至基于他们的奖金、津贴和消费补贴也很少或者根本没有。不需要用工时,单位还有权决定是否解雇他们。因此,农民工在这些企业里就业地

❶ 韦伯. 经济与社会 [M]. 阎克文,译. 上海:上海人民出版社,2010:425.
❷ 李强. 农民工与中国社会分层 [M]. 北京:社会科学文献出版社,2004:31.
❸ 陆益龙. 户籍制度:控制与社会差别 [M]. 北京:商务印书馆,2003.

位的真正提高还有待时日。农民工能够进入的单位，一般也都是小型民营或乡镇企业。这类企业不仅待遇相对较低，而且面临更多风险。一旦企业倒闭，非正式员工将无任何保障。建筑工人则处于比这更糟的状况。因为他们甚至没有固定归属、从业的单位。他们虽然为建筑承包商工作，却仅凭与包工头个人的私下约定，有的跟企业没有任何正式劳动合同。因而当他们的权益受到侵犯时，也很难获得正规制度的合法保护。总之，各种规则赋予不同工人群体以区别性的物质待遇和权利，户籍及其相关制度"塑造了多数农民工的生活预期，锁定了他们的生活目标"。❶

就这样，农村人和城市人再也不仅仅表明生活地域的差别，而成为象征个人身份地位和准入资格的符号。与城市户籍身份相联系的收入、地位、声望和权利分配上的比较优势，就是城市户口、城市人资格直到现在依然是不少人梦寐以求之物的原因。很多已经在城市定居生活的人，依然希望有朝一日能够拿到城市户口，以确定自己的城市人资格。因为只有这样他们才会真切感受到自己地位的提升，自己作为独立社会主体被城市接纳。

户籍制度因其国家基本政策的形式，而具有了对个人身份进行权威认定的价值。当这种身份得到了法律、法规的认可以后，法律、制度的合法性就自然传递到了身份制度上，使之成为合法的身份，以及资源和权力有差别分配的合法化标准和依据。在权力稳定分配及随之产生的身份秩序下，强势群体的优势地位就会被弱势群体所接受。❷处于地位弱势的群体因此很难跨越身份界限，甚至不会有这样的想法。

另一方面，个人的户籍身份与其家庭、组织单位，甚至出生和成长的地域联系到一起，使其蒙上了先赋性和世袭性的面纱。出生在农村，父辈是农民，自然而然地就是农村户口。这令人们更加不容易看清户籍制度的歧视性本质，因而默认了它的权威性，甚至长期忍受这一身份带来的污名。

流动农民工的形成过程中，国家扮演了关键行动者，而且也表现出日益依靠法律与社会政策作为社会控制手段的趋势。"国家政策和法律追求可以通过意识形态和分类来影响劳工认同……除了建构工人阶级的图像之外，社会政策也在灌输个人责任和失败、劳动规范、契约的神圣性与合理性等观念上影响工人。"这样一来，不仅"法律和社会政策在多重层面上培育并加强市场意识"，社会环境也给个人发展提供一定的机会和成功案例。虽然农民工群体依旧"无法逃脱抽象、非个体的社会控制"，但他们可以"将商品化的劳动视

---

❶ 李强. 农民工与中国社会分层 [M]. 北京：社会科学文献出版社，2004：57.
❷ 韦伯. 经济与社会 [M]. 阎克文，译，上海：上海人民出版社，2010：1092.

为提供少量向上流动机会以及个人独立解放的解释和体验"。个别同伴的成功让他们强烈地感受到"个人拼搏"的可行性，使之更少注意制度的不平等。

"一种分层机制若要被人们认同为合乎正义，就必须体现出机会均等意义上的公正。就社会公正而言，改革的一个重要问题是，摆脱旧体制的束缚与失去旧体制的'保护'应是同步的，不能允许有的人摆脱了束缚却仍享受着保护，有的人失去了保护却仍受到束缚，前者垄断机会而后者承担风险，前者享受成果而后者付出代价。这是我国改革过程中最需要反思之处，也是我国社会当前的社会分层机制最根本的不公正之处。"❶ 无论是户籍管理的具体措施的改革，还是与户籍相关的政治经济体制的改革，实则都需要改变黏附于户籍之上的不平等的权利分配，使赋予城镇户口的某些特权受到削弱，农业户口者的行动权利有所扩展。❷ 当户籍与特权之间的连接被彻底斩断，社会成员间基于户籍的地位分化的合法性才能真正瓦解。可喜的是，近年国家的户籍改革正快速向纵深发展。这势必给进城务工者带来更宽松的发展空间。

2. 公共话语

农民工们对自己声望地位的觉知和认同还会受到社会主流的公共话语的影响。由于他们获知信息的最主要，甚至唯一的途径就是形形色色的媒体，❸而政治家、记者、教授等符号精英控制了公共话语产生的渠道，所以对该群体的官方态度和话语，在教科书上、期刊上和网络上发表出来的学术话语，以及大众媒体上广泛传播的偏见和等级式意识形态等，❹ 成为形塑农民工群体社会表征和对本群体地位处境判断的重要力量。

建筑装修工人的闲暇时间很有限，一天中只有午饭和晚上收工之后的时间可以自由支配，因而也成为他们接触媒体的主要时段。总体上看，手机是工人们使用最多的媒体形式，基本是人手一部。这固然为了与家人沟通起来方便，更重要的是可以及时获得其他老板（包工头）的用工信息。现在手机的功能越来越强大，工人们对它的依赖也越来越多。对于20岁左右，通常还是小工的人来说，手机的通信功能或许反而是次要的，最主要是可供娱乐。

---

❶ 王小章. 社会分层与社会秩序——对当代中国现实的考察 [J]. 中共宁波市委党校学报，2001 (5)：29-37.

❷ 陆益龙. 户籍制度：控制与社会差别 [M]. 北京：商务印书馆，2003：290.

❸ 媒体指表示和传播信息的载体。当今主要的媒体形式、也是农民工最常接触的信息传播渠道有：报纸、广播、电视、互联网和移动网络（手机）。

❹ 范·戴克. 精英话语与种族歧视 [M]. 齐月娜. 陈强，译. 北京：中国人民大学出版社，2011：1.

大多数这个年龄段工人的 QQ 总是登录状态，有时候在安静的环境下工作，你甚至可以听到滴滴的好友呼叫声。当然如果手头正忙着，他们是不会马上回复的。通常只有等到劳动间歇才匆忙打上几个字。手机的另一个主要功能是阅览电子书。如果出现大段的闲暇时间，比如等料、机器长时间运作，晚上睡觉前，他们就会掏出手机，浏览早已下载好的武侠玄幻小说。年纪大一些的工人则只把手机当作通信工具，不会使用它的其他功能，甚至很少发短信。他们在中午和晚上的空档时间里，一般拿出收音机或 DVD 机，看集电视剧或听听广播。

工人们与广播的接触也比较多，因为收音机小巧轻便，MP3 等年轻人常用的娱乐设备上也有收音功能，所以这种传统的媒体在这个群体当中仍然不失流行。报纸价格便宜，虽不会定期购买，但假如一个人买了一份报纸，那么周围的一帮工友都会轮流传看。很多时候他们也捡着工地上由包工头儿、办公室工作人员丢掉的一两张旧报纸看看。报纸购买起来也相对方便，还可以做其他用途，因而普及程度也较高。

互联网几乎是 20 岁左右年轻工人的专利。有些人玩儿心大，晚上下班后就出去"包宿"熬个通宵，然后第二天请假睡觉。因为他们的工资都是按天计算，所以这只相当于休了几天假，但随意不出工显然会对整个工程队的工作进度造成一定影响，因而经常令包工头和工长既气愤、又无奈。

电视在工人们当中的应用频率比较少。他们的住所很少配置电视，而且他们的流动性大，自己也不会支付这笔钱去购买。但新闻和主要热播的电视剧仍是他们十分喜欢、也有很多途径（比如路边的小店）看到的节目。尤其是跟进城农民经历有密切关系，描写打工生活的电视很受他们的欢迎。即使没有机会看全，也能在工友的闲聊中获知大概剧情。

从以上介绍可以看出，虽然不同年龄段、不同性格爱好的个体工人所偏好的媒体形式会有所区别，但整个工人群体与社会主流意识的接触是很频繁且紧密的。媒体是他们获得社会信息的主要来源，其传递的观念总是很容易被人们相信，甚至被认为更精确。在强势群体的观念里，在目前中国主流话语形态中，农民工出来打工是为了谋取更好的生活。农民贫困和农民的居无定所是由于目前的农村市场化改革滞后，土地资源或农作物资源没有得到充分商品化，城镇化还不够彻底。可以通过进一步的城市化来加以改观。他们没有过上理想的日子是因其自身不够努力。只要贫困的农民们肯动脑、敢大干就能在日益城镇化的家乡致富。这种观点忽视了社会结构的作用力，也就是说，社会阶层固化后个体努力势必是无效的。就以 2013 年北京的"井居者"老王为例,他的家乡滦平近年来已经进行产业建设,葡萄酒厂、木耳基地等,农业市场化已经非常显著,但实际上从中获利的只是有资本做产业投资的少部分人,大部分农民生活日益艰难,他们的土地要么被征走做建设,要么因污染而农作物产量降低,小规模种植又无法与大农场资本竞争,在这种情况下,外出打工已经是千千万万农民的唯一出路,他们的"家"在农村,工作在城市的"两栖"状态并没有因为城镇化的发展有所改观。❶

媒体对农民工形象的呈现不仅构成了公众对农民工群体的认知基础,而且也是影响农民工自我形象建构、自我认同的重要因素。然而,城市媒体把城市人当作主要受众,更多时候表达的只是城市人或者媒体自身对于该群体的表征和看法。很多娱乐节目甚至为了达到娱乐效果,增加收视率、发行量,故意丑化农民工形象,将城市人对农民工的偏见和歧视进行极端化表现。近年来,这种情况虽已发生一定程度的转变,但正面报道的数量仍显少,且基本仅限于勤劳致富、舍己为人两个方面。而大部分报道,无论从主题、新闻图式、引语(即某段话是谁说的)、还是局部的语义❷仍都着力渲染农民工的两种负面形象。

一是受难者、沐恩者。对农民工报道的一个重点是同情其不幸遭遇,因而事故伤亡、求职受骗、工作受辱、生活窘迫、无家可归等成为叙说的主题。但这样的报道只单一讲述农民工作为弱势群体所遭受的苦难,却少有对这种现象深层原因的挖掘,或者即便谈到也最终落脚到农民工自身的愚昧和落后。这只能使受众陷入一种可怜、可悲的情感基调。与此相关的另一类新闻叙事则把农民工建构为"被施恩"的对象。在一幕幕温暖感人的关心和帮助图景中,我们似乎只能看到对政府体恤民情的歌颂,却找不到为农民工指出国家政策、措施背后蕴含的机会,更不会出现除感谢和幸福之外的农民工对自身感受的表达。无论是受难、还是沐恩,农民工都是作为弱势群体出现的,鲜活的事件描述更容易调动农民工的负面情绪,让其承认自己比别人卑微的弱势身份。

二是城市文明的冲击者、违规者。这类新闻事件中,农民工被塑造成了城市文明的破坏者。他们愚昧无知、缺乏教养,甚至心理变态、违法犯罪、无恶不作。建筑工人更是这其中的典型。随着新生代农民工日渐成为农民工

---

❶ 潘毅,吴琼文倩. 城镇化的吊诡与中国发展的另类选择 [EB/OL]. 人人网,http://blog. renren. com/blog/304012437/920943232? bfrom=010203055.

❷ 范·戴克. 精英话语与种族歧视 [M]. 齐月娜,陈强,译. 北京:中国人民大学出版社,2011:217-223.

的主体，不少媒体还发现并突出呈现该群体和城市文化的矛盾，把他们描述成缺乏父辈勤劳和朴实的工作理念、吝于奉献自己的体力、不断滋事、威胁城市安全的人。尽管流于表面的报道其实忽略了新生代农民工矛盾的心理意识状况和现实生存状态，❶ 但反复出现的媒体信息却只会按照它自身的思路增强，甚至塑造普通公众对于社会现实的感知。当人们长时间暴露于消极信息影响之下，就会倾向于相信农民工群体是与城市社会对立、难以共融的，进而加重城市受众对该群体的偏见和歧视。更糟糕的是，媒体资源是人们观察学习的重要渠道。农民工的负面形象还会成为本群体成员自我概念的重要组成部分。当媒体宣传以直接或间接（用一些特征描述或籍贯）的方式来暗示行为者的外来务工人员身份，农民工的群体成员资格就很容易被激活，随之习得并反复操演宣传中的认知和行为方式。

没有媒体权力的人，不但无力定义自身，而且即使被他人忽略，甚或恶意歪曲地言说也束手无策。从文化与权力关系的角度看，再现行为本身就是文化内部权力关系的一种体现，那些能够再现自身和他人的人不仅是社会学意义上的强者，同样是传播领域的强者。而那些不能再现自身和他人的人则属于弱势一方。❷ 农民工作为社会话语权的绝对弱势群体，一直以来都是被媒体再现和建构的对象。❸ "社会记忆在某种情况下并非来自于生活经验，而是来自于大众图像的制造。"❹ 如果媒体可以给新生代农民工灌输城市的想象和对农村生活的摒弃，那么自然也就可以主导公众对农民工群体的认知，甚至在一定程度上塑造该群体成员的自我感知和身份认同。这些无疑会促成其弱势地位的合法化。

最后需要简单点出另一种与媒体密切相关的主流话语来源——权威人物。这里面包括政府官员、社会问题专家学者，甚至资深媒体人。在公众心目中，这些人是合法权威，分别掌握着合法性的政治权力和符号权力，所以他们的观点和看法必然也有能量将合法性赋予其言说的对象。权威人物的言论往往需要媒体加以传播，老百姓只有通过媒体才能得知权威人物说了什么。所以，权威人物的言论从某种程度上更强化了媒体的影响力。农民工们更容易相信在电视或报纸上所看到的，某某官员或某某教授就一个与他们身份、遭遇相关的社会事件发表的看法或观点。如果这类权威人物在言谈中隐含了对外来

---

❶ 蒲子涵. 伪人文关怀：农民工形象塑造中的媒体偏见 [J]. 青年记者，2011（4）：4-5.

❷ 许向东. 一个特殊群体的媒介投影——传媒再现中的"农民工"形象研究 [J]. 国际新闻界，2009（10）：42-46.

❸ 董小玉，胡杨. 都市类媒体中农民工形象流变研究 [J]. 新闻爱好者，2010（10）：12-14.

❹ 储卉娟. 乡关何处——新生代农民工研究述评 [J]. 中国农业大学学报，2011（3）：11-19.

务工人员的消极看法（因为他们一般不会公开发表带有歧视性的言论），那么就可能导致农民工的自我认知更加消极，自我贬损更加严重，进而接受不平等的地位安排。

（二）互动行为的强化建构

效力是合法性的集体维度，代表着事物为合法权威批准，以及得到人们共识性认可的程度。对既定社会分层体系和群际地位关系而言，制度规范、社会规范可以构成其合法化的权威力量，共识性支持则主要来自由各群体成员经互动建构起来的、符合此等级关系的地位信念（status beliefs）。

1. 地位信念的含义

地位信念是人们关于不同特征群体处于高低有别之地位的看法和态度。当以某种特征将人区分为两类，如果人们认为其中一方具有较高的社会威望和较强的能力，那么这个群体就获得更大的影响力，因而处于更高的社会地位。❶ 地位信念是"大多数人"关于地位分化的观点，代表了概化他人的态度。作为对群体能力与价值有评价意义的刻板印象，地位信念虽然将人和群体区分出高下等级，但却为支配群体和被支配群体所共享。也就是说，无论个体是否愿意和喜欢、是否能从中受益，地位信念都是双方的共识。从被支配群体的角度来看，这显然超越了简单的内群偏好。由于地位信念是大多数人的想法，所以在社会关系中具有一定的强制力。个体能够预料到其他人都依照此信念行事，并据此评价别人的行为。因而，无论他自己是否真的认同地位信念，他在行为选择时都必然将其考虑在内。❷

对于建筑装饰业进城务工人员来说，自己作为农民工区别于城市人，作为打工仔应听命于管理者，作为出苦力的在智能上低于玩脑力的，就都是地位信念。在此，城市人、管理者、有知识阶层被赋予更积极的才能和地位评价。而农民工则内化了自己在才能和地位上处于弱势的地位信念，并在此观念的主导下做出类似自我实现预言的行为。地位信念是不平等地位关系合法化的重要条件。那么，地位信念是怎样形成的，明明对弱势群体不利的观念又如何为他们所接受呢？

---

❶ BERGER JOSEPH, FISKE M H, NORMAN R Z, et al. Status characteristics and social interaction: an expectation states approach [M]. New York: Elsevier, 1977.

❷ RIDGEWAY C L, CORRELL S J. Consensus and the creation of status beliefs [J]. Social Forces, 2006, 85 (1): 431-453.

2. 地位信念的生成与固化

地位建构论指出，地位信念形成于双重相异情境下的互动之中。❶ "双重相异"（doubly dissimilar）指个体间在占有可交换资源的数量（比如财富多少）和某种名义性特征所处的状态（比如性别，或是否农村户籍）上存在差异。双重相异情境就是，若干行动者既占有多寡不一的资源，又在某种特征上分处不同的状态，且他们在这两方面的分化是一致的（即 A 特征状态的人总是占有较多的资源，而 B 特征状态的人总是占有较少的资源）。这里的资源并不局限于物质财富，而包括所有能造成两个群体成员间影响力差异的因素。因为任何这样的因素都可以区分人地位高低，使其中影响力大的一方获得较高的声望地位。❷ 本书用资源指代所有能造成两个群体成员影响力分化的因素。根据期望状态论，资源优势方比较容易获得较高的绩效期望。然而，单纯期望状态的差距并不能自然转化为地位信念，关于特定个人之声望与能力的推断也不足以让人们相信 A 特征状态的人都一定优胜于 B 特征状态的人。从个体能力判断到个人所属范畴之地位信念的转化还要依靠进一步互动来完成。

由于我们的社会中存在着共识性的参照信念（reference beliefs），❸ 即根据一个人的地位特征、能力和绩效来评定其应处地位。资源多寡是符合参照信念的地位评定标准。所以大家便认为，所有人都会依照参照信念，同意 A 特征群体的成员因占有资源优势而禀赋较高的期望水平。面对 B 特征群体成员，他们自然处于较高的权力与声望层级，进而表现出支配行为模式（比如行事积极，有影响力，显得能力十足）。与之相对，B 特征群体成员也自因期望水平较低，而只是对前者的行为模式做出反应，表现出服从行为模式（比如听命、顺从，较多考虑他人意见）。双方的等级分化就这样逐渐形成和发展于诸多细小的互动行为中，连行动者自身也难以觉察。他们只注意到期望水平高、能力强的人通常也具有与资源优势相伴存在的特征状态（A）。由于双方都参与了互动，所以任何一方都无法否认两个群体成员的互动表现确实存在差异。又因为实际造成此差距的根本因素隐而不彰，而两类人在名义性特征上的区

❶ RIDGEWAY C L. The social construction of status value: Gender and other nominal characteristics [J]. Social Forces, 1991, 70 (2): 367-386.

❷ WEBSTER M, HYSOM S J. Creating Status Characteristics [J]. American Sociological Review, 1998, 63 (3): 351-378.

❸ BERGER J, FISKE M H, NORMAN R Z, et al. The formation of reward expectations in status situations [G] //BERGER J, ZELDITCH M, Jr. Status rewards and influence. San Francisco: Jossey-Bass, 1985: 215-261.

别却分外明显，所以双方都倾向于将地位等级分化归因于他们各自属于不同特征状态的群体。❶

A/B 两种特征群体成员的互动行为表现进一步确定了差异的存在，并且使这种差异具有了行为规范之实。即便这种行为并未得到明确的赞同，只要其他人没有做出有悖于绩效期望的行为，行动者就会认为自己预期的地位等级秩序是获得集体性、规范性支持的。他进而预期其他人也将按照这种等级规范的要求行动，并且如果自己违反此规范，便会遭到其他人的惩罚。这也是前文提到的大多数人意见的社会关系强制力所在。当互动行为的群体特征归因发生在涉及不同任务、不同互动者的多个双重相异情境中后，最初由资源多寡所造成的期望差异就更加直接被归为名义性的地位特征状态差异的缘故。于是，原本中性、毫无价值评判意义的特征便具有了决定绩效期望、导致地位等级差异的力量。地位信念就此形成。❷

通过上面的简单介绍，我们不难发现互动过程是地位信念形成（如图3-1）的关键环节。只要一个范畴群体在某种特质上比另一范畴群体占有优势，并将这种优势转化为互动中影响力的优胜，互动过程就能孕育地位信念，使两个群体在特征状态上的分别演化为声望地位的分化。❸ 以至于单纯的互动行为模式的差别（比如有些人说话的语气更自信，态度更坚定，更喜欢表达自己的观点）也能形成地位信念。还有很多情况下，人们并不需要直接经互动建立地位信念，只要观察其他人的言行举止便可间接习得这种共识性的观点。

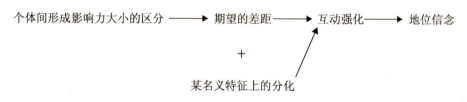

图3-1 地位信念的形成过程

❶ RIDGEWAY C L. The formation of status beliefs: improving status construction theory [J] // LAWLER E J, MACY M, THYE S R, et al. Advances in Group Processes, 2000, 17: 77-102.

RIDGEWAY C L. Inequality, status, and the construction of status beliefs [M] // TURNER J H. Handbook of sociological theory. New York: Kluwer/Plenum, 2002: 323-340.

❷ RIDGEWAY C L, ERIKSON K G. Creating and spreading status beliefs [J]. American Journal of Sociology, 2000, 106 (3): 579-615.

RIDGEWAY C L, BOYLE E H, KUIPERS K, et al. How do status beliefs develop? The role of resources and interactional experience [J]. American Sociological Review, 1998, 63 (3): 331-350.

❸ RIDGEWAY C L. The emergence of status beliefs: from structural inequality to legitimizing ideology [G] // JOST J T, MAJOR B. The psychology of legitimacy. Cambridge University Press, 2001: 273.

3. 建筑工地上地位信念的再造与维持

处在劣势地位的群体成员因自己动用资源的能力不如他人，而在期望形成时高看别人；因在互动中对他人的支配行为模式做出反应，而贬低自己；最后还通过各种机会观察习得自己处于劣势的观念。农民工群体的地位信念就遵循这样的路径得以维系和巩固。原本是各种制度性因素使他们无法获得与城市人一样的生活和发展资源。当他们来到城市后，这种差别就更加清楚地摆在世人面前，并成为他们与城市人交往时双方行为模式的决定因素。然而正如前所述，参与互动的绝大多数人往往很难清楚辨识最初导致他们之间差别的根本性因素。异常鲜明的事实只是两个群体间资源持有量的差距和身份的对比。于是，资源多、动用资源的能力强、教育水平高、期望高等代表高地位的优势特质，就顺理成章地与城市身份联系起来。而农民身份，或者农民工标签则被推到象征着低声望地位的另一极。经若干次互动之后，身份与地位的关联就轻而易举地内化到人们的地位信念中。

建筑工人和工程管理者的动用资源能力和互动影响力相差悬殊。他们之间既存着清晰的地位差距。地位信念的维持鲜明地体现在他们围绕工作进行的互动行为上。

有一天午休时间，工程经理到工地巡视。其实他每天都要来看一下的。听听工长的汇报，检查工程进度和已完成工作的质量。只不过以往他都是在下午工人们干得热火朝天的时候来，而这次正好赶上午休——大家十分放松的时间。当时工人们刚吃完午饭，七八个有几年打工经历的年轻工人正在屋子当中高声交流自己走南闯北的见闻。其他的工人三三两两散坐在屋子各处。有的蹲在墙角打盹儿，有的跟身旁的工友低声闲聊。然而这一切都在经理出现的那一瞬间戛然而止。所有说话的人停止了交谈，眯眼补觉的人睁开眼睛、打起精神，有些坐着的人还站了起来。大家似乎努力想表现出正常休息时的自然状态，同时又试图回避经理的正面检查，将身微侧着；想看他检查到何处，又故意不去正眼追踪，只用眼角的余光瞄着他走到何处，在哪里驻足。经理主要关注刚刚做好的活计是否符合要求，一些常出现问题的细节是否干得漂亮，时不时地也问问工程材料是否够用和好用。当看到已经铺完地面瓷砖的大厅仍旧堆着和好的水泥，他立刻叫来瓦匠小工把还没有凝固的部分搬到三楼的施工场地继续使用，并提醒他注意节约。小工干脆地答应着干起来。后来经理又发现一处窗户的边框没有垂直密封，便喊木匠去重新弄好。木匠一边解释这是由于土建留窗口的时候没有保持边角齐平，一边拿着工具开始修整。最后经理还跟工长强调注意施工现场的秩序维持。从头至尾，他的语气都是不愠不火。但无论是批评、还是建议，却也柔中带刚。巡视完一圈，经理走了。工人们也不再高谈阔论，马上投入到下午工作中。（访谈记录，2011年9月26日）

如果单论职务名称，工人和经理只代表了工作内容不同的两类人。但现实中，经理所掌握的职权和可运作的资源无疑远远大于工人。所以双方所禀赋的绩效期望必定不在同一水平上。从工人看到管理者到来时的规矩反应，到他们按照管理者的要求返工，其行为无不体现服从特征。而管理者的口气和提出要求的方式，也充分显示了他的权力和地位的优势。这些都是共识性地位信念的外在表现。而实际工作中无数次类似互动的持续发生，也使地位信念在工人们的心目中得到维持和强化。

只是工人与管理者之间地位关系虽都牵涉权力，但优势方的影响力也并非整齐划一。他们的互动还受具体环境下利益关联程度的调节。在工人眼中，能"管"自己的人很多。既有负责实际施工的项目经理，也有从事劳务分包的包工头，还包括工程中实际跟班带队的工长、队长和班组长，有时甚至制图员、保管员也可以指使他们干活。虽然工人通常对所有管理者的指令都会服从，顺从的程度却依利益依赖程度而有所差异。这突出表现在同样是居于上位的管理者，支配行为得到工人不同的反应。最典型的就是承包劳务的包工头和承包工程的项目经理两种力量对工人的影响力对比。

包工头掌握着对工人的直接控制权，他给工人发放工资，分派奖惩，决定工人的去留。因为他无法一直待在工地监督，所以班队长成为替其执行"生杀大权"的"钦差"。他们直接分派工作，监督工人工作的质量。因而在工人中具有很高的权威。项目经理是承包整个装修工程的总代表，通常不会过问工地的具体工作。他是最终付钱给包工头的上家，所以工人明白使得他的满意的重要性。工长直接对项目经理负责，主要监督工程进度和质量，对工人也有一定的管理权。但由于包工头是掌握工人实际利益的老板，所以工人在具体干活方法上主要听工头的吩咐。即使项目承包方有什么异议，也都由工头与他们协商以后再告知工人具体的做法。工人、包工头、工程承包方的这种关系导致工长在工作现场对工人支配力大大降低，以至于有时候他的命令还不如班长。所以现在工长通常先把自己的意见和要求告诉班长或队长，让他们指派工人去具体实施。

地位信念还通过"非互动"——日常生活中的社会区隔，得以巩固。建筑工人无奈地被束缚于工地之上，只能负责建造、修饰高楼，却无缘享受自己的劳动成果。木工陶师傅曾感叹一直见不到自己亲手装修过的大厦启用后究竟什么样。当问他为什么不在建筑竣工投入使用以后去看看，他回答："那就不让我们进了。穿这身脏衣服进去干嘛呀？招人讨厌！而且咱自己也觉得不自在。"（受访者编号：MGT31）连农民工也感觉到自己与代表城市生活的环境格格不入，这说明随着地位分化的加深，社会空间环境也日益明显地割裂为不同身份群体的特定活动领域。地位等级不仅外化为空间秩序，而且还内化影响着具身认知，让人们只有在自己归属的空间里才会轻松自在。

彼此割裂、壁垒森严的活动空间本身也暗示了地位区分。且不说他们的居住空间如何被孤立在城中村或是城乡接合部，就单是与城市居民在公共领域的交集也是异常有限的。而就连有限的共处空间也在不断缩小。比如人们常提到农民工坐公交车遭遇的尴尬。现在很多做装修的师傅干脆选择乘坐出租车。他们说："跟人家挤什么去呀，让人瞧不起，自己心里也窝火。干脆就打车，咱现在基本都能付得起了。再说像我们大部分时间都在工地干活、吃、住，也坐不上几次车。"（受访者编号：WGL10）自己租房或者家在附近需要通勤的工人，大多会带一套工作服。"这样下班出门的时候还能体面些，只是头脸都还是灰突突的。"（受访者编号：YGL32）

无论互动、还是非互动，都为工人与其他群体地位信念的形成提供了运作空间。

地位信念的意义在于为地位提供共识性支持，从而助其获得合法效力。合法性地位体系的建立和运作不是一个人的认同，也不是两个人的交换或博弈，而是众多人参与合作的集体过程。如果授权（authorization）给予的是正规认可，那么赞同（endorsement）的力量就来自他人的非正式惩罚和对于可能惩罚的预期。在地位合法化过程中，同伴（peers）的态度对人地位信念的形成发挥着至关重要的影响。只要周围他者赞同、承认、支持一种地位关系，个体就会遵照行事。而他者的态度信息完全靠人们在互动中的表现来传递。如果城市人经常表现出较高声望地位的姿态处事，而农民工经常回应以低地位的行为特征，且没有人对双方的互动模式提出质疑，大家就会认为这是一种共识，甚至相信交往情境之外的其他人也支持这种关系。更关键的，这种现象不是从众，而是包括被支配群体在内的所有互动参与者根据自己的共享观念形成的一种信念。正由于共识性地位信念的存在，所以人们会依照信念中自己应处的地位行事。即便行为发生，也不一定真正出于自身认同的行为准则，而可能只是考虑了其他因素的一种权宜之计。

有研究表明，互动中只要有人表示反对意向，处于劣势地位的群体成员做出服从行为的比例就会大大降低，意味着地位信念遭到动摇。然而，无论计算机模拟，还是在实验室实验，结果都表明这样的情况极少发生。这固然有客观数理规律的作用，现实生活中也少不了行为者的主观运作。比如为了减少下级反对的可能性，包工头和建筑工程队中的班队长越来越多地遵循人性化的管理风格。他们用商量和建议的语气指挥工人干活，用关怀工人的生活、与工人打成一片来制造忠诚。用沈原教授的话说，他们积极构造了一种"温情脉脉的工厂政体"。而从维持地位信念的视角看，这样做大大减少了异议发生的可能性，创造出地位共识的局面。

但工人对地位信念的坚持绝不仅仅依赖包工头们的怀柔政策。支撑此观念的还有一种"非个人的社会预期"，即大量社会成员根据自己的经验，受制度历史的影响而形成的，对于某类人群应当对应的结构位置——身份、地位、收入、职业、生活方式的预期。❶ 由于目前对于农民工的普遍预期标准与其实际所处的结构位置是大体相符的，"预期结构"与"现实结构"重合，所以不易出现大规模的社会变动。

最后需要强调，当下互动情境中建立声望地位等级远非地位合法化过程的全部。完整的合法化过程包括革新、当下效力、泛化、普遍效力四个阶段。❷ 当下互动情境中互动双方以及旁观者的行为模式只能产生特定领域的效力。而地位信念是具有普遍效力的共识性规范。只有多次互动才能使群体间的特征区分彻底演变成地位分化。互动具有广泛性，持续重复的性质，这也使它成为建构、维持、改变地位信念的有力机制。观察习得是人们获知、内化地位信念的重要方法，对弱势群体尤其如此。因为这种方法可以有效保护他们的自尊。实际上，处于不同地位的群体成员之间彼此互动时必然考虑多重因素，其中既有双方绩效期望的作用，也有以往习惯的影响，行动者甚至会权益性地考虑种种便利性因素，让步于社会规范的约束。

总之，一种范畴的成员获得优于另一范畴成员的优越地位，互动过程又把这种结构性的地位差异转变成有利于优势群体的地位信念。地位信念将两种范畴间的结构性地位差异合法化了，并将这种不平等深深地植根于范畴成

---

❶ 张静. 社会身份的结构性失位问题 [J]. 社会学研究，2010 (6)：41-57.

❷ JOHNSON C, DOWD T J, RIDGEWAY C L. Legitimacy as a social process [J]. Annual Review of Sociology, 2006, 32：53-78.

员自身的原因。❶ 于是，社会结构内化为人的心智结构，强势方与弱势方之间的地位区分得以在双方公意的基础上被合谋建立起来。

四、尊严在别处：自身地位维度之外的比较优势

怀默霆在一项全国性调查数据中发现，处于较低社会地位的人，特别是弱势群体，并不一定就会对当前的地位处境心怀不满；主观变量，如对个人和家庭状况的认知和对生活环境变好或变坏的感受，比客观社会经济地位特征更能够影响人们对收入不平等和分配不公平的态度。❷ 此研究的主题与我们在进城务工者群体中看到的地位合法化情况类似。而其结论则提示我们，建筑装饰业工人们虽然被认为是"农民工"群体的成员，应该属于社会弱势群体，但他们却没有表现出过分强烈的不满和反抗，甚至在某种程度上默认污名化的地位标签，这很可能是因为他们还能从其他的途径获得独享的尊严。

人们通常经由与其他群体的比较来衡量自己的所得是否合理。当没有明确参照群体时，自己最接近的人群就往往成为比较的首选。如果看到能力跟自己差不多的人，所得回报数量也相近，人们就会认为整个的分配体系是公平的（Hegtvedt and Markovsky，1995）。参照结构既帮助个体判断什么是公平、公正的，又给个体提供一种信息，告诉他们合理期待自己应得的回报。

（一）迅速增长的"高薪"——相比于普通工薪阶层的优越感

随着房地产行业的发展，装修行业步入了"春天"，这使得一些与装修行业有关的工种工资呈直线式上升。收入是衡量一个人社会地位的重要指标，更是这些打工者选择背井离乡出来闯荡的最主要目标。建筑承包企业与包工头之间按照工程量计算劳务费（比如，地面瓷砖每平方米40元，墙面瓷砖每平方米30元，楼体外挂瓷砖每平方米60元等，粉刷油漆工作的劳务费按照墙体或天花板的面积计算，木工活儿的劳务费也是根据安装木板或铝板的个数或面积而定）。而包工头跟工人之间则实行计时工资制，即出一天工，给多少钱。装饰行业工人的日工资节节攀升，尤其2009年春季以来大幅上涨，给

❶ RIDGEWAY C L. Social status and Group Structure ［M］// HOGG M A, TINDALE S. Blackwell handbook of social psychology: group processes. Malden, MA: Blackwell Publishers, 2001: 352-375.

❷ 怀默霆. 中国民众如何看待当前的社会不平等 ［J］. 社会学研究，2009（1）：96-120.

这些工人带来了最直接的满足感。❶ 如今，若单纯从月薪来看，一个出满工的工人（1 个月工作 30 天，没有休息）的收入绝不比普通工薪阶层的收入低。有些工种或者个别技术水平高的师傅、班长之类人的收入甚至高于城市白领。这成为他们在访谈中最津津乐道的职业性。

"我们现在可得了（得意）一个月万八千儿的。怎么样？没想到吧？现在我们一点儿不比那些坐办公室的差。……满意，挺满意。还图啥呀。我们男人，有烟抽、有酒喝，那就满足了。挣得多点儿，老婆孩子跟着吃点儿好的，挣得少点儿，老婆孩子跟着吃点儿孬的。……关键他现在就不能说我们这帮人没用、没能耐了吧？我们每个月能带回家这么多钱真不赖呀！"（受访者编号：YGL33）

他们感觉自己也有能力和资格过上相对宽松、殷实，甚至体面的日子。

"生活怎么说呢，一开始我们干这活的时候啥也吃不到嘴，一天好像就是别的不敢吃，吃点烧饼豆腐脑什么的就知足了。现在，起码中午能想吃点啥买点啥。你看现在想吃饺子就吃饺子，想吃饼啊，就吃饼，想吃炒菜就吃炒菜。就在这下边的小饭店，那个什么快餐。一顿饭怎么也得花十几块钱，最便宜的。干活嘛，出体力干活，就能吃能喝的，那吃少了也干不动啊。"

"晚上了我们家要是乐意吃，就是（出去吃）。换身儿衣服，洗下澡，挑个比较高级一点儿的馆子。吃得起！那原先不行。现在这生活水平确实是挺好。"

"原先得攒着，攒了一天没看着钱还没吃着啥。现在工资高。像现在我一天三百多块钱，他们是二百八。上几天我一天四百多呢，他们三百多。都能存点！不能天天挣完就吃，怎么也能存点。"（受

---

❶ 一家装修公司的老板对记者说，"这几年装修行业工种的工资都涨疯了，工人比我们赚得都多。"据了解，现在瓦工日薪都在 400 元左右，如果包活的话，每天能达到 500 元。这些瓦工一天工作 10 多个小时，每月收入平均都在 12 000 元左右。大白工包活的话，每月月薪至少也在 10 000 元以上。而木工、电工、配管、力工的月收入一般也都在 10 000 元以上。一位业内人士告诉记者，"像电工，平均 10 元钱一平方米，以一户 100 平方米的房子计算，就 1000 元，而这 1000 元最多是 3 天的活，每月收入上万很平常。"记者采访了干力工的老赵，他给装修公司工作，一户装修给力工工资都在 600 元至 700 元之间，两个人干的话一天就能干完，算起来，他每月的收入都在一万元左右。他告诉记者，媳妇不上班了，专心在家带孩子、做家务。建筑工地上的工人收入也不低。一家建筑工地的负责人对记者说，现在建筑工地包活的，按平均计算的月薪大都过万，包括木工、瓦工、砌砖工和抹灰工，但是建筑工地工作的时间较长，一些工地每天的工作时间都在 12 小时左右。（千山晚报，记者刘晓峰，http://www.qianhuaweb.com/content/2012-02/21/content_2714962.htm）

访者编号：YGL32）

劳动报酬的增加能给工人们带来巨大的满足感，主要还因为这种变化是在较短的时间内迅速完成的。早在改革开放初期的80年代，一个瓦工一天的工钱才一块五。直到10年后的90年代初，这个数目也才提高到十几块钱。然而自2000年以后，主要由于从业人员供给数量相对于需求数量的减少，劳动力市场上的工人越来越紧缺，所以用工方开出的价格不断上升。到2005年，瓦工一天的劳务费已经达到2000年的2~3倍。2009年到2010年间，又在这个基础上翻了一番。其他工种也大体都是这样的趋势（见表3-2）。

表3-2　建筑装饰业主要工种20年间劳务费变动情况（元/工）

时　　间	油　工	瓦　工	木　工
现在（冬季）	280	300	220
半年前（秋季）❶	260	350	190
1年前	180	240	170
3~4年前	150	180	110
5~6年前	80	120	80
8年前	50	80	60
10年前	40	60	50

资料来源：根据访谈中打工多年的老工人口述回忆整理而成。表中的"现在"指2011年年底（12月份）。因访谈中提问的方式即为请受访者回忆他们若干年前大概的薪资情况，所以表中数据并非精确的统计数字，也未将时间跨度转换成年份。学徒是没有工钱的。

收入的迅速提高，让工人切身体会到了生活水平的大幅改善，并开始在内心形成对此职业的积极认知。

（二）市场短缺的技术——相比于大学生的优越感

从事建筑装饰职业的工人大多是掌握一定技术的蓝领人才。虽然建筑工

---

❶　建筑装饰行业是一个受季节影响较明显的行业。这一行的工酬除了按年度呈增长趋势，在一年中还随季节发生几次大的波动。每年春节过后，大批的工号开工，农民工们也从家乡返回城市。因为工人多，大家都急于找到活计，所以这个时候往往是薪酬比较低迷的时期。但工作机会也最多。等到秋天来临，很多家里还有地的工人要返家忙秋收，而工程往往正进行到关键时期，工人数量的减少又使劳务费快速提升。因而秋天是一年中工钱最高的季节。表中前两行就反映了这种季节性变化。

地上已经大量使用现代化的工具，很多装饰部件更是工厂加工好的半成品，只需要安装，然而如何正确使用这些工具，怎样搭配现成的材料，做到既美观又实用，瓦工、木工、油工、电工、焊工、水暖工的活计仍都有各自的门道和讲究。工人们虽未经过正规的培训，但多年劳动积攒的实践经验却让他们对本领域工作的操作细节了如指掌，是任何文凭无法比拟的财富。

怀特曾提出工人阶级有两个方面的行动能力。中国现阶段建筑装饰业工人的结构力量已淋漓尽致地突显出来，而且具有日益强大之势。他们不仅拥有雇主所需要的稀缺技术，还处在一个劳动力相对短缺的行业。所以具有较强的"市场讨价还价能力"（market bargaining power）。因而，虽不像国家编制内的工人有稳定的岗位和固定的工资，但跟对一个好老板，承包的工程不断，他们就能保证相对稳定的收入来源。即便没有老板，只要自己的手艺好、社会关系多，也总能找到活儿干。此外，建筑装饰工地的各个工种还涉及相互配合的问题，很多工作是环环相扣的，不做完前面一步就无法进行下一个工种的操作。正所谓"关节部位上的工作节点的中断，可以在比该节点本身更为广大的规模上，导致生产的解体"。所以，工人们的"工作现场的讨价还价能力"（workplace bargaining power）也不弱。在这种情况下，上至项目经理，下至带队的班长都开始重视工人。他们普遍感叹好工人难找，手艺好、技术高的师傅更是相当抢手。

> "我们专门搞装修的这几个公司，要知道谁活儿漂亮，那都盯着，抢着要。我们都恨不能拉住人家，但现在真养不起呀!❶ 太贵了。即使手艺一般的，你用人家也得客气点儿，要不人家说走就走，你这活儿干一半找谁？现找，哪那么容易。不认识、不靠谱的人你也不敢用呀！"（受访者编号：GZC08）

工人们感受到来自上层的、一定程度的尊重，知道自己在工作中的重要性，因而自我价值感也相应提高。很多人还会将自己的境遇与大学生找工作难的社会热点联系起来，突出自身在劳动力市场的优势。由于比较的对象是历来有知识、有地位的知识阶层，所以获得的满足感更强。

> "别看你们大学生看图纸看得挺明白，但到实践干的时候就弄不清楚了。我们是实践行，看书不行。以后我看呀，是干体力活儿的吃香喽。因为这种活儿你们不愿意干，愿意干也干不来。"（受访者编号：DGL16）

---

❶ "养工人"指在没有工程的时候仍给工人发工钱，以防他们到其他老板的工地打工。

"要是搁过去，像你这么有文化的人那还不老厉害了。现在不行了，扩招，弄得大学生遍地是，找工作也难了。还不如我们。我们这才是真正的本事！"（受访者编号：MGJ23）

（三）长见识的轻巧职业——相比于其他弱势群体的优越感

建筑装饰工人们的优越感还来自跟其他弱势群体成员的比较。

跟仍旧留在农村老家、进行农业生产的人相比，他们觉得自己脱离了纯粹吃苦、出力、受气的贫穷生活，转而从事着不那么辛苦、收入不低且需要一定手艺才能胜任的工作。这至少代表着一种相对体面的生活前景。如今工地上很多20岁左右的年轻人以前都从未做过，或极少做农活儿。他们不堪农业劳动的辛苦，也厌倦农村生活的单调乏味。因而，当他们走出封闭落后的农村，来到开放进步的城市，就感觉自己站到了幸福生活的门口，似乎下一步就可以迈进去。新生代农民工已经不再只是追求经济收入的提高。一间温暖干净的屋子容身，吃一顿可口的饭菜，按时领到自己应得的工钱，远不能满足他们的要求。他们更渴望获得自身的发展。"开阔眼界"经常被他们用来概括自己来到大城市打工的目的。找到这样一种自食其力的工作，不仅可以接触到很多现代化的生活元素，而且就个人职业发展来说也是不错的选择。刺儿头刚刚学徒半年，看他平常腰挂电工皮带，走起路来都很神气。

"（这里）和农村当然不一样了。车真多呀，开始我都觉得头晕——看花眼了。我以前也帮我爸妈种过庄稼，收小麦啥的。那太苦了，大太阳晒着，你还得使劲儿干，都把我后背晒秃噜皮了。太苦！现在这工作好多了，不累，风刮不着，雨淋不着。……以后我想多学些手艺，多挣些钱，做大事。光会电还不够……"（受访者编号：KTC22）

年纪大一些，已经成家的工人虽然不会这么理想化地憧憬未来，但也清楚出来打工是增加家庭收入最切实可行的办法。而"搞装修"是相对来说轻巧又自由的工作。多数工人认为，自己家无论从收入来说，还是从声望来看，在家乡村里都算是中等偏上的。

跟与自己一样出来打工但从事其他职业的人相比，他们觉得自己凭着手艺吃饭，见过更大的世面。有一技之长是很多技术型工人（即除力工之外的其他工种工人）深感自豪的一件事。这代表了他们在劳动力市场的竞争力。他们认为自己的工作虽然很辛苦，却比安闲地混日子充实。一个瓦匠师傅曾在访谈中说起他最看不上保安的工作，觉得那些人成天站着无事可做很无聊，也显得很无能，自己绝不会去干。在他们朴实的思维里，用自己的双手辛勤劳作换来的回报，才最值得尊敬。

做装修还能长见识。因为无论"工装"、还是"家装"，❶ 都能让他们接触到现代化的生活领域。他们不仅了解了很多先进工程工艺的原理，❷ 而且自己的见识还有用武之地。木工小潘，湖北人，谈起自己今年亲自上阵帮表弟装修了城里的结婚新房，颇为得意。他说自己外出搞装修已经很多年了，虽然一直做的是木匠，但其他的瓦匠、油漆等手艺也都懂点儿。他熟悉各种建筑材料，知道哪种的性价比最好，也了解现在流行什么装修样式。所以装修出来的效果连在城里当白领的表弟小夫妻俩也非常满意。他得意地说，"那当然了，咱怎么也是见过大世面的"。

一技之长也好，增长见识也罢，其实说到底都是工人们在劳动过程中从心底油然而生的一种成就感。面对着一座座拔地而起的高楼、一个个精工修饰的建筑，工人们惊叹"我们也能干出那样的事儿来"。言下之意，自己作为小人物、农民工居然能亲手塑造出这么恢宏的成就，他们真真切切体会到了自我价值感的满足。

> "我感觉做农民工那家伙挺自豪，你看现在农民工多带劲！这些个高楼大厦、宽阔马路，还有新通车的两个跨江大桥，哪个不是农民工建造出来的。……我认为农民工挺伟大的。"（受访者编号：SNZ13）

（四）保留的农民身份——相比于城市人的优越感

农村进城务工人员虽长期生活在城市社区，从事非农业生产，但由于户籍的原因，一直保留着农村人/农民的身份。大多数关于农民工的研究指责城乡二元结构将农村户籍的人排除在城市生活之外，妨害了社会平等。所以这些研究认为应该消除二元结构。然而以贺雪峰为代表的学者认为，城乡二元体制对于农村社会具有重要意义。进城务工的绝大多数农民工远未在城市站稳脚跟。他们在城市无法获得稳定的工作和收入，甚至仍不得不在农村完成劳动力的再生产。因而这部分学者主张在三农问题未得到充分解决的情况下，

---

❶ "工装"指工程装修，如公用基础设施、办公楼、酒店宾馆等；"家装"指家庭装修。

❷ 这里的工艺原理泛指所有现代化工程。比如本调查中一个重要的访谈地点就是 H 市的地铁工程，在那里的工人说自己在施工期间见识了挖地道的先进机器，庞大的中央空调主机，讲演厅用来扩大音量的墙面板材，并从技术员那里了解到这种材料反射声波的原理等。能获知这些新知识，他们都挺兴奋。

适当维持城乡二元结构，给农民留下进城或返乡的选择空间。●

我们在调查中也发现，很多从农村进城的建筑装饰工人有返乡的意愿，甚至不乏一些年轻的新生代工人。他们最初选择出来闯荡，是因为农业与非农业之间的实际比较利益或预期的比较利益存在明显差距。尤其在农村，大部分农民已失去了足够的再生产资料，无法以小商品生产者的身份生存下来，结果成了直接和间接依靠出卖劳动力维持自身日常再生产的劳工阶级（classes of labour）。● 然而在以户口为边界的职业和社会地位的二分化境况下，他们很难在城市里找到生存与发展的空间，始终觉得自己是被排斥的外乡人。因而不免向往自己原本归属的、传统农村男耕女织的生活方式。很多人表示将来如果有可能的话，希望回到老家去"干点儿什么"。到时候他们不仅有"荣归"的心理满足感和经验阅历方面的比较优势，而且还比城市人更了解农村人的需求特征，"做什么事业都更容易一些"。这种情况下，在家里还保有土地、仍是农村户籍反倒成为这些工人觉得骄傲且优越于城里人的一种资本。

他们认为农村的房屋、土地是自己老了以后的保障。虽然现在的生活无法指靠那少得可怜的土地，但它毕竟是一份财产。不管他们如何被边缘化，只要有土地，就能获得一份安全感。土地是他们生命的根，是文化价值与身份的象征，或许，还代表了希望。● 将来无法出来干这种体力活的时候，仍可作为维持生计的退路。尤其某些时候他们发现，还有些周围的工友虽已获得城市居民身份，却没有享受到此身份本应带来的比较利益。比如调查中已经63岁的瓦匠乔师傅。改革开放初期，他携家带口来到东北，因为瓦匠手艺应招成为 H 市郊的一个乡镇企业的工人，并获得城镇户口。因而一直就没给他分土地。但前些年企业倒闭，这些工人也失去了保障。年轻一点儿的都自己出去找活儿，成为拥有城镇户口的"农民工"。年岁大些的劳动能力已经大大降低，但却处在农村和城市两套保障体系的夹缝中，成为两不管人士。现在乔师傅就住在城郊的村子里，既无退休工资，也没有资格申请农村的低保。只能拖着患病的身体坚持在工地上做些零活儿维持生活。当跟这部分人比较，还有机会享受农村、土地保障的农民工们的优越感就更强了。

打工期间的遭遇也使他们看到了城市生活不甚美好的一面。在食品安全

---

❶ 贺雪峰. 农民工返乡研究 [M]. 济南：山东人民出版社，2010.

❷ 亨利·伯恩斯坦. 农政变迁的阶级动力 [M]. 汪淳玉，译. 北京：社会科学文献出版社，2011：169.

❸ 亨利·伯恩斯坦. 农政变迁的阶级动力 [M]. 汪淳玉，译. 北京：社会科学文献出版社，2011：166.

问题频发、社会冷漠现象时现的城市社会，很多人更加强烈地向往田园生活的怡然自得。他们不禁怀念农村优美的环境、洁净的空气和水源，温暖的人情和健康、香甜的原生态食物。而城里人是"享受"不到这些的。

此外，农村还具有广阔的生活空间，这也是吸引他们的重要因素之一。当然，此处的"空间"既包括居住场所等物理环境的宽敞，也包括生育机会等生存领域的相对自由。

贺雪峰认为外出打工的农村人对未来有两类打算，也称作他们的务工逻辑：一类是为了将来能体面地回去，提升村庄生活的质量；另一类是为了永远离开村庄，而积攒进城安居所需的费用。❶ 一个人究竟持有哪种务工逻辑是依其年龄、婚姻状况、生活经历、家庭状况、村庄背景等因素而有所差异的。而且在个人生活史的发展过程中，他的务工逻辑也会不断变化。无论持哪种务工逻辑，面对城市生活的艰辛，农民身份都可以为他们提供潜在的安全感。

小 结

建筑装饰行业的农民工在很多方面处于一种比较尴尬的地位。在工作中，他们属于计划编制外的职业群体；在生活中，他们承受着身份污名，辛苦打拼。在农村里，他们大多只能维持"两栖"模式，季节性地在城乡之间来回奔波；在城市中，他们只能算非市民的"边缘人"、"异乡客"。然而，身为城市社会的弱势群体，他们仍认可了整个地位体系的合法性。

地位合法化是由多方面原因导致的。有些因素直接源于我们世世代代传承的思想观念，比如中国人对于何为正义的理解。传统的等级思想已延续了两千多年。脑力劳动与体力劳动的分工一直就具有社会地位区分的意味。社会成员之间的关系也呈现并遵循着长幼有序、亲疏有别的差序格局。这决定了进城务工的建筑装饰工人们，能够在关系霸权主导下的建筑工地上，凭着他们对传统行"义"理念的理解和坚守，建构出中国语境下独特的工地心态。他们所处的地位体系在此能够获得合法性，体现了处于弱势地位的工人对工头、项目经理等权威人物的认同，和对当下劳动分工体制的认可。

有些因素服从社会的基本价值判断。当劳动过程按照公认的社会公正原则展开，工人们就会对自己深陷其中的整个劳动模式形成认同，并认可此劳动过程中形成与体现的地位秩序。

---

❶ 贺雪峰. 农民工返乡研究［M］. 济南：山东人民出版社，2010.

有些因素则从本身就具有合法性的其他因素那里，为地位合法性征得了效力支持，比如国家制度和他人的互动行为模式。效力能直接作用于人的行为，有效力的群体规则可以直接导致成员的服从。制度法规和社会主流话语在社会成员的心目中具有很高的权威，甚至可以给现时的群际地位关系定调。而微观互动则能够凭借着群体压力与共识的力量，促生、维持与再造人们头脑中的地位信念。

还有些因素为弱势群体成员承认自己的劣势地位提供了心理上的平衡与满足。然而，即使是与这几个群体相比的优越性加总在一起，也不能从根本改变他们的弱势地位。

农民工大批进城务工已经很多年了，城市人已经习惯在各种基础服务领域（比如餐饮、建筑、环境）享受着他们的劳动成果。同时在漫长的共处中，也习惯了漠视他们的存在。城市人仍旧很看不起这些搞建筑的农民工，而他们也会在承认自己的弱势地位时，很小心地保护自己脆弱的自尊：一种方法是找到获得尊严的"其他领域"；还有一种策略是将矛盾化解在分离的领域中。他们跟城市人没有很多直接交往。两个群体的成员生活在区隔的空间里。而那些能够或愿意与城市人直接、近距离、友好相处的人也很快融合到城市人当中了。

虽然装修火了，工资翻番了，工人们还在很多其他方面赢得了相对城里人的比较优势，但事实是在"金九银十"的装修季，装修工人异常繁忙的时候，木工、瓦工等工种的工人却仍然紧缺，装修工这份苦差事，罕见年轻的身影。而这是否隐隐诉说着他们内心真实的痛？

资料❶：

■行业现状

一边是史上最难就业季，一边是月薪过万一工难求

2013 年被称为"史上最难就业年"。今年江苏普通高校毕业生 53.2 万人，达历史最高水平。对于大部分应届毕业生来说，刚出校门能找到一份月薪 4000 元的工作已是高工资了。

如果一个刷漆工人披着一身的白灰、露出开心的笑容告诉你，他平均刷一天墙漆可以赚四五百元，千万别以为他是吹牛，这是真

---

❶ 瓦工为何遭遇青黄不接［EB/OL］．（2013-10-21）．中国装修工人社区，http：//www.zxgr5.com/viewthread.php？tid=352347&from=recommend_f.

的。最近，有网友发帖晒出一张装修工人工资单，上面显示，最高的月工资有14 000元，最低的也有5000多元。记者在南京等地采访发现，装修工人月薪过万并不罕见，但过万的月薪并没有对青年农民工产生实质的吸引力，装修工"后继乏人"现象凸显。锦华装饰策划总监王勇说："装修工是一个很有'钱途'的行业，活干得好、手脚麻利的油漆工一天工资能拿600多元，装修工人的工资涨幅是跑得过通货膨胀的。但是，如今在装修工队伍中很少能见到30岁以下的年轻人，更不用谈85后、90后了。"

■ 原因探析

大多嫌工作辛苦，没面子；新老两辈人都不愿"子承父业"

建筑装修工作的收入虽然很高，但是干这行的年轻人却很少，目前从事这些工种的工人大都在30～50岁之间，都至少有8～10年的工作经验。现在很多年轻人宁可拿1000多元的月薪，去一些清闲的地方工作，也不愿意干瓦工、木工，因为这行工作时间很长，十分辛苦。

46岁的瓦工赵师傅对记者说，他每天天一亮就得出去干活，有时候活儿比较急，也顾不上吃饭，每天累得腰和胳膊都疼得厉害，家里基本上是一点都顾不上。他说，虽然挣得不少，但是太辛苦了，儿子不愿干他这行，他也不愿意勉强。

在建筑工地干活的工人更为辛苦，今年35岁的王师傅在建筑工地做瓦工，每天的工作时间都在12小时以上，夏天没有任何遮挡，晒得浑身都疼，实在累得不行了就和工友们喝点酒解解乏，住在工地的工棚里，条件很艰苦。

"现在勤快点的木工一个月可以拿一两万元，但我的一个18岁的徒弟干了5天，就去了一家工厂打工，每个月只有2000元不到。"今年的中秋节，45岁的木工高师傅怎么也劝不回自己的徒弟。从事装修行业20多年的高师傅告诉记者，虽然现在工资高了许多，勤快些的工人一个月工资达到万元没问题，但想入行的年轻人寥寥无几。

80后的小刘是安徽人，体型高大、强壮。他职校毕业后随父亲来南京饭店打工，今年工作比较难找。此前，南京一家知名装修公司招装修工人，日薪200元，包吃包住，他却不为所动。"搞装修，去了就是出大力，一辈子待在工地，一点希望都没有，更加没面子。"小刘坚定地说。就连小刘的父亲，一个干了十多年的油漆工也很支持儿子的想法："尽管挣得多，但是太辛苦了，起早贪黑的，常年与灰尘、水泥、泥工刀打交道，一年休息不到2个月，不舍得让孩子跟我们一样吃苦。"

■各方建言

企业转变观念提高福利，双管齐下缓解"断代"现象

据业内人士介绍，装修行业由于劳动强度大，城市出身的年轻人很少能适应，以南京为例，很少能招到南京本土的装修工人，用工主力一直是外来农民工。而装修企业中的管理人员却大多数由"城市人"担任，农民工的上升空间极为有限。

对于"用工荒"的现象，业内人士认为，企业应承担更多的社会责任，为农民工创造良好的工作环境，增加技能培训和职业生涯的规划，让他们有归属感，用福利留住员工。龙瑞装饰企划总监沈澜涛说："相对而言，像电工这类需要持证上岗的工种，年轻人要比瓦工等工种多。从企业的角度来讲，可以从完善工人的工作保障、提高薪资福利和提供上升空间来吸引更多的年轻人加入这一行业。"

当然，在整个用工市场环境不断改善的情况下，新生代农民工更是要提高自身素质，树立合理的择业观念和择业期望值，当前许多大学生"回头学技工"的现象已经抬头，这表示随着人力市场供需关系的波动和变化，"断代"只是暂时的。

第四章　地位认同的社会心理效应

合法性的核心功能是维护系统的稳定。地位体系一旦被合法化，弱势群体成员便不会将非正义事件和不平等遭遇归因为地位体系不合理；权益受侵害也不会令他们产生想要打破现有地位秩序的想法，更鲜有实际的维权行为。这令既有的地位关系更加稳固。

古哈曾用"微弱的杂音"来比喻勾画普通民众相对强势群体的边缘状态及其置身这种状态下的各种反应。农民工群体身处合法性地位体系中，在日常生活中与种种外在强制力量会进行怎样的周旋呢？假如对城市或制度的冷漠和反感、不断出现的"自愿性隔离"、亚文化和延续乡村思想观念或文化价值体系，都被看成是进城农民工的抗争表现，❶ 那么这种抗争与地位合法性之间是一种什么关系？它是否果真加剧了他们的边缘化？本章意在呈现地位合法化对建筑装饰业农民工几种主要心理过程的影响。

一、对外在公平性的感知

正当性得到认可的地位关系构成了合法的地位体系。既然合法性意味着人们的主观赞许，那么进城务工的建筑工人们对身份地位相关社会现象的认知和感受受到地位体系合法性的影响，也是其概念的应有之义。这种影响清晰地表现在工人们对一些相关规范的认可，他们很难觉知和主动争取自己应有的权利，反而常常接纳与特定环境相妥协而形成的道德判断和行事规则。

（一）工资权益

打工挣钱是农民进城务工的首要目标。遵循平等交换的最基本市场法则，他们指望付出劳动以获取相应报酬。然而在建筑工地，这一法则却常遭破坏，简单的愿望总带来更大的失望，结果很多不公平的现象成为常态而为工人接

---

❶ 潘泽泉. 重新认识农民工：弱者的行为逻辑和生存策略 [J]. 社会科学辑刊，2008 (3)：39-44.

受。就以屡见不鲜的拖欠工资为例。现在问到工人对老板的评价标准，得到的答案大多是："夏天能给我们发点啤酒钱，平时支零花钱顺利一点儿，到年终不要拖欠工资"，就是好老板。为劳动付酬，本应是老板应尽的责任和义务，却被工人评价为"好的"、"有良心的"、"不错的"行为。这就好似"谬赏主义"，通过将应该的提升为需要褒奖的，将不太应该的模糊为应该的，而一步步地逼退了社会生活的底线，使得这种底线不断后退，最终至溃败。❶ 资本的底线变成可以无偿剥削劳动力。任何责任义务都是与对等的权利联系在一起的。老板没有履行自己的义务，工人的权利肯定受到侵害。

再以工作量核算规则为例。工地上的记工方法主要有两种：一种是计件工资。工人依据单位时间内完成的工程量核算工资。这种记工方式，工人可以稍微自由一些安排自己的工作时间，但一定要在规定的时间内完成定量工作。另一种是计时工资。在工地上则表现为按天计算工钱，做满一天（而不是 8 小时），计 10 分。这种记工方式下，一方面工人的工作时间被严格规定；另一方面，出工则给钱，不出工（不管什么原因导致的停工）均没有工钱。"灵活"的记工方式给工人带来的绝不是更大的自由和福利，反而是愈加严重的盘剥。下面的案例就说明了这种记工方法对打工者的实际影响。

案例："活多算天工，活少算包工"

> 北京市海淀区某工地，河北衡水班组，瓦工。按照去年北京市劳动局发布的工资指导价，一天工作 8 个小时，木工工资应该在 156.29 元。而他们进工地口头约定工资 100 块钱一天，一天需要干活 10 个小时。到工地实际施工过程中原来的口头约定就发生了变化。3 月初刚到工地时，活比较多，工人要求做包工，这样一天多干一些，能挣到 150 块钱一天，然而工长没同意，只能做日工，每天 100 块钱。3 月下旬，工地普遍活比较少，工长便强行要求大家做包工，结果，班组的老李，一连三天，每天只挣到 35 块钱。老李说："横竖里外地说，都是工人吃亏，老板不吃亏！""一天挣 35 块钱，扣最少 15 块钱的吃饭，扣去烟钱和一瓶啤酒的钱，白干！""我们虽然只挣了 35 块钱，但是老板会少挣吗？一点都不少！"❷

建筑装修工地上最常实行的是按照工时来计算工资的办法，出勤劳动一天（通常是 10~12 个小时）给一个工的钱。这个规定表面看公平合理，是劳

---

❶ 孙立平. 守卫底线：转型社会生活的基础秩序 [M]. 社会科学文献出版社，2007：295.

❷ 北京行在人间文化发展中心，安全帽大学生志愿者流动服务队. 包工制下的建筑工人——劳动与生活状况调研报告 [R]. 2011-04-25.

动力买卖双方在斟酌劳动力市场行情基础上达成共识的结果。然而工时的具体计算方法和遇到特殊情况的权衡转换，却完全由强势方的包工头或工程公司说了算。这直接导致一种共识性惯例的形成：不管由于什么原因工人无法劳动，即使出工，也不算工作量。这就是我国建筑行业特有的"窝工制度"。"窝工"指因为特殊天气、材料短缺、停水、停电或上一道工序没有完成等非劳动者本人造成的停工现象。这种情况下，当天应得工资就是将一个工的日工资除以 10（因为工人一天通常的工作时间是 10 个小时），得出每个小时的工资数，然后再乘以具体工作的时间。比如，一个瓦工出一个工给 350 元，如果发生窝工而只做了 3 个小时，那么他今天的工资为 105 元。如果他这一天根本就无法干活的话，那么他就得不到任何收入。

　　一次，工地的电源被当地主管防火的消防队掐断了。理由是不合规定地乱架电线。这完全是建筑公司工地管理的疏漏。上午 10 点左右，消防队长带了五六个消防士兵，在总供电箱上锁了一把大锁头。这样一来，油工尚且可以借助白天的亮光打砂纸、刮大白，但喷漆就得暂时搁置。瓦工，尤其木工则根本无法干活儿，因为他们必用的切割、安装工具都是用电带动的。据说，被监管部门勒令停产整顿在工地很常见，主要是工地管理者与外部监管力量的关系没有协调好而出现的暂时"小插曲"。工长告诉我："我们这里呀，除了带黑胳膊箍的，其他戴什么胳膊箍的都能管到！干个活儿也难呐！"（暗指盘剥工地的管理部门之多、之杂）。这种情况显然需要更高一层的项目经理或甲方负责人亲自与消防部门疏通"活动"。因为停电就意味着停工，而在处处抢工程的建筑市场，停工一天的损失是相当大的。可是午饭过后，锁头依旧没有开。直到傍晚，电终于通了，工长随即宣布：今天晚上所有人加班。我深表同情："真耽误事儿！"没想到，工长告诉我："等了这大半天才给电，一定是项目经理没有马上跟消防队联系，扛着呢。……不能太心急。这样可以少交或不交罚款。……开不了工没关系，这样停工主要是工人的损失：他不干活儿，就没有钱呀。"（田野笔记，2010 年 9 月 16 日）

窝工制度是变相剥削民工的常用手段。工人正常出工，由于资方没有及时提供必要的劳动条件，导致工程进度延误，这种情况下造成的误工损失理应由建筑公司承担。而且公司不仅应当支付他们白天的工钱，如果要求他们加班，还应该按照加班的标准支付劳动报酬。但公司却把损失转嫁到工人身上，使工人处于出工却没有收入的境地。白天的活儿延到晚上干，工人的实际劳动时间没有缩短，资方付给工人的钱没有增多。但此时的劳动却侵占了工人正常的休息时间。

由此也可看出前述案例中衡水班组的情况不是特例。包工头"灵活"混合地使用两种记工制度从而把施工过程中因进度管理、缺料、天气等因素造成的窝工风险全部转嫁给工人。何时使用，使用哪一种，唯一标准是公司最大限度将以上这些风险、成本转嫁给工人。通过这种方式工人的利益非但得不到保障，公司甚至将其经营风险也由工人来承担，这是一种赤裸裸的剥夺！在当前社会纷纷要求保障劳动权益的情况下，这种剥夺却正在制造更大的不公正。❶ 工人即便知道自己吃亏，也无法认清甚至误解这种不合理的根本所在。

在劳动报酬方面还有一个显然侵犯了工人的基本权益，但却为工人认可，甚至希望的制度就是超时加班。工人们常为自己挣得比某些城市白领还多而得意，却没有机会争辩自己的高工资是以每天十几个小时的高强度劳动换来的，而且没有任何社会福利。对于劳动法关于正常工时、加班工资的规定，工人们说那在工地上根本不可能。研究者通常认为，在传统的家庭责任和经济责任约束下，工人始终以经济收益为其行为基本和首要的目的。由于他们对单位时间效率的不敏感而以总收益为基本的效益评估依据，所以过分关注加班的收益（可以在一天内挣得 1 个半，甚至 2 个工的工钱）。刘林平等人则补充提出，现代学校的教育和现代企业的管理制度对工人的规训也对工人的态度发挥了很重要的作用。❷ 无论是片面重视总收入，还是受到现代化因素的规训，都是工人处在合法化地位体系中自我调适的结果。他们中很少有人注意劳动法中有关加班应付加倍工资的规定，即便知道也很"识趣"地表示："那是指大厂子里的正式工人和你们这样坐办公室的，我们干临时工的农民，就是干多少活儿给多少钱。啥时候干，人家也不跟你计较那么细。"（受访者编号：YGL12）他们认为自己处于劳动法规的调节范围之外，与其他受到制度保护的劳动者相区别，并不是甘愿放弃自己的权利，而是深知规定里的权利难以实现而委曲求全。

（二）社会保障与保险

进城务工者的首要困境是生存。除了拿到合法劳动报酬，社会保障也是

---

❶ 北京行在人间文化发展中心，安全帽大学生志愿者流动服务队. 包工制下的建筑工人——劳动与生活状况调研报告 [R]. 2011-04-25.

❷ 刘林平，张春泥，陈小娟. 农民的效益观与农民工的行动逻辑——对农民工超时加班的意愿与目的分析 [J]. 中国农村经济，2010（9）：48-59.

守护其生存权的重要力量。然而,在医疗、养老、工伤、失业、生育五大险种中,农民工的参保率都极低。个中原因既包括体制、立法不健全,个人经济支付有困难,也有农民工自身观念意识的阻碍作用。就拿跟每天工作直接相关的工伤保险来讲。建筑行业是高危险行业,工伤事故发生的概率较高。有调查指出建筑行业的工伤数占全国工伤总数的 4 成左右;2007 年全国建筑业共发生伤亡事故 2278 起,死亡 2722 人;建筑业事故起数和死亡人数分别占工矿商贸企业总数的 19.18% 和 19.60%。❶ 2011 年,北京市建设系统共发生生产安全事故 28 起,死亡 34 人,按事故类型划分,高处坠落事故和物体打击事故比例较高,共发生高处坠落事故 11 起,死亡 13 人;发生物体打击事故 9 起,死亡 9 人,分别占全部事故死亡人数的 38.2% 和 26.5%。❷

　　建筑工地是事故频发之处。建筑工人是全国各行各业中工伤发生概率最高的人群。❸ 他们最需要知道因工作导致伤亡时如何维护自己的正当权利。但实际情况是,大多数工人并不知道,或者也无力争取自己在这方面的权利。❹ 一旦受伤便陷入无钱医治的艰难处境。大多数人只好自认倒霉回老家,拖着病残的身体给本就不富裕的家庭带来更大的负担。在重大伤亡事故的"私了"过程中,工人们还往往根据传统的道德标准来协商和评判。

　　　　来工地的第七天,听工人议论前几天工地上摔下来一个挂外墙
　　瓷砖的。公司很快"把事儿压下来了",外界的人根本不知道。连我
　　们这些成天在工地上转悠的人,因为距事发现场比较远也仅仅是听
　　到了工友私下的传闻。一个在工地上干了很多年的瓦匠说,他从来
　　不干挂外墙的活儿。"太危险了,难保没有自己疏忽的时候。这样的
　　事儿太多了,每个工程都预留一部分钱,打发死人、受伤的。"(田
　　野笔记,2010 年 9 月 17 日)

发生工人伤亡的事件,公司自然要支付赔偿金。但钱数多少却没有任何明确规定,通常是公司和家属商议的结果。5 年前,一名工人在地下一层挖土时死亡,家属怀疑是地下室缺氧所致,公司则辩称工人本来就有心脏病。双方僵持之际,死者的妻子带着孩子亲自找到公司讨说法。老板看到孤儿寡母,可怜小孩子,最终同意支付 10 万元的补偿金。补偿金的数额并不高,甚至低

❶　国家统计局.2011 年我国农民工调查监测报告 [R]. 2011.
❷　北京市住房和城乡建设委员会. 北京建筑业发展白皮书 [R]. 2012.
❸　据统计,仅 2010 年全国就发生房屋市政工程生产安全事故 627 起,死亡 772 人,高处坠落、物体打击、坍塌、起重伤害、机具伤害是事故的主要类型(住建部,2011).
❹　北京大学,香港理工大学中国社会工作研究中心,北京行在人间文化发展中心. 建筑业农民工劳动保护与职灾维权调研报告 [R]. http://www.ilabour.org/Item/Show.asp? m=1&d=2563.

于当时普遍的给付价格，但这段故事居然成为老板的"事迹"在工人中流传。因为工人死亡确实存在自身健康状况导致的可能，而老板并没有过分纠缠对方的责任，在这件事中表现得很"仗义"。于是，工人认为老板够义气，更加愿意在他手下干活儿。

资料: ●

2011 年，我国农民工总数为 2.53 亿，其中从事建筑业的占 17.7%，近 5000 万建筑工人为城市建设做出了巨大的贡献，然而建筑业也是一个高危行业。很多建筑工地的工作条件极差，安全培训不到位，没有规定的劳保用品，劳动强度大，加班时间长——建筑工人时刻处在工伤和职业病的危害中。

建筑工地职业危害因素

高温

烈日当空，建筑工人仍需要顶着太阳继续工作。但这样持续在高温底下工作，很容易导致中暑，而中暑亦当工伤而论。曾有建筑工人在高温下连续工作 18 小时猝死。

粉尘

尘肺病是一种职业病，凡是会大量产生粉尘的工作，都是尘肺病高发的行业。建筑材料行业，如耐火材料、玻璃、水泥、石料生产中的开采、破碎、碾磨、筛选、拌料等；石棉的开采、运输和纺织也是其中之一。与建筑行业工种相关的，例如电焊工、爆破工、混凝土搅拌机械操作工、石棉拆除工和木工等都会因为长期接触或吸入粉尘而不同程度地患上不同类型的尘肺病。

噪声

长期在噪声的环境下工作如果没有采取任何有效的防护措施，将会导致无可挽回的听力损失，严重的会导致职业性耳聋。

在建筑施工现场，是随着工程的进度和施工工序的更替而采用不同的施工机械和施工方法的。例如在基础工程中，有土方爆破，挖掘沟道，平整和清理场地，打夯，打桩等作业；在主体工程中，

● 建筑业生产安全之建筑工的隐忧［EB/OL］. 打工者的网络家园－城边村网站, http://www.chengbiancun.com/special/topic/shengchananquan.html.

有立钢骨架或钢筋混凝土骨架，吊装构件，搅拌和浇捣混凝土等作业；在施工现场，有自始至终频繁进行的材料和构件的运输活动；此外还有各种敲打、撞击、旧建筑的倒坍、人的呼喊等。

化学毒物

许多建筑施工活动可产生多种化学毒物，主要有：爆破作业产生氮氧化物、一氧化碳等有毒气体；油漆、防腐作业产生苯、甲苯、二甲苯、汽油等有机蒸气，以及铅、汞、镉、铬等金属毒物；涂料作业产生甲醛、苯、甲苯、游离甲苯二异氰酸脂以及铅、汞等金属毒物；建筑物防水工程作业产生沥青烟、煤焦油、甲苯、二甲苯等有机溶剂，以及石棉、阴离子再生乳胶、聚氨酯、丙烯酸树脂、聚氯乙烯、聚苯乙烯等化学品；电焊作业产生锰、镁、铬、镍等金属化合物、氮氧化物、一氧化碳、臭氧等。

振动

振动对人体的影响分为全身振动和局部振动。

局部振动作业：主要是使用振动工具的各工种，如砂铆工、锻工、钻孔工、捣固工、研磨工及电锯、电刨的使用者等进行的作业。局部接触强烈振动是以手接触振动工具的方式为主的，由于工作状态的不同，振动可传给一侧或双侧手臂，有时可传到肩部。长期持续使用振动工具能引起末梢循环、末梢神经和骨关节肌肉运动系统的障碍，严重时可患局部振动病。

全身振动作业：主要是振动机械的操作工。如震源车的震源工、车载钻机的操作工；钻井发电机房内的发电工及地震作业、钻前作业的拖拉机手等野外活动设备上的振动作业工人，如锻工等。接触强烈的全身振动可能导致内脏器官的损伤或位移，周围神经和血管功能的改变，可造成各种类型的组织的、生物化学的改变，导致组织营养不良，如足部疼痛、下肢疲劳、足背动脉脉搏减弱、皮肤温度降低。

高空

凡在坠落高度基准面 2m 以上（含 2m）有可能坠落的高处进行的作业均称高处作业。在建筑业中涉及高处作业的范围是相当广泛的。建筑工地在施工过程中搭建的脚手架、井架、龙门架、施工用电梯和各种吊装机械设备所形成的均为高处作业。另外在建筑施工中各种形式的洞口与临边性质的作业、悬空与攀登作业、操作平台与立体交叉作业，以及在建筑工地上和通道旁的各类洞、坑、沟、槽等工程施工作业，只要符合上述条件，均作为高处作业对待，需要加以防护。

各工种建筑工的生产安全隐忧

木工

木工主要职业病危害因素有粉尘、噪声、高温、甲醛，而可能引起的职业病有尘肺、噪声聋、中暑、甲醛中毒。同时木工在工作时面临的其他危害也不容忽视，他们可能会因为使用射钉枪装修时，枪钉反弹入眼导致眼睛受伤，例如有工人在用机器锯木时，拇指和食指被锯掉。

风钻工

风钻工是持风钻作业的工人。他们最主要的职业病是尘肺病，因为风钻工的工作是用风钻在岩石上打眼，再用炸药爆破，而井下风钻作业粉尘特别大，对身体危害极大，如果没有合适的防护措施，长期从事这一工作会引起不同程度的尘肺病。

架子工

架子工是指使用搭设工具，将钢管、夹具和其他材料搭设成操作平台、安全栏杆、井架、吊篮架、支撑架等，且能正确拆除的人员。架子工面对的职业危害主要包括高温和高处作业。大部分有关架子工的伤害都是从高空意外坠地而造成身体伤害。而长期在户外工作还可能引起中暑。

抹灰工

抹灰工是专指从事抹灰工程的人员，即将各种砂浆、装饰性水泥石子浆等涂抹在建筑物的墙面、地面、顶棚等表面上的施工人员。其职业危害主要表现在粉尘、高温、高处作业。另外，抹灰工主要的职业病危害有尘肺病。

电焊工

电焊工是操作焊接和气割设备，进行金属工件的焊接或切割成型的人员。不当操作电焊会引起火灾、触电等事故。另外，这个工种对人体的伤害很大，比如高温、高处坠落、灼伤眼睛、紫外线辐射、有毒气体等。

油漆工

从事油漆作业的工人所面对的职业危害因素主要是化学毒物。

由于油漆涂料中较多存在着甲苯、二甲苯等有机溶剂，有些劣质产品中往往掺杂有一定含量的苯，这些职业病危害因素对油漆工造成了一定的急慢性的伤害。据调查，超过 10 年油漆工龄的农民工大多都有咳嗽、容易疲劳、头疼、胸闷、四肢无力的症状。

瓦工

瓦工是指从事砌砖、盖瓦、粉刷等工作的人员。这几年国内的建筑工程非常多，每个工地都需要大量的瓦工，可是有关瓦工的职业危害因素也存在不少，包括高空坠落、物体打击、坍塌、噪声、粉尘等。

建筑业安全事故频发的原因究竟何在？

1. 超长时间工作，劳累过度

北师大学生 2012 年 6 月做的面向北京 300 位建筑业农民工工作条件的调查显示，建筑业农民工平均的工作时间是 10.043 小时；上周平均工作 6.5 天以上；上个月的休息时间平均为 2 天，基本都是因为天气下雨或者工地上没活儿才休息的。经常的、超长的工作时间容易导致工人身心疲惫，精力不集中，比较容易出现工伤事故。

2. 缺乏安全培训，劳动防护用品发放不到位

通过调研发现，建筑公司三级安全培训的时间平均为 4.7 小时，跟《北京市建筑施工现场安全标准化手册》规定的三级安全培训不少于 15 小时有较大差距；并且有 1/3 以上的建筑工人没有听说过三级安全培训。

建设部对于建筑工地施工人员劳动保护用品提供做出了明确规定，有关部门也经常开展专项检查。但这些规定在工作场所依然难以落实。在劳动保护用品的提供方面，在《建筑法》等法律中早有相关规定，2010 年还专门出台了《建筑施工人员个人劳动保护用品使用管理暂行规定》。要求按照"谁用工，谁负责"的原则，由总承包、专业承包公司或劳务企业免费发放、更换劳动保护用品。调查显示，49.8% 的工人的安全防护用品由包工头提供，而非规定的承包或劳务工公司。包工头为节省经费，经常在非正规市场购买廉价低质的安全防护用品。

3. 监管不到位，安全措施差

工地上的施工升降机专业性强，从安装、操作、维修到拆卸等过程的技术要求比较高，然而施工现场的使用条件往往比较恶劣，

而且安装操作者以及乘坐者，大多是专业知识相对匮乏的外来务工人员。工人没有安全意识或劳资关系不对等，这就需要相关部门积极发挥作用，加强对建筑起重机械的备案、登记、安装、使用、拆卸的监督检查，消除或减少工地上的安全隐患。

4. 住宿条件差，安全难以保障

98.1%的建筑工人居住在集体宿舍，这些集体宿舍的门窗简陋，居住在里面的工人的人身和财产安全很难保障。

（三）妥协的行为规则

农民工进入城市之后，可以很快学会并屈从于特定领域的潜规则。对他们而言，这是生存的本能。比如，很多年轻的工人都抱怨工地上任人唯亲，班长、队长甚至包工头在劳动任务和工钱分配上没有做到公平公正。年岁稍微大一些的工人则劝他们想开些：

> "给人家干活儿嘛，都一样。谁不喜欢会来事儿的？看你精明勤快，或者是自己家人，肯定就提拔提拔，分配点轻巧活儿。都向着自己家人，可以理解。"（受访者编号：LGH06）

在处世道理的代代相传中，工人最初的棱角被磨掉了。他们没有学到迈向公正、平等的可行之计，也丧失了自发反抗的原始激情。虽然偶尔会诞生出个别有懵懂维权意识的人，或具有人文关怀的人道主义者，但大多数人只想维护自身利益，并不关心周遭制度环境的好坏。

> "眼镜"是队里干活出名精细认真的瓦工。据他本人说，打小喜欢读书看报，读书的时候成绩也很优异。因为家里穷，仅初中毕业。但仍旧关心时政，经常展望20年后我国的民主发展美景。他对当前的土地政策和村委会选举都颇有想法。"我们现在能选村长，还能选乡长，往上就不让你选了。他们说让你选你也不认识。咋不认识啊？现在科技那么发达，电视、报纸一登我们就认识了。那还能不熟，不可能吧？……关键是贿选，就是让我们去选举，发一个羊毛袜子。他不给我们，我们就不写，他选举会就开不了。……我们去没用啊。他们内定的，我去干啥呢？……真正的民主，我看等国家一百年了肯定能搞起来。1949年到2049年，还有——38年。哎呀，我都85了，有点儿悬。不过我儿子肯定能看到。"（田野笔记，2010年9月17日）

在周围工友的眼中，什么村委会选举、民主、土地所有权的，这些本来就不是自己该关心的问题。于是每每讨论到最后，"眼镜"本人也承认，"还是挣钱重要，什么民主不民主的，爱选谁选谁"。（受访者编号：WGC11）

工人们不能清楚认识和理解健全民主制度与身份平等以及个人生活处境改善之间的关系。他们认为踏实肯干是劳动人民最优秀的品格，靠自己劳动挣来的好生活才最值得尊敬。大多数人感觉，平时考虑那么多也没用，干活挣钱，过好自己的日子，才是当务之急。在工人们眼中，个体成功必须遵循既定规则、在体制内实现。他们只希望且相信通过一己努力去追求幸福生活。

"争取啥权不权的，你一个穷打工的，人家凭什么瞧得起你？有本事多学些技能、勤快些，自己混上去。"（受访者编号：YGB09）

事实上，对于已经发生、自己无力解决的遭遇，忍受是工人们普遍采取的态度。

"咋能不受气，干这种活儿你就得忍住。为了钱嘛！上午我们队有一人，才干了两个小时，工头说了他几句，就气得不干了。相当于白干，工钱也不要就走了。我们都劝他，坚持两天拿了钱再说呀。傻！想不开！"（受访者编号：YGJ35）

然而，他们忍受的又岂止身体的痛苦。就如一位富士康员工的表白："当你每日与机器打交道自己俨然只是一台十几个小时运转的机器的时候，你会忘记思考，一心拼命地赚钱糊口，但当你片刻地歇息……你会发现，你累死累活的十几个小时，尚且是买不起一个汉堡吃不得一次饭店的；当你在这个城市累死累活地打工几十年，还是居无定所买不起寸砖寸瓦的时候；当你因为经济所迫失去患病的亲人，失去即将结婚的恋人的时候——你会看到宝马、五星级酒店、世纪高楼……你会觉出自己的粉碎来，你不仅渺小，而且就是一个碎渣滓，你没有存在的必要，生命的压力让你不得不选择死亡作为逃避。"当身体与心理的痛苦无法承受之时，无论将伤害的矛头指向自身、抑或他人，后果都是毁灭性的。"无路可逃之后，这些被社会不公正摧毁的人，有两条路可走——要么像富士康员工那样选择跳楼，不危害别人地静静死去；要么像层出不穷的'幼儿园血案'一样，通过血杀来报复这个社会，让自己与这些年小无辜的生命一同灰飞烟灭。"❶

一项对美国底层工人的研究发现，在美国社会推崇个人成功的文化氛围下，男性作为家庭经济支柱，被赋予更高的社会期望。从事低级体力劳动的

---

❶ 李大君. 上学真理、下接地气——为真理而学、为劳工而教［EB/OL］.（2012-02-13）. http：//blog. renren. com/blog/304012437/805183643

男性工人虽然因与低社会声望相伴随的挫折感和羞耻感而在自尊心上承受巨大伤害，但却没有从制度方面寻找解决途径，反而试图通过自我牺牲换回作为一个男人的尊严。❶ 如果生活在困苦中的建筑工人们也过多进行内在归因，则很有可能在客观上产生弱化其维权主动性的危险。

二、利益受损时的行为选择

合法化能够弱化被支配群体的反抗意识，抑制他们的抗争行为。虽然弱势的农民工在与强势群体发生利益冲突和矛盾时，由于多方面的原因"往往处于一盘散沙、失语失声、束手无策的境地，有时不得不寻求用体制外的方式进行利益的抗争"。❷ 然而，合法化对他们行为的影响绝不仅止于此。弱势群体成员在日常语境中，尤其在权益受侵害情况下的应对策略是十分多元化的。他们惯用的行为选择及其相互关系如图4-1所示。

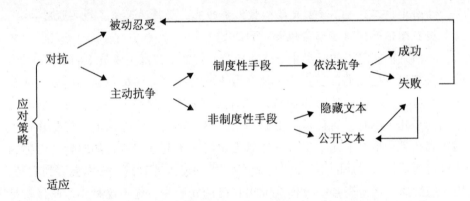

图 4-1　建筑装饰业农民工作为合法化地位体系中的弱势群众的日常行为策略

处在层级化地位关系体系中，农民工既可以选择将既有地位体系看作对立物而与之对抗，也可以选择将其看作可以同化之对象而积极适应这个体系。被动的忍受就是息事宁人的策略，主动的抗争则包含了制度化依法维权和非制度化的各种可能路径。当制度化维权遭遇失败时，人们通常再反过来尝试非制度化手段。

❶ SENNETT R, COBB J. The hidden injuries of class [M]. New York：Vintage Books，1973.

❷ 孙立平，沈原，郭于华，等. 以利益表达制度化实现社会的长治久安 [J/OL]. 香港：领导者，2010-04-30 (33). http：//www.bjxhrj.com/sseweb/printpage.asp？ArticleID＝3356.

（一）被动忍受

如果把各种职业类型的农民工放入一个连续谱的话，建筑工人应该是与农村联系最紧密的一类。他们中的很多人在农忙季节还返乡从事农业生产，对农民的身份也最为认同。● 建筑工人最能代表农民工的形象，他们面对不公正对待的首选应对策略——最大限度的忍耐——在各类农民工中也最有典型性。当然，为了排解忍受的心理压力，他们也会不时抱怨，或者以阿Q式的报复性想象聊以自慰；无法容忍时，也会选择辞工不做。但终归是要尽一切可能回避冲突与行动。

大多数工人之所以能忍受种种制度排斥、忽略充斥在生活每个角落的文化鄙视，采用"多一事不如少一事"的"鸵鸟政策"对待侵害自身权益的事情，❷ 是因为担心被辞退而失去工作。当周围的工友都没有对老板的工时计算提出异议时，个别人的抗议缺少他人的支持，只会招致老板的打压。所谓枪打出头鸟的道理，便在于此。"建筑业追讨劳动合同第一案"的当事人四川农民工何正文，在讲述他与工友接触的感受时介绍："我给周围的工友讲述我的维权经历，95%的工友听了之后，都希望我们工人能够组织起来维权，人多力量大。但到了实践的时候就不一样了。例如，我们上次维权，本来有五个人，到最后只剩两个人。当初给他们讲我的经历时，一些工友就有眼前一亮的感觉。而到了自己真的要维权的时候，就觉得工钱多多少少能拿到就可以了，是不是完全按照法律来，并不在意。"❸

还有很多人担心把事情闹大，会遭到公司的报复、政府的压制。一位采访报道农民工生活的记者在他的文章末尾写出他对这群工人的印象："老实的人要比其他阶层人群多，可能知识的缺乏和每天工作重复性高，让他们不愿意，也不敢多动脑子去改变生活，就想做一天和尚撞一天钟，按天数数着自己的工钱，到时候不少给就行了"。❹

何正文觉得工友们应该学习法律，依靠自己的力量维护自己的权益，呼吁大家舍弃眼前小的利益，携起手来去维权。他比喻说，法律就像一口钟，你不撞，它就不响。然而真能做到像他那样学会法律知识、利用法律武器的

---

❶ 潘毅. 大工地：中国建筑工人的讴歌 [EB/OL]. (2010-8-21). http://www.my1510.cn/article.php?id=43949

❷ 许叶萍，石秀印. 工人阶级形成：体制内与体制外的转换 [J]. 学海，2006 (4)：27-40.

❸ 何正文. 对话建筑工——工人维权路在何方 [EB/OL]. (2011-04-26). http://china.caixin.com/2011-04-26/100252490.html.

❹ 老愚. 大工地上的民工兄弟 [M]. 北京：北京出版社出版集团/北京十月文艺出版社，2006：148.

农民工还太少。对于大多数普通农民工来说，他们承认了自己的弱势身份，因而跳不出此身份的限制。就如一个工友感慨："北京是首都，说什么官多，但真正能管得了咱事的没有，我认为没有，官多没用。你是民工，你就是民工！"❶

（二）制度性手段的维权

建筑工人遭遇不公平对待时，虽然很少积极主动地维护自己的权益，但并不是任凭别人欺压而无动于衷。在农民工权利救济的逻辑中，依法、依政策的维权（比如跟资方交涉、据理力争，寻求政府部门的裁断，或通过仲裁、诉讼等法律途径的抗争），不是完全没有被考虑过。事实上，近些年建筑行业中也开始出现一些懂得法律、主动运用这一有力武器维护自己权益的精英人物。在资本的严重压榨下，甚至一些包工头也与工人联合起来，与资方谈判协商劳动报酬、争取劳动保障、签订劳动合同。然而即便如此，也不能说明既有地位关系的合法性开始遭遇挑战。

首先，建筑装饰工人维权行动的目标只是争取劳动力再生产的最基本资料，如工酬、工伤赔偿款等。在他们看来，打工就是出来挣钱的。自己辛辛苦苦几个月甚至一年的时间，就企盼着年底那一笔工钱。其他什么权益都可舍弃，但全家人生活的指靠却不能失去。一个打工 10 多年的老油工道出了众多工人的心声："我们心里明镜儿似的，老板黑心、剥削工人，也肯定看不起我们，但哪有工夫管那么多，只要给钱就行。"（受访者编号：YGZ05）因而欠薪是唯一能够激发他们依法维权的事由。

其次，他们的维权行动只围绕着具体的侵权事件。发起行动是为了争取被侵害的权益，结束行动也是因为特定的权益争取到手，或者通过行动认识到此种途径行不通。参与维权的工人从来不会想将工友的力量组织起来，更有力地争取合法权益。

再次，建筑装饰工人依法维权多是个体行为。在建筑业很少群体性的维权方式。即便因利益牵涉多人而暂时形成一个"利益集群"，依老乡关系而组成的地缘群体也是比较常见的组合方式，其他的关系纽带均较脆弱。而且这种集合体也会在行动结束的瞬间解体，重新分化成松散的个体劳动者。层层分包的灵活用工体制加剧了工人的分化，让他们没有团结的可能性。建筑装饰业工人的个体化状况尤其明显。大多数工人都是包工头根据工程需要临时

---

❶ 老愚. 大工地上的民工兄弟［M］. 北京：北京出版社出版集团/北京十月文艺出版社，2006：98.

招募、调派到工地上的。工程小、集中干活的时间短，随干随走，工人的流动频率极大。因而在他们内部很难形成联合体。现代的工会离建筑工人更是太遥远。在他们看来，工会似乎是"工人"的特权，而他们只是农民工。

于是，绝大多数的维权诉讼、上访都是个体工人就事论事的讨薪行为。多人参加的事件也至多只能算是带有很大自发性的行动。从头至尾，都不会看到工人为了争取他人对自己平等身份的承认而努力。近年来，随着国家对建筑工地实施劳动合同的监管力度加大，以及工人法律意识的提高，有的建筑工人开始尝试与包工头签订协议。然而很多协议不但没有实质的谈判，其内容也往往不以相关法律为基本的底线。即使形成了合同，仅有的一份还在老板手里。还有各种违法合同、霸王合同，它们不仅成了公司用来管理控制工人的工具，还对工人权益造成更严重的伤害。❶

事实上，农民工的依法维权不仅遭遇很多来自外部的阻碍（如资方的抵制；地方政府与工会组织支持的缺失；法律维权成本过高等），而且由于自身诸多因素而面临重重困境。❷ 比如工人出于传统的地缘或血缘关系产生对老板的乡土信任与依赖，没有意识要签订劳动合同，❸ 结果难以证明自己的劳动关系。再比如他们的小农意识仍很浓厚，重视老乡关系胜过同事关系，内部不团结。置身于合法化的地位体系中，建筑工人的权益意识、谈判能力与组织能力都受到了相当程度的抑制。李连江和欧博文在研究当代中国农民的维权抗争行动时，提出"依法抗争"的解释框架，即"以政策为依据的抗争"（policy-based resistance）。❹ 于建嵘更进一步提出了"以法抗争"的概念。❺ 但建筑工人现阶段的制度性维权显然远未达到主动运用法律进行抗争的水平。维权主体本身也没有挑战整体利益格局的想法和眼光。因而其结果容易变成"流于过程的情感行动"。❻

---

❶ 北京行在人间文化发展中心，安全帽大学生志愿者流动服务队. 包工制下的建筑工人——劳动与生活状况调研报告 [R]. 2011-04-25.

❷ 李大君. 为建造者建筑尊严 [EB/OL]. （2011-04-18）. http：//www. haodaxue. net/html/87/n-3487. html.

❸ 潘毅，吴琼文倩. 一纸劳动合同的中国梦——2013 年建筑工人劳动合同状况调研 [EB/OL]. http：//www. ilabour. org/Item/Show. asp? m = 1&d = 2773.

❹ 李连江，欧博文. 当代中国农民的依法抗争 [G] //吴国光. 九七效应. 香港：太平洋世纪研究所，1997.

❺ 于建嵘. 当前农民维权活动的一个解释框架 [J]. 社会学研究，2004（2）：49-56.

❻ 董海军，代红娟. 农民维权抗争的无效表达：流于过程的情感行动——对西安 Y 区征地抗争事件的解读 [J]. 人文杂志，2010（5）：169-177.

（三）非制度性手段的抵制与表达

现实中没有"盲目"的维权：维权者要计算维权成本和所受损失之间的数量关系，如果无利可图，忍气吞声自然成为他们的上选。工人们深知制度化渠道的艰辛，因此转而使用非制度化方式进行抵制与表达。有研究者以行动的组织化程度和性质为依据，提出农民工惯用四种方式来表达内心的诉求：消极的个体抗争（自杀式抗争），积极的个体抗争（暴力抗争），消极的群体抗争（弱者武器式抗争），积极的群体抗争（现代意义的劳工抗争）。❶ 其中，非制度化的方式占了较大的比重。这些非制度化行为在具体的隐匿性程度上又有所区别。而无论行为是以隐藏文本的方式胶着于私下宣泄，还是用公开语本的途径强调当众表达，都是行为者处于合法化地位关系的体现。

为了回避公开维权可能遭遇的阻力，他们更倾向于用"弱者的武器"式的隐藏文本来抗议，比如偷懒、回避、假装顺从❷、偷盗、拖延工时等。形形色色的不合作和抗拒行为都无疑在向强者宣示"弱者的权力"。他们以违规来表达弱者对游戏规则的不合作，是一种弱者对强者的胜利。❸ 除了完全隐藏的语本，现在建筑装饰业的工人还掌握着另一种半公开的、独特的表达不满方式：离职、跳槽。为了寻求劳动力更高的价格，实现人力资本的增值，有时也为了表达对工资待遇的不满，工人们过一段时间就会换一个老板追随。当然这个时间的长短不一，如果未发生劳资纠纷，可能是 1~2 年；关系处得好甚至 5 年左右；如果发生较大的矛盾，则可能随时解除雇佣关系。跳槽是一种个体行为，是工人为了维护自己的权益理性选择的结果。由于现在建筑装饰业的工人数量相对紧缺，所以离职成为影响工人与老板讨价还价能力的重要结构因素，他们也知道自己在这方面的价值，说起来还颇得意。❹

---

❶ 刘建洲. 农民工的抗争行动及其对阶级形成的意义——一个类型学的分析 [J]. 青年研究，2011（1）：33-45.

❷ 力工小叶是个"80 后"，作为工地上的最底层，他们的活儿最辛苦，挣的却最少，还要经常被别人呼来喝去，工长、队长、班长、大工都可以指使他们干这干那，甚至小工都似乎高他们一截。工资发放也经常是最后被考虑的群体。工长认为"这个小年轻的干活儿不吃苦"，他对待工长也显然有他"自己的一套"。"他（指工长）在这儿的时候，你就假装努力干活儿，要不把他惹急了，真不给你工钱咱就吃亏了。但他不在这儿的时候，干嘛还要卖力？躲一边儿抽口烟儿好不好？其实我们主要的工作就是负责上料，大批的水泥、沙子、板材、瓷砖来的时候给卸货、运到楼里面，其他的都不注意。他还让我扫地、收拾瓦匠剩下的石灰。凭什么他们自己不收拾，让我帮他们善后呀？就觉得给的钱多了，看不得我闲着。我也不惯着他。"

❸ 潘泽泉. 重新认识农民工：弱者的行为逻辑和生存策略 [J]. 社会科学辑刊，2008（3）：39-44.

❹ 甘满堂. "工荒"，高离职率与无声的抗争——对当前农民工群体阶级意识的考察 [J]. 中国农业大学学报：社会科学版，2010（4）：62-70.

隐藏文本的抵制虽然纯属个体行为，却是在特有的意识形态指导下做出的。"社会行动者并非意识形态的被动承载者，而是意识形态的主动使用者，他们只能通过斗争、争论和部分地洞察那些结构来再生产现存的结构。"❶ 以弱者的武器进行抵制成本最低，又几乎不需要事先的协调或计划，其实是工人真正理性选择的结果。因为有统一的意识——承认自己处于弱势地位，所以可以一致性地用弱者特有的行为方式来应对现实生活。而指导行为的统一意识正好证明了"自己处于弱势地位"在他们心目中的合法性。

但日常抵抗一般只能暂时排解心中的怨气，却不能切实争回应得的权益，面对生存底线都被突破的情况往往无法奏效。这时建筑工人们便会尝试公开抗议，不仅要把自己的利益诉求公开表达出来，而且唯恐别人不知道。具体策略既包括单独个体实施的强制行为（自损型的自残、自杀，以及攻击型的杀他），也包括以集体行动方式呈现的街区群体性事件，甚至社会治安案件。

既然遵循法律、政策进行的公力救济成本高、时间长，工人们对这种路径寄予的希望越大，失望也就越深，那么山穷水尽之时，少数人就产生一些极端想法，认为他们所能凭依的就只有自己的身体。有时候，对生活的仇恨和无奈使对抗直接转化为指向他者的个体性攻击，甚至犯罪行为和群体性扰乱治安行动。有时候，毁灭的力量则针对自身。由于"身体"的毁灭、伤害和缺陷，可以使弱者在社会上动员起最大限度的同情，他们的抗争能够享受制度性或政策性庇护，所以弱者的身份能够被作为相对有效的武器加以利用。❷ 但此类行为的前提恰恰是行动主体承认了自己在社会上的弱势地位和在事件中的悲剧身份。集体性行动更表明事件参加者对弱势群体的认同。这都是他们认可地位之合法性的结果。

（四）适应与进取

跟做建筑装饰的工人，尤其是那些年轻技工接触多了，就会体会到他们身上暗涌着一股要挣脱当下地位处境的劲头。

> 油工小郑引用了一句俗语来概括自己的职业规划："'人往高处走，水向低处流'，人总是要不断追求的嘛，更何况我们现在还年轻。"他说自己将来要当工头儿、工长，自己承包工程，成为大老板。对于现在还是小工的他来说，这样的梦想不能说不远大。关键是他懂得要实现理想，就必须付诸实际行动。在工作中他经常就具

---

❶ 詹姆斯·斯科特. 弱者的武器［M］. 郑广怀，张敏，何江穗，译. 南京：译林出版社，2007：319.
❷ 董海军. 作为武器的弱者身份：农民维权抗争的底层政治［J］. 社会，2008（4）：34-60.

体的技术问题请教周围的老工人。下班后还自己躺在床上研究图纸。
电工小刘更向往老家平静的生活。他喜欢琢磨厨艺，希望多挣些钱，
将来回家开个小饭店。当然现在要挣钱多，就必须有好手艺。所以
他在队里是有名的勤快徒弟。师傅最喜欢他，把多年的电工技巧和
门道都倾囊相授。（田野笔记，2011 年 11 月 15 日）

这些例子代表了工人们面对合法性地位关系的另外一种行为选择——
主动适应这个体系，并力争在其中重新定位。正所谓"希望只能自己给
自己，很难从别人那儿获得"。很多工人都表示，自己不甘于一辈子做普
通的工人，打算趁着年轻多体验几个工种，多学习几项技能，等机会成熟
干出自己的事业。说到底这些工人是想通过自己的努力实现向上流动，摆
脱农民工这个歧视性标签，获得新的群体资格。然而，个体化行动策略的
选择恰恰证明了，他们是承认当前不平等地位的合法性的。一旦个别人成
功达到地位提升的目的，无论他们自己还是旁观者都会更加坚定地认为地
位分化是合理的，那些处在底层的人之所以生活困苦，是由他们自身因素
导致的。

现代社会中，偏见已经不再像过去那样赤裸裸地表现于外。人们不会公
开宣称某类群体资格成员理应处于劣势地位的观点。这样一来，被支配群体
的愤怒情绪很少被诱发出来，他们也不太可能进行集体反抗。❶ 研究表明，假
如处于优势地位的群体表现出对外开放的姿态，弱势群体成员一般会承认彼
此地位存在高下差别；只要群体间边界并非牢不可破，弱势群体成员都更倾
向于采用个体化的社会流动策略；只有当优势群体的大门完全关闭时，他们
才会考虑采取具破坏性的集体行动。❷

年轻工人之所以如此规划自己的未来，是因为看到了前辈成功的经验。
现在建筑业层层分包的用工体制中，从劳务公司到普通工人，通常要经过四
五层关系。最基层的小包工头大多就是从普通工人身份发展起来的。因而底
层的农民工形成一种印象：只要好好干，遇到贵人提拔，就有机会做大。然
而，在"对话建筑工"访谈中，李新峰介绍他当小包工头的体会时说："我上

---

❶ ELLEMERS N, BARRETO M. Collective action in modern times: how modern expressions of prejudice
prevent collective action [J]. Journal of Social Issues, 2009, 65 (4): 749-768.

　　SWIM J K, AIKIN K J, HALL W S, et al. Sexism and racism: old-fashioned and modern prejudices
[J]. Journal of Personality and Social Psychology, 1995, 68 (2): 199-214.

❷ WTIGHT S C, TAYLOR D M, MOGHADDAM F M. Responding to membership in a disadvantaged
group: from acceptance to collective protest [J]. Journal of Personality and Social Psychology, 1990, 58: 994-
1003.

面的包工头不仅会拖欠工资，还会克扣。一个项目做完之前，是由我自己垫钱支付工人的生活费。一人平均一天是十多二十块钱，一般一个人一月是600到700元。也就是说，我每月都要垫上六七千块钱。项目完成后，我来和上一层的包工头结算。一般会以工程不合格、要返工等理由克扣，这样我还要继续贴日工、生活费。一般10万的费用，要扣2万块。这基本上是一个惯例了。"因而，他认为当包工头并非普通农民工的最佳选择，真正的出路应该是享受和工人一样的待遇，一样的社会保险。❶

工人的"实践意识"是存在差异的。❷ 不同实践意识指导下，工人采取的行为策略也有差异。具有明确打工目的并渴望在城市获得更好前途的人，会主动找寻并利用各种资源和渠道达到自己向上流动的可能。他们接受既定的地位分层模式，通过可控的个人努力，最快捷地实现社会地位的提升。而那些没有明确目的，或被迫外出打工的工人，则更多只是消极地谋求生存。不同个体对人生路径选择的差异也从一个侧面表明社会地位体系在他们心目中合法化的程度。

上述各种行为反应表明，建筑装饰业农民工其实已卷入一种日常政治（Everyday Politics）。他们通过一些平静的、普通的和细微的表达与行动，来接受、遵从、调整和对抗那些针对资源的辖管、生产和分配的规范与准则。❸

这种日常政治有时表现为他们对行业内工酬、工量、工时等运行规则与惯例的支持（support）；有时表现为他们对包工头命令、公司管理规范的顺从（compliance）；有时表现为他们不满用工方给出的待遇，或工地管理者的苛责，而对自己工作努力程度、做工精细认真程度，甚至寄身跟随包工头的调整（modifications）；有时则表现为他们面对欠薪、工伤无合理赔付等极端非正义事件时的抗争（resistance）。地位合法性可以在一定程度上弱化工人维权的坚定性，但绝不会彻底抑制他们捍卫自己生存权利的行为能力。与官方政治（official politics）、倡导政治（advocacy politics）不同，非制度化维权的日常表达和行动极少是有组织的或直接的，反而大多是一些发生在日常生活与工作场所内的、不引人注目的私人行为。

---

❶ 李新峰. 对话建筑工——包工头也有心酸 [EB/OL].（2011-04-26）. http：//china. caixin. com/2011-04-26/100252406. html.

❷ 张晶. 趋同与差异：合法性机制下的消费转变——基于北京地区青年女性农民工消费的实证研究 [J]. 中国青年研究，2010（6）：58-65.

❸ TRIA KERKVLIET B J. Everyday politics in peasant societies（and ours）[J]. The Journal of Peasant Studies，2009，36（1）：227-243.

　　农民工工酬、工时、保险等相关制度的制定和执行受包括行业惯例、企业自身特点和其所承包工程实际情况，以及工人对相关规定的行为反应等很多因素的影响。建筑装饰企业要生存、要盈利就必须考虑到工人在劳动强度和劳动报酬方面的可承受水平，并对工人们的意见做出反应。建筑企业确实处在强势位置，但它也必然要考虑工人的意愿，必须对工人的反抗和抵制做出回应。因为工人们做着最基本的工作，企业和包工头需要这些人的支持和拥护。所以他们就不能完全无视工人的要求，更不能将普通工人排斥、疏离得太远。❶ 到头来企业和经营管理者往往不得不做出让步。

　　另外，一些为广大工人喜闻乐见、又能恰如其分地表达其心声的艺术形式（比如诗歌、话剧、小说）也正悄然兴起。

候　人❷

　　北风呼呼地刮，哆啰啰哆啰啰，脚手架上直哆嗦。哆啰啰，哆啰啰，天天在垒窝，安乐窝里不是我。哆啰啰，哆啰啰，寒风冻死我，天天在垒窝……

　　北风呼呼地刮，大雁南飞我南下，南下广州、深圳、海南岛，去旅游去度假？笑话！太阳给我供暖，省了取暖费，多挣几毛钱……

　　来年春暖花开，大雁北飞我北上，北风凉快，少中暑，少生病，少花钱，多上班，多挣钱，多垒窝。我是泥瓦匠，天天在垒窝，我垒的窝，冬不冷，夏不热，是个安乐窝，安乐窝里没有我……

　　寒风冻死我，明天坐火车，南方把冬过。南方夏天热，差点晒死我，北去列车的车厢里，有我。

　　　　　　　　　　　　　　　　　　——甘肃建筑工友李田天

暮　归❸

　　日落暮色浓，收工归帐篷。风来知了乱，草里蟋蟀鸣。

　　悠悠胡琴荡，渐渐同乡逢。谈唱不知时，衣衫觉露重。

　　——建筑工友释嵩，2010 年 8 月 27 日写于工地下工回宿舍的路上

---

　　❶ KEMPER T D. How many emotions are there? wedding the social and autonomic components ［J］. American Journal of Sociology, 1987, 93: 263-289.

　　❷ 新生代网站，http: //www. ilabour. org/Item/Show. asp? m=1&d=2772.

　　❸ 新生代网站，http: //www. ilabour. org/Item/Show. asp? m=1&d=2772.

劳者何所获

上联：建高楼楼高千米寸铁寸土全是农民工奠基

下联：筑大厦厦有万间单间套间可有劳动者半间

——建筑工友刘德子（笔名：孺子牛）写给 2012 大工地诗歌交流会

打工十二月❶

正月出门离家乡，亲人送我到车上。高高兴兴挣钱去，家乡温暖我带上。

二月来到北京城，建筑工地扎下根。起早贪黑没日干，汗流浃背湿我襟。

三月桃花朵朵开，加班加点日夜忙。每月只能借饭票，工钱啥时才下来？

四月家乡耕田忙，打个电话给妻儿。化肥种子又价涨，逼得人人城里闯。

五月迎来端午节，伙食难吃没解决。菜里肉丁看不见，一顿还要六七元。

六月太阳照头上，每天顶着毒太阳。一到中午热够呛，喝口冷水透心凉。

七月遇上桑拿天，晚上睡觉睡不安。蚊虫叮咬没风扇，老板却住空调间。

中秋月亮挂天上，我在工地念家乡。家中儿女要学费，手里没钱心底慌。

九月红叶天渐凉，手中没钱买衣裳。家中秋收农田忙，晚上睡觉睡不香。

十月北风呼呼吹，高空作业摇摇坠。手里钢筋冷冰冰，下班路灯照我归。

十一雪花白茫茫，宿舍暖气没安上。喝着北风吃顿饭，吃到肚里冷又凉。

十二月来备回家，我找老板来结账。工资工时对不上，黑心老板气昂昂。

——湖北籍工友陈师傅

三、面对日常困境的情感应激

情感是人对客观事物是否满足自己需要而产生的态度体验。英文中有几个词都可表达"情感"之义："sentiment"通常被翻译成"情绪"，"emotion"更多译作"情感"，"mood"经常用来表示具体的"心情"，而"feeling"则更主要表达对特定对象的"感觉"。这些词中 sentiment 和 emotion 的定义最接近。二者强调的都是人在生物、认知、社会多元因素作用下形成的情绪体验，即一种从社会角度被建构起来的身体感觉、姿态以及我们在持久社会关系中习得的共

---

❶ 北京行在人间文化发展中心，安全帽大学生志愿者流动服务队. 包工制下的建筑工人——劳动与生活状况调研报告［R］. 2011-04-25.

享文化意义的集合。❶ 这也是本书使用情感这个概念的基本所指。

人的情感有很多种。有些属于基本范畴，另一些则为基本情感衍生而成。但究竟哪些是人类的基本情感，研究者们见仁见智。著名的情感社会学家肯珀提出四种基本情绪：愤怒（anger）、恐惧（fear）、沮丧（depression）、欣慰（satisfaction）（Kemper，1987）。艾克曼等人认为基本情感有五种：愤怒（anger）、恐惧（fear）、悲伤（sadness）、厌恶（disgust）、快乐（happiness）。❷ 我国儒家学说中则有"七情"之说：喜、怒、哀、惧、爱、恶、欲（《礼记·礼运》）中医中的七情指：喜、怒、忧、思、悲、恐、惊。这些提法虽不尽相同，但仍存在着共同点。首先，消极情绪都占了多数；其次，愤怒、恐惧、悲伤和喜悦是共识性的基本情感。本书的分析就着重于这四种基本情感。

情感通常包括四种成分：身体和生理感觉的变化，姿势和表情的展现，对背景或情境刺激的评价，以及文化与社会标签。一种情感由身体的唤起而产生冲动，由我们对社会情景的解释而被赋予性质与方向。❸ 有研究表明，不同身份地位的人发生互动交换时，处于较低地位的人更容易体会到消极的情绪。❹ 建筑装饰工人面对生活事件的情绪、情感特征也与群际关系的合法化状况密切相关。人受外界社会因素刺激，心里必定产生相应的情感反应。而这些工人遭遇不公待遇时的情感应激特点绝不能简单地用消极来概括。

（一）愤怒与怨恨

由于身处弱势地位，建筑装饰行业的工人常常无力抵抗其他个体或群体对自己权益的侵犯。被人欺负，放到谁身上都会很生气，农民工自然也不例外。然而，他们的不满很少达到出离愤怒的程度，气愤一般也不会转化为怨恨。

❶ STETS J E. Emotions and Sentiments ［M］// DELAMATER J. Handbook of social psychology. New York：Kluwer Academic/ Plenum Publishers，2003：309-310.

GORDON S L. The sociology of sentiments and emotion ［G］//ROSENBERG M，TURNER R H. Social psychology：sociological perspectives. New York：Basic Books，1981：562-592.

❷ Ekman P，Friesen W V. Unmasking the face：A guide to recognizing emotions from facial clues ［M］. Oxford，England：Prentice-Hall，1975.

❸ 王鹏，侯钧生. 情感社会学：研究的现状与趋势 ［J］. 社会，2005（4）：70-88.

❹ MOLM LD. Coercive power in exchange ［M］. Cambridge：Cambridge University Press，1997.

WILLER D，LOVAGLIA M J，MARKOVSKY B. Power and influence：A theoretical bridge ［J］. Social Forces，1997，76：571-603.

1. 愤怒

资料：❶

我们是建筑工人（肖琦）	工地就像住牢房
风狂，雨暴	远看工地像天堂，近看工地像银行，
打不乱祖国的时间表；	走进工地像牢房，不如回家放牛羊；
水深，山高，比不过我们的自豪。	人人都说工地好，傻帽才往工地跑；
工人阶级驾着生活挺进挺进呵，	工地挣钱工地花，根本没钱寄回家。
山要让路，河要改道，	年轻老婆娶不上，娶了老婆用不上，
建造者的事业是万岁事业，	买了房子住不上，青春洒在荒山上；
大地，敢不听候差调！	搅拌机搅走我的青春，挖掘机挖走我的梦想，
朝朝暮暮地清除，清除垃圾，	压路机压碎我的希望，
为一座座辉煌的殿堂	电焊机也不能缝合我的悲伤。
铺下千古不朽的基地，	钉锤一声声敲击我的心脏，
心血注入了女儿墙和钢筋水泥，	钢丝一圈圈束缚我的肩膀；
我们的光荣在穷乡僻野屹立……	安全帽曾经让我感到英姿飒爽，能不戴上它。
将世界当建筑踏在脚下，	如今变成我的渴望。
举高楼大厦进璀璨的云霞。	迷糊中我进入梦乡，梦见在工地上轻舞飞扬，
火热的心为千百万人家筹划，	我问上帝："我们的路在何方？"
何时享受新居的电灯电话？	——2008 年北京建筑工友
我们把自己列在最后一家。	
我们是建筑工人。	
我们	
是我们	
建筑青春	
建筑和平	
建筑二十世纪的良心。	
——《新观察》杂志 1957 年第 6 期	

透过诗歌，当代建筑工人的失落与悲愤早已溢于言表。这是因为两个时代的社会政治经济条件截然不同，建筑农民工与建筑行业正式工人的社会地位和生活处境有天壤之别。

这两首写于不同时代的诗歌形成了鲜明的对比：前者是敢叫高山让路、敢叫江河改道，有着战天斗地的豪迈气概和强烈的自豪感

---

❶ 新浪博客"大工地"，2009. http：//blog. sina. com. cn/s/blog _7a96ad4a0100pywm. html.

的建筑工人，后者则是控诉建筑工地不自由、不赚钱，有着失落的青春与对未来的迷茫的当代建筑农民工。两首诗歌反映的现实差距折射的正是两个时代建筑工人，甚至其他行业普通劳动者社会地位的巨大变迁。

首先，基本劳动制度。截至 1957 年建筑工人整体的数量为 200 多万，其中 33% 的工人都成为固定工人，分布在国营或集体企业中，享受来自国家的福利和社会保护。1959 年，包工制度被废除，工人按月领取固定报酬。到 1980 年，国营建筑企业、城市和农村的集体企业分别雇用职工 482 万、166 万和 334 万，远高于私有建筑企业的职工人数——4000~10 000 人。以国营建筑企业为主的正式用工体制构成了那时建筑工人自豪的制度基础。但 1980 年开始的建筑业改革则是今天建筑工人悲愤与痛苦的根源。从那时开始，建筑公司开始减少使用固定工人，这一改革奠定了今天建筑行业劳动关系的基础，包工制度像野草一样疯长；建筑工人的职业安全、社会保险等被当作负担甩给了工人自己，从而衍生出欠薪、工伤无人管等恶性问题。

其次，城乡不平等关系。20 世纪 50 年代国家致力于消灭城乡差别，虽然，国家为了工业化从农村抽取了巨大的资源，但是总体上维持了农村与城市较小的差距。但是 80 年代以来，以城市为中心的发展模式使得城乡差距逐渐拉大，城市利用户籍等造成的身份不平等采用狡猾的两面手法：一方面欢迎来自农村的劳动力为城市搞建设；另一方面，又尽力阻止这些劳动力成为城市的合法居民，并拒绝提供城市生存所需要的物质基础（较高的工资、正规的劳动关系、完善的社会保险等）。其结果是建筑工人，与其他外出打工的群体一样，像候鸟一样在城乡之间飞来飞去，家庭也处于颠簸之中。

再次，对待劳动、劳动价值的态度与评价。60 年前，社会宣扬劳动人民当家做主，消灭封建社会的职业等级观念，强调劳动最光荣。广为人知的淘粪工人时传祥成为那个时代的榜样，而在建筑行业，木匠出身的李瑞环最终走上国家领导人的岗位。但是，经过三十多年的市场化洗礼，……（对待劳动、劳动价值的态度与评价有了很大的变化。）以劳动模范的评选为例，从 1997 年开始，民营企业家开始进入劳动模范的行列。之后，越来越多的民营企业家（包括房地产商、建筑商）、社会管理阶层、娱乐和体育明星开始成为劳动模范，而普通工人的地位则一落千丈，那些艰苦行业的工人更是

被社会所遗弃，他们的劳动价值被严重贬低。❶

当然令他们伤心与气愤的绝不仅仅是与城市正式工人的差距。"要说不平等，那简直到处都是。你亲自穿着工作服，到下边来跟我们一起吃、住、干活，当农民工，你就能知道我们有多少不顺心的事儿了。"这是电工小梁的一个"研究建议"，也是他的一种抱怨。

工地—宿舍两点一线的生活看似简单，各种盘剥和欺压却充斥每个角落，碰到令人气愤的事一点儿也不稀奇。劳动强度大，工作时间长，住宿条件和伙食差，任务分配不公平是最经常激起工人不满的几种情况。他们称这些为"委屈"，也就是有苦说不出。既然在选择这个行业的时候就已默认愿意承受这些现实条件，即使现实比想象更糟，他们也只能表示无奈。工地之外，城市人的冷眼和歧视，城市管理者的粗暴无礼，也很让人生气。但对于大部分工人来说，仍是能忍就忍："出门在外不吃眼前亏。现在能忍就忍，等攒足了钱，我就回家去，再也不出来打工了。"

当被隐忍的愤怒累积到一定程度，借酒消愁和咒骂往往成为工人们首选的排解方式。他们气工头、老板欺人太甚，气老天爷不公平，气自己投胎投错了人家。很多人想不明白，为什么自己从农村来到城市，用双手和血汗盖起了高楼大厦、大路桥梁，却被很多养尊处优的城里人瞧不起。他们会将因受资本压榨而形成的愤恨表达为对黑心老板的怒斥；将因受歧视感而产生的不满情绪转化为对一般城市居民的厌恶与贬低："东北人好吃懒做，不文明，连吃饭都骂爹骂娘的，可野蛮了！我们南方人踏实肯干，真正能吃苦，比他们斯文多了。"（受访者编号：WGQ27）或者将冲突的原因归结为本地人和外地人的差别："有很多外地人被骂过、甚至被打过，我倒没有，但听着也觉得特别生气，不过时间长了慢慢习惯些，谁让我是外地人呢。"（受访者编号：MGL30）

面对欺压宁愿选择隐忍的方式，主要是因为工人们心中存有忌惮。一是怕失去工作机会和工作报酬。"现在很多老板都刻薄着呢，平时让我们拼命干活儿，有一点点小毛病就要扣工钱。但没有人敢说话，有什么办法？饭碗在别人手上，谁知道年底会不会赖我们的钱。"（受访者编号：MGS29）二是怕招惹是非。"人生地不熟，有时候有理说不清呀。"他们感觉自己是小民，是被管理的对象，因而不敢招惹"公家"。"我们惹不起，碰上不满的事也没有什么办法，认倒霉吧，公安局我们是不会去的。""那些穿制服的，公安、城

---

❶ 共和国六十年来建筑工人之地位变化，人人网"关爱 workers"的日志，http：//blog. renren. com/blog/304012437/769826666.（有删节）

管、卫生、防疫、环保、税务、街道等等，专管我们这些从农村来的。"❶

只有碰到侵犯基本生存资源、直接指向个体的欺压，工人们才会予以正面回击。比如强制工人在休息时间继续工作，强迫工人在老板亲戚开的小店里高价购买食品等。❷ 这类事件中，冲突的焦点是日常小事，斗争对象是具体个人，所以顾忌就会少许多。这种愤怒容易激发，也容易消退。

工人们最在意的是工钱支付的数量和及时性。拖欠工薪是唯一能激起他们强烈愤怒情绪的缘由。而且欠钱不给、丢失信用也严重违反了国人对"义"的看法。中国传统道德教化方法往往使用与强烈喜恶之情相联系的典型例子让普通民众理解并接受抽象伦常道德背后的精神。因此当某一事态被评定为不义时，强烈的憎恶之情也随之被牵动。有时，被牵动的情感强烈程度甚至不能从事态的严重性预测。明知工人生活艰辛却仍恶意克扣工薪的不仁行径，令工人产生难以遏制的愤怒，且极易演化为暴力行动。"这些黑心老板就是欠揍，揍他们一顿就老实了"，是工人气愤心情的最直白表达。

2. 怨恨

"怨恨是弱势群体对强势群体无言而无助的抗争。"当弱者无法获得强者所拥有的肯定价值时，便会生发出气愤、嫉妒和敌意的情绪冲动。无论从道理分析，还是通过实际接触，我们都不难体会农民工群体中涌动的、压力下的愤怒暗流。肯珀在论述基本情感（primary emotions）可以组合形成继发情感（secondary emotions）时曾举例，恐惧和愤怒并存就会产生憎恨和妒忌（Kemper，1987）。虽然这两种情绪在建筑装饰业工人那里的确存在，但可以肯定他们在非正义现实重压下积累的怨气，至少在现阶段并不会上升为怨恨，更不会导致极具破坏性的群体性事件或对他人生命安全构成严重威胁的恶意暴力事件。原因在于他们身上缺少怨恨形成的中介条件——无能感。❸

一方面，怨恨感受根源于肯定价值的难以获得性。❹ 作为农民工群体的重

---

❶ 朱瑞瑜. 陈和德——打工的苦啊，委屈的事说也说不完［M］//徐旭初，钱文荣. 生存故事：50 位农民工访谈实录，杭州：浙江大学出版社，2009：127.

❷ 朱瑞瑜. 陈和德——打工的苦啊，委屈的事说也说不完［M］//徐旭初，钱文荣. 生存故事：50 位农民工访谈实录，杭州：浙江大学出版社，2009：139.

❸ SCHELER M. Ressentiment［M］. Wisconsin：Marquette University Press，1994：27-29.

❹ 怨恨者之所以要否定某个价值主体或价值载体和某种价值的关系或者对肯定的或等级高的价值进行贬低，目的是要减弱自己对它们的欲望并消除自身的无能体验。一个强烈地渴望占有某人、某物或某种价值但求之不得的人，会感到自己很无能而因此备受折磨。一旦他通过价值贬低让被欲望之物变得不值得欲望，他就会从折磨人的无能体验中解脱出来恢复心理平衡，并使自己对生活重新充满信心和力量（张志平，2006）。

要组成部分，建筑装饰业工人虽然经受外群成员的歧视，但他们仍能在自己的劳动中找到个人存在的意义和价值。首先，他们自豪于自己是通过辛勤劳动的正当所得养家糊口，❶ 是用制度化手段达到合法的目标。在他们朴实的心灵里，凭劳动致富仍是十分光荣的事情，而自己拥有这样的能力。其次，他们自信于自己身怀专项技术，并且在劳动力市场占据独特地位。怨恨的产生总会伴随着把自己和他人进行"比较"的行为。❷ 建筑装饰业农民工却能在比较中获得自我满足感。建筑装饰绝非单纯的简单体力劳动，需具备一定技术且兼有体力的工人才能胜任。相对大量有待开发完善的工程项目，工人紧缺是目前不争的事实。而很多新生代农民工却不再愿意选择这份吃力又受罪的工作，令该行业工人的结构性力量大大提升。这从近年不断上涨的工酬中可窥一斑。

另一方面，我们社会中怨恨产生的核心根源是承认方式的不足和扭曲，以及由此导致的个体尊严的缺失，意义感和价值感的匮乏。❸ 个体在多大程度上注意到他人对自己的偏见和歧视，并在情绪上受此影响，取决于他与偏见持有者的关系：只有那些权力持有者的态度，才会使被歧视者产生消极情绪；个体对歧视源的依赖越强，其情绪受此人歧视态度的影响越大。❹ 通俗地说，顶头上司对工人的态度才直接决定着他们对受歧视的敏感度。而迫于工人难找、好工人难求的现实，现在包括大小包工头在内的基层工地管理者已不能总是颐指气使，有时还对大工相当尊重。这使工人感到一丝尊严。如果说现代人的自我价值越来越依赖于他人的承认，那么建筑装饰业工人们无疑从自己的结构力量中获得了这份认可。

最关键的是，社会地位的合法性也会降低怨恨产生的可能性。就建筑

---

❶　李大君等人办了一个专门给建筑工人看的小报《大工地》。这份报纸上有一个栏目叫作"工友心声"，经常刊登工友写来的诗文随笔。一次，一位张姓工人的文章描述了自己陪工友去医院看病时被其他病人嫌脏的感想。他在文中说，自己没有感到丝毫自卑，因为他让对方看到了真正的农民工工作时的样子。"我们穷是穷了点，但我们不偷不抢，我要做个对社会有用的人，我们做到了……"一席话在工友中引起了广泛的共鸣。仍是在这份报纸上，一位署名"文丑"的年轻建筑工，讲了自己给家里寄钱的故事，也谈到类似情怀：来自青海的他，家里年收入只有 6000 元。出来打工后，第一次往家里寄钱，一下子邮了 3000 元工资。"母亲说，收到丑儿的钱后，老两口晚饭都没吃。一方面觉着儿长大了，有出息了，高兴；另一个面，又怕这钱来路不明，愁的。我跟娘说：'这些钱尽管放心地收着，来路清清白白，世界上没有比这个钱更干净的了'。"

❷　弗林斯·曼弗雷德. 舍勒的心灵 [M]. 张志平，张任之，译. 上海：上海三联书店，2006：149.

❸　成伯清. 怨恨与承认——一种社会学的探索 [J]. 江苏行政学院学报，2009（5）：59-66.

❹　BARRETO M, ELLEMERS N, FISKE S T. "What did You Say, and Who do You Think You Are?" How Power Differences Affect Emotional Reactions to Prejudice [J]. Journal of Social Issues, 2010, 66（3）：477-492.

装饰农民工的现时情况来看，虽然口惠性的平等（人没有高低贵贱之分）和实质性的等级（从级别到待遇层层细分）依然存在，❶ 但"与蔑视经验相伴随的情感激动"❷ 却还不足以构成怨恨。

（二）悲伤与欣慰

"他们向城市走来，却没有被城市完全接受；他们居住在城市里，却常常有找不到家的感觉；他们脚步匆匆地奔波在城市的大街小巷上，但却总是走不进城市的核心。"❸ 谈到农民工，人们经常用"生活在夹缝中"来形容他们在城市中艰难生存、为其发展贡献青春和汗水、却不为这个社会完全接纳的困苦生活和尴尬处境。于是，悲伤与痛苦似乎应该是弥漫在该群体的主导情绪。然而，近距离接触后我们依然看到很多工人在快乐谈笑、悠然休憩。或许可以这样概括他们的日常情感状态：伤心但不绝望，满意但不满足。

1. 悲伤与满意

工人们的悲伤是内隐的。平时似乎并无明显体验，但当他们试图从记忆中搜索快乐的片段时，结果却只找到悲伤。"不开心的事儿，那太多了，都不知从哪块开始说起。但开心的事儿是真没有！""打工苦呀，怎么会有高兴的事儿呢？我们成天就是工作、吃饭。晚上心情好了，手机上 QQ 跟人聊聊天，或者看电视、听音乐；心情不好了，就喝酒、睡觉。"❹ 在他们的讲述中，痛苦源自生活的艰辛、与优势外群比较的落差和社会歧视。

打工的日子很难熬。现在装修工人虽然挣的钱已较以前大大提升，维持一家的生计基本不成问题，但他们的所谓高收入是以高强度、高污染的体力劳作换来的，而且他们无法享受医疗、养老等保障及其他任何福利。工地上的居住、饮食条件大都很差。大部分工人远离家人，独自在外闯荡，常受思念之情所困。平时的工作中又不免碰到些委屈，还要一直为能否在年底拿到工钱而提心吊胆。他们一般不愿意提自己的难处，因为"在家千日好，出门一日难！想到这些就心酸"。

---

❶ 成伯清. 怨恨与承认——一种社会学的探索 [J]. 江苏行政学院学报, 2009 (5)：59-66.

❷ 霍耐特. 为承认而斗争 [M]. 胡继华，译，上海：上海人民出版社，2005：145.

❸ 蔡建文. 中国农民工生存纪实 [M]. 北京：当代中国出版社，2006：22.

❹ 朱瑞瑜. 陈和德——打工的苦啊，委屈的事说也说不完 [M] // 徐旭初，钱文荣. 生存故事：50 位农民工访谈实录，杭州：浙江大学出版社，2009：68.

电焊工的悲伤

———城边村网站

为了生活我四处流浪，

把美好的年华挂在了锅炉上，

弧光照不亮我未来的方向，

铁水铸不起我想要的住房，

熔池结晶不了我的爱情，

药皮还将我的青春埋葬，

飞溅带走了我所有的梦想，

氩弧焊更催得我两鬓染霜，

我想要自由地飞翔，

像别人一样快乐健康。

无奈电焊钳夹住了我的翅膀，

电焊线将我的身心捆绑，

焊丝缝合不了我梦的衣裳，

焊条连接不了我的希望，

电焊机哭不出我的悲伤，

烘烤箱却烤出了我衰老的模样，

打底打不出我人生的宝藏，

填充填不了我寂寞的心房，

盖面盖不住我脸上的沧桑，

射线射不透我心中的迷惘，

超声波永远也摸不着我的惆怅，

未来的路还很漫长，

在这无情的世界里，

有谁知道我电焊工的——悲伤。

　　在城市生活"见多识广"无疑也令他们的相对剥夺感随之增加。尤其建筑装修工人由于工作原因，有机会接触到富人的生活空间，因而更真切感受到两个群体之间的贫富差距。反观自己的生活，惆怅与失落瞬间占满内心。

　　最伤心的还是被人瞧不起。一位农民工出身的记者曾记录那种被排斥的感受："当我站在城市街头张望时，我的前方仿佛有另一条道路在向我招手。可事实上，城里人看我们的眼光，已经准确无误地否定了那条不存在的道路。"❶ 孤独、落寞、伤心、失望似乎都有，又都无法准确表达他们的心情。而当面表达的歧视就更令他们痛心。不止一个工人提起一个近乎相同的经历，现在城市里的大人拿他们当反面例子教育孩子。这些家长为了增加说教的生动性，竟指着农民工说："看看，你不好好学习，将来就像他们那样。脏脏臭臭地卖苦力。养活自己也困难。"那一刻，羞愧、懊悔、气恼，五味杂陈地涌上心头。

悲伤的记忆虽多，大部分工人对当下的生活状态还是满意的。生性开朗的刘姓瓦匠师傅说："看我们成天乐呵吧？人总得活下去，不能总愁眉苦脸的。"（受访者编号：WGL10）这也许就是劳动人民最难能可贵的乐观精神。而且他们也会找寻其他途径来释放心中的悲伤，或者更生动地说：化悲痛为力量。最常见的策略是将希望寄托在孩子身上。他们努力供孩子读书，希望子女彻底摆脱现在的生活。虽然表面上都说孩子学成什么样是他自己的造化，但内心却渴盼子女能有所成就。❷ 年轻人则经常通过憧憬未来以舒缓压力。当他们想象、规划着自己有朝一日"挣够了钱"，留在城市或者回到家乡干出自己的事业，既往的悲伤和辛苦便似乎都已不足挂齿，剩在心头的只有暖意和力量。

2. 忧郁与欣慰

特纳继承了肯珀的观点，也认为若干基本情感组合起来可以形成继发情感。只是特纳的基本情感并非特定状态，而是四组感情维度：强硬—愤怒，厌恶—恐惧，失望—悲伤，满意—高兴。❸ 且每一维度都可具有高、中、低情感强度的变化。

忧郁是承受现实生存压力而缺少有效应对手段的必然结果。闲下来的时候，工人们经常若有所思，各想各的心事。但思虑的主题都离不开对未来生活的担忧。瓦匠老乔改革开放初就从山东老家来到 H 市周边的一个乡镇企业务工。那个时候成为非农业户，就是获得了城里人资格，可以享受各种特权优惠，因而也没有在意是否分地。20 世纪 90 年代中期，企业破产，老乔就开始在建筑队打工，从未想过，也未听说要交什么保险。如今，他已经 60 多岁了，腰肌劳损很严重，积攒的钱都用来看病了。没有基本的医疗和养老保障，

---

❶ 老愚. 大工地上的民工兄弟 [M]. 北京：北京出版社出版集团/北京十月文艺出版社，2006.

❷ 木工小陶，儿子 5 岁，已经上幼儿园大班。春节期间，他给笔者发来短信，询问怎么教育孩子好好读书。他说年假期间想趁自己有空教儿子写字，可小家伙没有一点儿兴趣。可见他们是十分关心子女教育的，只是有时不知道适当的方式方法。

❸ TURNER J H. Face-to-face: towards a sociological theory of interpersonal behavior [M]. Stanford: Stanford University Press, 2002.

在居住的村里也没有土地。受健康状况所限，他现在出来只能打些零工，挣的钱只够维持基本生活。他很为将来的老年生活发愁。木工小陶已经在 H 市打工 10 多年了，夫妻长期分居。他想把妻儿接到 H 市来住。可是一家人住在大城市，日常开销肯定会很大。儿子将来上学没有户口也是麻烦事。每每想到这些，他又不得不说服自己放弃搬来同住的想法。油工小刘现在是个小班长，他跟包工老板是同乡，人也比较机灵，所以博得老板的信任，手底下管着 10 来个工人。他想将来自己也能包工程，挣大钱。可是光指望老板这一个熟人的提拔显然不够。因而经常琢磨怎么寻找机会、创造机会。这些处于不同年龄、不同事业发展阶段的人，有着各自不同的抱负和追求。但共同的是对自己人生前景的忧虑。

欣慰源自痛苦中尚存的满意。前文已经提到工人们对目前生活状况基本满意，所以平常聊天时他们显得还是蛮知足的。"比上不足，比下有余呗。"稍微年轻一些的人则在欣慰中透着干劲："还得继续好好干，不能安于现状。那我们的老板比我们有钱不？比尔·盖茨有钱不？人家不还在工作挣钱。我们这点儿算啥，要把生活过得越来越好！"

四、认同建构

资料：[1]

超六成新工人自认处于社会中下层

"新工人收入与生活水平'底层认同'现象明显，总体社会公平感偏低，对社会现实的感受与评价较为负面……"日前发布的《新工人社会心态研究报告》中折射出我国新工人社会心态存在的问题。报告显示，超过六成的新工人自认处于社会中下层。

《新工人社会心态研究报告》由来自中央党校的新工人社会调研组发布。调研组对北京、广州等地的 80 后、90 后新工人从自尊与自我认知、生活满意度、社会信任感、社会支持感、社会公平感、社会现实评价等 6 个方面进行了社会心态调查。

---

[1] 张锐. 超六成新工人自认处于社会中下层 [N]. 工人日报，2012-10-31.

在自尊与自我认知的调查分项"收入水平和生活水平的自我评价"中，有74.4%的新工人认为自身收入水平处于社会中等层次以下，61.2%的新工人认为自身生活水平处于社会中等层次以下，他们"底层认同"现象十分明显。报告分析，这一方面反映出新工人艰辛的生活现状，另一方面也折射出新工人群体的弱势心态。

事实上，这种弱势心态也在现实对比中得到印证。调研显示，超过六成的新工人月收入在3000元以下。而根据国家统计局公布的数据，2012年全国城镇非私营单位就业人员平均月工资为3897元。由此看出，与同一地区的城镇职工相比，新工人群体收入较低。

同时，在对"外出打工期间，受到的不公平对待频次"的回答中，13.1%的人选择了"非常多"，16.4%的人选择了"比较多"，即接近三成的新工人明确表示受到较多的不公平对待，且主要集中在社会保障、工作机会以及薪资等领域。这种切身经历也在一定程度上影响到这一群体对自身处境的认知。

令人关注的是，新工人认为导致当前自己受到不公平对待，主要是社会现实以及国家政策等不可控的外部因素，较少能通过自己的努力来改变现状。报告分析，这些因素易导致该群体"被剥夺、受摆布"的弱势心态，并可能促使其采用极端方式表达诉求。

当前，社会上对新工人社会心态的关注还远远不够，而这一群体的社会心态不仅关系到他们的生存状况、城乡关系的改善，更关系到中国经济和社会的长远发展与稳定。为此，有关专家建议，政府及相关部门应大力提高新工人就业质量与生活水平，健全、完善以及监督落实对打工者的各项社会保障。在改善物质生活的同时，要注重对新工人思想文化的引导，重视他们的精神需求，并进一步畅通新工人意见表达和权益维护的渠道，促进社会和谐稳定。

认同视角下讨论的群体，在本质上是一种心理现象。一个由若干个体构成的集合体之所以能被称为群体，是因为其中的个体"把其自身感知为同一社会范畴的成员，并在对自身的这种共同界定中共享一些情感卷入，且在有关其群体和群体成员身份的评价上，获得一定程度的社会共识"。❶从这个意义上说，农民工不仅是因身份符号而确立的事实群体，也是因认知与情感卷

---

❶ TAJFEL H, TURNER J C. The social identity theory of inter-group behavior ［M］// WORCHEL S, et al. Psychology of inter-group relations. 2nd ed. Chicago: Nelson-Hall Publishers, 1986: 7-24.

入而形成的心理群体。根据泰弗尔（Henry Tajfel）和特纳早期关于群际行为的社会归类研究，作为群体成员的个体总会努力获得积极的内群特异性。特纳（John C. Turner）后来进一步提出自我归类论，通过自我归类等核心概念和一系列有关社会自我概念之功能的理论假设勾勒出心理群体的形成机制。该理论认为把自己归为某个范畴就是个体对该范畴的认同。然而本研究发现，底层地位处境的合法性虽促进了建筑装饰工人的自我归类，却在相当程度上瓦解了他们的社会认同。

建筑装饰业农民工的认同建构特点，显然与建筑农民工群体沉重的社会污名密切相关。而当个体遭遇歧视，他便很难不在一定程度上接受相应的污名。当受污者有意、无意地持有与社会施加的污名相同的，对自己的偏见，他们就在经历自我污名过程（或者说在自我污名化）。"如果别人说我们是贱民，那么我们慢慢也会认为自己是，区别只在时间长短。"如果社会给来自农村的务工者冠以"农民工"的污名，并因此对其加以区别对待，那么该身份便很可能成为他们的核心认同。他们将不会客观地界定自己是到城市打工、持有农村户口的公民，而只把自己认作农民工、下等人。

（一）自我归类

自我归类（self-categorization）是指特定情境下人们根据对刺激之间的类别内相似性和类别间差异性的知觉，而产生的一种社会性自我概念。❶ 在社会性自我概念中，有三种比较重要的自我归类：在人类—其他生命形态的对比中，将自己归为人类；在内群体—外群体的对比中，把自己确定为内群体的成员；在个人—其他内群成员的对比中，把自己看作独特的个体。我们这里讨论的显然是中间层次的归类倾向，即将自己归为某种社会范畴的成员。其结果是个体在心理上实现了去个人化（depersonalization），按照内群原型（in-group prototype）而非独特的个性做出反应、采取行动。

1. 身份定位

建筑业工人的自我归类倾向基本受两种群体资格的主导：表明职业地位身份的"搞建筑的农民工"，和表明地域归属的"××人"（如外地人、安徽人、湖北人等）。这两类身份最常出现在他们的自我描述话语中。

最典型的自我介绍语"我是××（省）人，××工（工种）"中，几乎每个词都渗透着群体归属的信息。表达心愿时，进城务工者清楚认识到自己

---

❶ 约翰·特纳, 等. 自我归类论 [M]. 杨宜音, 等, 译. 中国人民大学出版社, 2011: 46-47.

的劣势地位："我们农民工没啥高要求，该给多少工钱，别玩猫腻就行。"（受访者编号：XSY19）表示不满的时候，这些工人自觉将自己放在与城市人相区别的范畴中："我们农村人都老实、实在，让干啥，干啥；让干多少，干多少。但你不能凭借这欺负我们。"（受访者编号：DGL16）一个"我们"直观反映了工人们对自己农民工、农村人群体资格的认同。而当涉及内群成员之间的比较和自我评价时，大多数人便用地域信息作为范畴区分的主要标准："我们南方人勤劳，不像东北人好吃懒做。"叙述受欺负的经历，也要最终归结到群际关系："他看我们是外地人，就想多要我们的钱。其实我们对这里的路是熟悉的，住了好几年了。但也不愿意跟他们争辩，少惹点儿麻烦吧，即便打官司，外地人哪比得上本地人熟络，也免不了吃亏。"（受访者编号：WGZ26）

个体是否将自己归入某个社会范畴取决于两个因素：一是特定社会范畴的可及性（accessibility），这随特定情境内个体自身的背景知识、生活经验、目标、动机等条件的变化而定；二是社会范畴的吻合程度，包括对比吻合度（comparative fit，即被比较的刺激物之间的差异大小）和规范吻合度（normative fit，即社会范畴是否符合观察者的期望、理论和观念）两类。❶

建筑行业中装饰工人与土建工人稍有不同之处在于，前者的居住区域大多更加深入城市生活。要么工人自己在附近的城区租房居住，要么由老板统一租用一户或几户民宅，手下所有工人聚集居住。生活空间进一步融入城市社区，使这部分工人更经常遭遇农民工内群和城市人外群生活经验的对比，更容易获知周围城市居民对他们的偏见和歧视，因而强化乡下人成员资格的自我归类。长时间在尘土飞扬的环境中从事重体力劳动，对他们身体和行为习惯的雕刻，又明显提高了其弱势身份的对比吻合度，使工人们更经常陷入低地位的自我归类逻辑。外来人口、农村户籍则进一步加大了"乡下人"、"农民工"自我归类的规范吻合度。于是，面对城市人时就按照农民工的群体资格来行事便顺理成章。一个特殊的身份类别被建构——"迫使离开了农村，也改变了农民职业身份，却无法获得新的户籍身份和职业身份的人们被动地去接受某种同一性"，在客观上令农民工说服自己接受城市中的不公待遇。❷

当然个体是否进行自我归类，究竟把自己归为哪一范畴是据情境而定的。当人们把自我看成是某个社会类别中可交换的范例，而非由不同于他人的个体差异所确定的独特个人，他也就完成了从个人水平认同到社会水平认同的

---

❶ 约翰·特纳，等. 自我归类论 [M]. 杨宜音，等，译，中国人民大学出版社，2011：46-47.
❷ 陈映芳. 农民工：制度安排与身份认同 [J]. 社会学研究，2005（3）：119-132.

转变。这时单个成员间的异质性转变为同质性、个体性转变为刻板印象，❶ 群际行为随之出现。

六个木匠正两两一伙儿安装多功能厅内的吊顶铝板。这时，一个戴着眼镜、大腹便便的中年男子走进来。仰着脸将大厅天花板巡视了一圈，皱着眉喊道："你们别干了，过来看看，这边的几块怎么都是坑儿呢？都磕成这样了，怎么还往上安呢？"工人们歪过头瞅了他一眼，没理他，手里的活儿并没停。他瞪了他们一眼，心里也知道自己的话在这里不管用。于是径直走到门口，打电话给木工队长，让他过来看看。队长很快赶到，也发现铝板被磕碰过，但不承认是工人的过错，提出也许是在运输中就已经损坏。这个精明的小伙子虽然是在为己方狡辩，态度却甚是和气，还答应尽力修补。然而对修补成功并无太大把握。双方争执了一会儿，似乎并未达成共识性的解决意见。

中午的时候中年男子又过来，气鼓鼓地跟工人说不能再把有瑕疵的铝板安装上去了。可是工人回答："我们是干活儿的，不懂，你去跟老板说吧。我们不干活老板会扣工钱的。"（田野笔记，2011 年11 月 13 日）

即使跟利益并非直接相关的城里人打交道，建筑业务工者与对方身份地位的区分也很明显。以上描述的工人们的话语和行为完全是出于自身角色地位而做出的自然反应。这些行动虽然是个体做出来的，但却属于群体行为的范畴，因为它们完全由个人所属社会群体和社会范畴的成员身份或成员资格所决定，而与单个人之间的人际关系和个体特征无关。它体现的是农民工群体与城市客户的权力、地位关系。农民工不敢得罪客户，但也不会遵从客户的指令，更不愿受城市人的摆布。

很多时候建筑装饰工人还会把自己归到"下等人"之列。当谈到近年建筑装饰行业工资连续大幅上涨，工人的收入与生存状况必将得到相应改善时，一位从业 20 余年的木工师傅却感慨："挣得再多也是下等人。跟外面那个收破烂、扫大街的一样——可能比乞丐强点儿——都是一种谋生方式。为了活着，不得不干这些脏活、累活。"（受访者编号：MGJ26）这证明至少从建筑装饰业工人的眼中，底层群体已具有相当程度的实体性（entitativity）。他们

---

❶ REYNOLDS K J, et al. Social identity as the basis of group entitativity：Elaborating the case for the "science of social groups per se"［G］// JUDD C, YZERBYT V, CORNEILLE O. The psychology of group perception：perceived variability, entitativity, and essentialism. New York：Psychology Press, 2004：317-333.

·137·

感知到这个群体真实存在，并且自己就是其中一员。

自我归类论中的二元对比原则（meta-contrast principle）告诉我们，当一群人的内群相似性大于群际相似性（或者反过来说，内群差异性小于群际差异性）时，人们就更可能将该人群知觉为一个群体。❶ 突出的群际关系（或群体之间的对比差异显著）会提高群体实体性程度；而感知到的实体性反过来又会使群体成员更具互换性（interchangeability），夸大范畴成员之间的相似性以及他们与其他范畴成员之间的差异，从而突出群际关系，增强元对比效果。❷ 农民工、环卫工人和捡拾垃圾者身上高低接近的职业声望、相似的污名、共同的命运（这三者是群体实体性的充分条件），很容易使他们感知到彼此共同隶属于弱势群体（这是群体实体性的必要条件），因而提高了这一"群体"的实体性。

2. 社会认同

建筑农民工群体的实体性高，去个体化倾向也比较明显。实体性高的群体会被感知为真实的社会实在；其边界更为牢固；成员的认同感和隶属感也更为强烈。"社会认同是行动者对其群体资格或范畴资格（membership）积极的认知评价、情感体验、价值承诺。"❸ 个体在自我归类条件下做出各种群体行为，便是以社会认同作为社会认知基础。去个体化是自我归类的结果。一般来说由于个体知觉到自己和内群体成员之间存在一致性和利益相关性，所以在需求、目标以及动机方面与内群体成员的联系更为紧密，也更容易表现出较高的群体凝聚力、人际吸引、种族中心主义、社会合作等倾向。然而，仅就做建筑装修的工人而言，群体的高实体性，自己作为内群成员的习惯性自我归类和明显的去个体化，并没有给他们带来相应积极而强烈的社会认同，这些工人也很少表现出合作性的群体行为。他们甚至为自己的群体资格感到羞耻，对群体的认同也是消极的。

> 当时，我自然瞧不起农民。很为自己的农民身份而自卑。普通话、卫生纸、皮鞋、床、街道等都是我眼中的城市标记，也是文明的同义词。我甚至很喜欢嗅公共汽车散发的淡蓝色的尾气。在城市和城市人面前，我有清醒的距离感。甚至认为，城市就是城里人的城市，因为人家白净，有风度，而我们呢，浑身是土。即使掸掉了

---

❶ 约翰·特纳，等. 自我归类论 [M]. 杨宜音，等，译. 中国人民大学出版社，2011：49.

❷ CRAWFORD M T, et al. Perceived entitativity, stereotype formation, and the interchangeability of group members [J]. Journal of Personality and Social Psychology, 2002, 83：1076-1094.

❸ 方文. 学科制度和社会认同 [M]. 北京：中国人民大学出版社，2008：79.

衣服上的尘土，心灵仍旧被厚厚的黄土所覆盖。我当然不可能知道，城乡二元结构是塑造我们命运的根源。❶

在这样的情绪背景下，当处于弱势地位的农民工感到社会流动的机会存在时，他们便会尝试采用个体流动策略。

陈师傅是 H 市著名防盗门、文件柜制造企业的售后服务经理。这可绝不是坐在办公室里养尊处优的岗位。他每天的任务是开着单位专配的小车，奔波于江北的各个工地，解决普通安装工人无法解决的技术问题，为已经入住的客户提供售后服务。他带了两个徒弟，分别负责江南市内的五个区。陈师傅从老家山东，来到 H 市已经 20 多年了。从最开始在林区抬木头，到后来在工地送货，直至最后在这家企业安装防盗门，他干每个工作都尽心尽力，得到外至客户、内达老板的普遍信赖。去年他被公司推荐评为 H 市的农民工劳动模范，并因此顺利地得到了城市户口。他说这个荣誉来得正好，儿子现在初三，马上就要中考。本来还在犯愁怎么花钱给儿子弄个户口呢，现在一下子解决了。当问到他觉得自己现在是否是农民工，对农民工这个群体有什么印象时，陈师傅斩钉截铁地说："现在当然不是了。这不是提高了吗，不是农民工了！从农民工提升上来了，改变了！咱有城市户口了，干的活也不太出力。……刚从农村出来在工地上干活的是农民工。有些人嫌弃他们，是有点儿脏、不文明……但这也是工作闹的没办法呀。其实农民工兄弟挺了不起的。吃苦耐劳不说，个个都冲在前线，不怕脏、不怕累，主要是干活为主呗。你看咱现在这车经过的大桥、马路，全是农民工造出来的。你能不佩服他们吗？没有这些人哪能建这些，光靠城市人真不行。"

（受访者编号：MCC37）

从陈师傅的话语中我们不难听出，户籍身份和职业是进城务工人员进行内外群区分的重要参照标准。陈师傅在自己普通的岗位上踏实、勤奋地辛苦了若干年，获得了职位的提升和老板同行的肯定。于是他便认为自己摆脱了原有的污名群体资格，并以居高临下的姿态去回忆自己曾经隶属的那个群体的积极特征。向上流动确实使他个人脱离了原有的地位群体。然而，采用个体流动策略的同时也意味着认同的解构。这个行为选择本身，以及成功流动的结果，都会严重弱化劣势地位群体的凝聚力。成员对群体的认同与依恋降

---

❶ 老愚. 大工地上的民工兄弟 [M]. 北京：北京出版社出版集团/北京十月文艺出版社，2006.

低，便不容易知觉到本群体应得的正当利益，也不会有热情为了共同利益去参加集体行动。长此以往，群体必然变成一盘散沙，其弱势地位也必将积重难返，而消极的社会认同更陷入恶性循环。

本来，如果社会地位体系具有明显可觉知的稳定性和合法性，那么任何群体都会安于自己的身份地位。因为地位系统具有合法性就意味着群际地位差异取得了社会共识，处在不同地位的群体之间相似性降低，可比性也因而减少。群体之间不再比较，各自的主观优越感和自卑感减少，才有利于维持一个相对稳定的地位体系。但在建筑农民工的情形中，虽然他们也认可自己处在弱势地位，但由于此地位境况太差，所以社会认同仍不很强烈。尤其当社会似乎提供了向上流动的机会时，他们总是希望自己可以成为跳过龙门的小鲤鱼，而基本不会关注整个农民工群体的地位状况。城市社会的空间地位大多高于农村社会，大量农民本就是受比较利益的吸引进入城市社会，他们当然渴望工作、生活领域的迁移也同时能带来社会地位的提高。

不排除有些人也许感觉凭一己之力不太可能摆脱弱势的农民工身份。于是，消极的社会认同便激发出社会创造性。比如，提出内外群之间比较的新维度（城市人不如农民工勤劳）；改变群体品质所附有的价值（农民工待人坦诚、说话直率）；或者选择地位差异较小的其他外群体作为比较对象（比如技工跟力工比，农民工跟下岗工人比等）。我们在阐述农民工群体地位合法化的原因时，也都提到过这些反应策略。这类认知方式固然"可以恢复或创造弱势群体成员的积极自我意象"，但却可能造成"对客观剥夺的集体压制"，或者"与其他群体进行虚假竞争"的后果。❶

建筑装饰工人的群体认同弱化，还因为他们内部关系网越来越零碎化。

首先，同工种内部的师徒关系已基本解体。除了技术要求比较高的木匠活计还稍许保存着师傅带徒弟的传统，即师傅带着徒弟干活，甚至支付徒弟的工钱（最开始的 2 年徒弟是没有工钱的，师傅只给基本的生活费）。其他工种内部已基本不存在明确的师徒关系。新入行的工人只是给队里有经验的工人打下手，边干边学，并没有严格指定谁跟谁搭配，更没有固定的师傅。开始当小工的工钱会比较少，随着技术慢慢成熟，报酬也会逐渐增加。没有了传统师徒关系纽带的维系，工程队更加成为松散的独立工人集合体。

---

❶ TAJFEL H, TURNER J C. The social identity theory of inter-group behavior [M] // WORCHEL S, et al. Psychology of inter-group relations. 2nd ed. Chicago: Nelson-Hall Publishers, 1986: 7-24.

其次，不同工种之间的工友关系日渐淡漠。由于现在整个装修工程被不同工种的老板分别承包，工人只对劳务老板负责，跟其他工种的施工队没有直接联系。所以负责不同装修任务的工人虽在一个工地施工，但大家基本是在彼此尊重劳动成果的基础上，互不干扰地独立劳作。有时候，不同工种的工人会为了抢自己的进度，而彼此发生冲突。比如，刚铺好的地砖不宜被踩踏，但其他工种干活时又不免要走动，甚至搬运重物，结果破坏了瓦匠已完成的工作。又比如，吊顶已经做好，水暖安装又出现新的变动，结果破坏了木工已搭好的架构。这类冲突事件不在少数。因为工人各自的报酬与他一天的有效劳动成果直接对应，为此产生的矛盾直接关系到彼此的切身利益，所以显得尤为激烈，参与争斗的双方的对立性也尤为突出。

再次，在广义的建筑农民工群体内部，还不断发生着地位的分化。个别技艺出色、沟通能力强的工人，迅速从普通工匠中脱颖而出，成为班长、队长。虽然在城市人、上层管理者的眼中他们仍属于农民工之列，但他们与最基层的工人之间已经产生了相当程度的声望分化和权力差距。作为基层管理者，他们甚至要使出一些"小伎俩"来达到管理控制工人的目的。

> 油工队长张师傅在谈到他的"管理经验"时说道："我现在基本不用干什么活了。就是看哪块进度慢，就帮两把。这样不是也显得混合点儿嘛！要不他们看着你成天背个手，走来走去地监督，心理肯定不舒服不是。我帮他们点儿，他们还觉得我挺亲民，哈哈。……这年头不敢得罪人，你比如要是看哪个人干活不行，再以后的工程不想要他了，咱也不便直接告诉'你明天不用来了'。一般我就会说明天大家都放假，有活儿再通知。然后晚上再挨个通知那些想让他来的，那个不想要的就不通知。"（受访者编号：YGL32）

虽然工人们承认自己是"建筑农民工"的一员，但群体内部各个亚群体之间的分化与疏离却往往最直观地被感知到。所以他们还是很难对这个群体产生很深的社会认同。松散、零碎的关系更使工人们在需要为群体利益抗争时也很难团结起来。

（二）自我污名

污名，是指具有或相信一个人具有某种属性或特征，而该特征在特定社会语境中代表着一种遭贬抑的社会身份。❶ 农民工就是一种污名身份。每当提

---

❶ CCROCKER J, MAJOR B, STEELE C. Social stigma［M］// GILBERT D T, FISKE S T, LINDZEY G. The handbook of social psychology（Vol. 2），4th ed. Boston：McGraw-Hill, 1998：504-553.

到这个名称，人们便会联想到该群体成员肮脏、粗鲁、不文明的形象。城市里的体面人尽量回避与其接触，主动增加与他们的社会距离。但这只是从局外角度看到的公共形式的污名（public stigma）。社会污名还能潜入受污者的内心，成为自我污名（self-stigma），即受污者将低劣的地位、个人价值和属性与自身的某些特征联系起来。建筑装饰业农民工时刻面临着刻板印象威胁，地位关系合法化更助长了威胁的程度，直接利于自我污名的形成及其作用的深化。

1. 自我污名的表现

自我污名有知晓（awareness）、同意（agreement）和应用（application）三个要素。❶ 意思是说自我污名的个体知道他人对自己有消极刻板印象，也赞同他们的观点，并且将这种偏见强加于自身。虽然觉察刻板印象是自我污名的前提，❷ 但实际的自我污名过程却起始于个体对社会污名的赞同（agreement），并经由自我同意（self-concurrence）而强化，最终导致自尊消减（self-esteem decrement）。❸ 这三种状态既是自我污名发展的不同阶段，也是刻板印象威胁的结果。从这三方面来看，在合法性的地位架构中，建筑装饰业农民工的自我污名化是非常明显的。

（1）污名赞同

首先，建筑装饰工人接受社会上针对本群体的消极刻板印象和互动模式。城市人对农民工外貌、行为、人格与道德水平的贬低性评价，也成为他们对自己同伴的认知方式。

"搞建筑的民工嘛，那一身是挺脏的，也不怪人家嫌乎。"（受访者编号：YGZ05）

"不讲卫生，还没受过什么教育，在那文明的场合，一眼就看出来不协调了。"（受访者编号：MGS29）

"农村人见世面少，啥也不懂，难免粗鲁点儿。"（受访者编号：MGP14）

"这工地上啥人都有，你可得小心点儿，尤其晚上。"（受访者编号：MGT31）

由于他们给内群成员的定位是听命干活者，所以觉得大家应该，且不得

❶ CORRIGAN P W, WATSON A C, BARR L. The self-stigma of mental illness: implications for self-esteem and self-efficacy [J]. Journal of Social and Clinical Psychology, 2006, 25: 875-884.

❷ LINK B G, PHELAN J C. Conceptualizing Stigma [J]. Annual Review of Sociology, 2001, 27: 363-385.

❸ CORRIGAN P W, WATSON A C, BARR L. The self-stigma of mental illness: implications for self-esteem and self-efficacy [J]. Journal of Social and Clinical Psychology, 2006, 25: 875-884.

不服从和顺从老板。

> "你是民工，那就得少说话、多做事。这是本分。事事没个规矩
> 还行啦！只要遵守规则，不会受到欺负和为难。人家是老板，你就
> 得听话。"（受访者编号：YGB09）

至于跟普通城市居民的关系则是两个虽互不干扰、但仍存在地位优劣之分的群体。

> "城里人跟我们也没什么共同语言，跟你说什么话呀？也没个素
> 质，说什么都听不懂。所以就不说呗。本来就疏远，即使住着邻居
> 也没感觉在心里头近乎。"（受访者编号：WGQ27）

社会污名很容易被受污群体感知到。农民工了解他人对自己的消极印象和偏见。他们在日常闲谈中虽然似乎是在转述他人的意见，但其实已通过反复言说将其内化为自己的观点。"民工进城打工赚钱，在作为积极的劳动者和社会人的同时，却又必须程度不同地否定自我的能力，并且把市场评价体系下的形象内化为自我的图像，其结果就是形成消极的自我。"❶

（2）自我同意

在自我污名的第二阶段，工人们把社会污名加于自身，将各种消极的刻板印象，或者说偏见，与自己切实联系起来。自我同意表现在工人们缺乏自信的低自我评价，对非市民的"农民工"身份的认同，以及对不公正现象的内归因倾向。

自我污名是消极的自我评价与图式。它就像人头脑中的一种声音，时刻提醒着个体：你很差、你做不来、你是贱民。这无疑会给个体的认同构成威胁。❷ 在污名的引导下，受污个体认为自己并不具备完整的社会成员资格。于是，羞耻感、罪恶感与自我污名相伴而生。他们自怨自艾："老百姓就是小虫，没人怜惜！"（受访者编号：YGB09）连日常生活也要拘谨克制："我们又不是什么高贵的人，吃饱了就行。出门在外，也不能太奢侈。"（受访者编号：WJH02）自我污名深植于其内心蚕食着自尊和自我效能感。很多农民工面对陌生人会表现出高度的紧张、羞愧（shame/guilt）。要让他们谈一下自己的感受和想法，也往往推辞："我没啥文化，脑袋笨呢，不会说什么。"（受访者编号：YGL33）他们经常感到自己不如别人，不愿与人交

---

❶ 王化起．顺从与反抗：多元劳动用工体制下农民工的阶级经验研究——基于 P 大园林科农民工的日常生活的个案研究［D］．北京：北京大学硕士论文，2009：38．

❷ MAJOR B, O'BRIEN L T. The Social Psychology of Stigma［J］. Annual Review of Psychology, 2005, 56: 393-421.

往，感到自己改变不了贫困的命运，在强大的现实与想象的压力下日益被孤独无助感吞噬。

工人们对城市的归属感很弱，反而普遍认同自己的"外局人"（outsiders）身份。他们成天将"他们城里人"、"我们农村人"挂在嘴边，试图维持本群的特异性，实际却早已不知不觉认可了主流社会——内局群体的价值观。自我污名的个体渐渐认同了自己弱势的身份，并采用由权力精英的话语构建起来的规范指导、约束自己的行为，最终势必程度不同地接受自己在城市所处的现实的权利地位状况和生活状况，将其汇集成独特的"我群"记忆。这显然是感受相对剥夺时的一种自我保护策略。而且当他们成功说服自己接受城市生活中的种种不公的时候，便会在强调自己与城市社会格格不入的同时，把责任归于自己："即便有钱，也不会来城市生活。农村人就是农村人，我有很多不文明的习惯，在城里住楼也受拘束。"（受访者编号：DGS21）

污名群体成员还可以通过对群体污名身份的归因来主动建构群体污名，并且这种主动建构性认知将导致不同的行为反应。❶ 将污名身份归因于不可抗外力，便会默认既定的身份安排；将污名归因于自身努力不够，便选择在制度允许的空间内寻找发展出路。面对不理想的人生前景和困苦的生活现实，大部分建筑装饰工人都倾向于进行内在归因或相信天命。"有时候挺后悔自己没有好好念书的。当时小，也不懂事，光想着玩，看书看不进去。一分耕耘一分收获嘛，我没付出，当然也没有回报。只能怪我自己。"（受访者编号：KTC22）一位40出头的女性油工年轻的时候在洗车行打工。因为常年接触冷水，患上了严重的风湿病，变天的时候手脚都会很痛。所以十多年前转行干起了油漆粉刷。她主要负责刮腻子。这是一道基础工序，虽然可以不用沾水，但墙壁的上上下下、边边角角都需要仔细修补出笔直的线条来，是细致活儿。经常出问题的地脚线更需要跪着作业，因此腰、膝关节也开始有劳损的征兆。谈到自己在工作中积累下这些疾患，她选择坦然接受："要吃饭，就得干活儿。干什么活，受什么罪呀！这都注定的。"（受访者编号：YGJ35）

（3）自尊消减

社会成员的自我评价源自他对自己所能获得的资源（比如金钱、声望）数量的判断。能获得的资源越多，自我评价越高。反之，自我评价越低。当

---

❶ 吴莹. 群体污名意识的建构过程——农民工子女"被歧视感"的质性研究［J］. 青年研究，2011（4）：16-28.

自我评价与现实的资源分配状况一致时，分层体系就会被合法化。而自我评价的内化会使个体认为是自身原因造成了自己目前较低的社会地位。这种自我污名化的信念进一步强化了既存的地位差异现状。❶

随着自我污名化逐渐深入，很多工人的自尊也逐渐降低。这直接反映在他们努力遮掩自己的农民工身份，建立独立的交际圈，基本不参加外群活动。这些策略的确有助于隐藏污名身份，避免或缓解自尊受伤害之痛苦，但也意味着社会退缩，甚至退化。因为社会隔离不仅能导致个体抑郁情绪的上升，而且会使其消极的思维和行为方式恶性循环下去。

因为自我污名会带来羞耻感，所以感受自我污名的人最初会尽量否认和隐藏自己的污名身份。很多污名可以隐藏，但农民工身份很容易经由他们的外表流露出来，而且也不容否认。此时，不少人便尽量渲染自己与农村人的区分度，缩小自己与城市人的差异性，以降低污名身份的显著程度。比如年轻的工人会主动模仿城里人的穿着打扮，更积极地追寻时尚元素（手机、发型等）；年长的工人有时会夸耀自己见过很多世面等。

无论如何遮掩，就建筑装饰工人的实际处境来说，公开污名往往在所难免。于是，他们宁愿将自己封闭在基本与外界社会隔离的居住区以及职业群体中，用传统社会强大的地缘关系链维持群体内部的运转，甚至形成独立的亚文化。"自愿性隔离"❷ 在现阶段固然能加强农民工群体的边界感，有利于群体内部的联系与沟通，却表明他们自尊的减弱或消失。这种社会隔离的行为选择无疑会阻碍他们融入城市。有学者将工人的主动隔离行为——如自愿性隔离、亚文化、固守传统乡土思维习惯和处事方式等——称为抗争。其实这也是他们经历刻板印象威胁的一种表现。因为隔离出来的活动空间与生活习惯、特异的非主流文化、保守的观念和行为恰恰正是外界社会对他们刻板印象的印证。

自我污名与"赋权"（empowerment）是同一维度的两极。一旦陷入自我污名，受污者的自我效能感也会消失殆尽。除了无法保证的现金，建筑者与他们建造的成果也有了深刻的疏离。"即使具有开放性的城市公共空间，当一个建筑工人进入时，也往往在周围人眼里造成明显不相配的感觉，并进而导致建筑工人自身'不自在'的感觉。于是，在宏伟气派的中央商务区、在富

---

❶ SUTPHIN S T, SIMPSON B. The role of self-evaluations in legitimizing social inequality [J]. Social Science Research, 2009, 38: 609-621.

❷ 郭星华，杨杰丽. 城市民工群体的自愿性隔离 [J]. 江苏行政学院学报，2005（1）: 57-62.

丽堂皇的大酒店、在人潮汹涌的购物街，甚至在市区的公交车上，总之，在一切属于城市的公共空间里，我们都很难发现他们的身影。"污名感太伤人自尊与自信，较低的自尊使他们无法认清人自身才是决定自己成败的关键因素，以至于受污个体预期到失败的命运，便试图进行自我保护。因而经常表现出一种"为什么要尝试"的消极态度。建筑装饰工人的行事习惯就不免有退缩的倾向，缺少开拓探索的劲头。他们大多安于目前的生活和职业状况，对于城市、对于都市里的繁华，因清楚地感到自己"不属于那个地方"，便从不涉足。"楼竣工了，我们也就不会再进去了。进去干嘛！那些地方从不是我们这种人去的！"（受访者编号：WGC11）

2. 自我污名的条件

社会污名很容易进驻受污者的内心成为自我污名。后者会大大削减人的自尊，弱化其积极行为的动机，对个体的身心健康和社会适应都有极其负面的影响。然而，在现实中我们不难发现，并非所有人都会内化社会污名。有些工人的自我污名比较明显，有些工人则丝毫没有自尊受损的迹象，甚至颇为自己亲手装点高楼大厦而自豪。即使同一个人，在有些情境下，他可能感到自尊受到严重伤害，有些时候则可能会愤怒并奋力予以反击。

这是因为自我污名化的发生也需要一系列的主客观条件。有研究者提出污名作用的情境模型（图4-2），很好地解释了自我污名过程中的复杂现象。从图中可以看出，他人的消极行为是否会导致自我污名的结果，起决定作用的是此行为在受污者眼中有无合法性。当受污者认为对方的行为合理，他就会内化污名，自尊和自我效能随之降低；如果他不认为对方的行为合理，则不会内化污名，自尊也不会受到伤害。我们之所以看到很多农民工表现出自我污名的行为特征，就因为他们已经承认了自身弱势地位的合法性。在与支配性外群成员的互动中，对方的消极行为在他们看来是合理的。至于不承认这种合法性而没有形成自我污名的少数人，面对他人的消极行为是满不在乎的态度，还是义愤填膺，则受群体认同因素的调节。群体认同高，就容易愤怒；群体认同低，则倾向于不在乎。

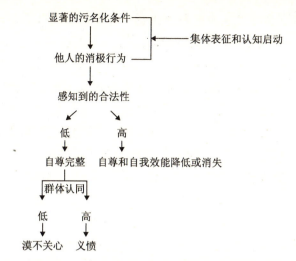

图4-2 解释个人对施加在自我身上的污名做何反应的路径图

自尊受损是自我污名化的结果。实际上，受污群体可以使用一整套保护自我概念的策略，比如将他人对自己的消极行为反应归因为外群的偏见；进行群内比较以获得个人的成就感，而不是盲目与优势外群体比较；选择性地肯定本群体占优势的特征的重要性，否定外群体占优势的特征价值等。❶ 这也是本书第三章合法化条件中谈到工人从其他途径获得自尊所申明的观点。需要说明的是，能运用多元比较的方法维护自尊不受到严重的伤害，并不意味着建筑装饰工人没有经历自我污名过程，而只说明自我污名可以发生在不同的情境中。比如当听到家长用他们做反面教材，告诉子女努力学习，不做这样的辛苦卑微的工作时，他们就感觉很自卑；而面对讨薪过程中老板显现出对工友的鄙视态度，他们就会很气愤。

如果"反抗的动机形成于道德经验预警，而道德经验又源起于内心期望的承认遭到破坏"，❷ 那么在"无反抗"情形中，人们已经不需要被承认，因为他们将未被承认的蔑视经验都化作碎片私下处理了。只是处理后残存的垃圾会污染他们早已受伤的心灵。

小　结

建筑业进城务工人员是最弱势的群体之一。他们从事着以体力为主，苦、

---

❶ CROCKER J, MAJOR B. Social stigma and self-esteem: the self-protective properties of stigma [J]. Psychological Review, 1989, 96 (4): 608-630.

❷ 霍耐特. 为承认而斗争 [M]. 胡继华，译. 上海：上海人民出版社，2005：179-180.

累、脏、险的粗放式劳作。在各种制度的、非制度的歧视下，他们始终只能游走于城市边缘，得不到制度安排和社会的应有认可与尊重。研究者们将大量注意力集中到对他们有限而激烈的抗争行为的探讨上，却忽视了大部分农民工在多数情况下只是无奈地守护自己生存权底线的事实。作为弱势群体成员，他们缺少表达利益诉求的有效话语通道。主导社会转型和发展实践者又极可能使之成为"沉默的大多数"。他们的最大愿望是得到就业务工机会。即使同工不同酬，同工不同时，同工不同权，即使工作超时，克扣拖欠工资、加班费，福利待遇差别化等现象时有发生，为了相对不错的收入，为了能立足社会并在城市里扎根，他们仍会选择默默忍受。这恰恰是地位合法化造成的结果。

首先，身处已合法化的地位体系中，他们很多时候都对自身和本群体理应享有的权益茫然无知。即使是在涉及最基本生存权的工资、社会保障（如医疗、失业、工伤、养老等）问题和最关心的子女教育问题上，他们也绝少表达反对意见，只是默默依循既定的规范，无论其合理与否。

其次，遭遇不公平待遇时，建筑装饰工人首选的应对方式是忍受。只有忍无可忍的情况下，少数人才会想到采取制度化方式去保护自己的利益。但现实生活中，制度化抗争的成本太高，且制度支持尚不完备，因而成功的可能性较小。于是大多数工人宁愿采取非制度性的方式，比如使用各种弱者的武器，甚至以弱者的身体作为表达的手段。当然也有不少工人成功回避了对抗式的自我保护，转而采取更"明智"的"上进行为"，争取通过社会认可的途径实现上升流动的目标。

再次，由于合法化机制的作用，且建筑装饰工人尚能从其他方面获得社会和他人的承认，所以愤怒的情绪并没有转化成怨恨。他们为自己的命运多舛而悲伤，同时也知足于现阶段的生活水平而备感欣慰。

最后，地位合法化还直接影响农民工的社会自我概念。他们将自己归到农村人、农民工、建筑农民工的大范畴中，并把社会上对这一群体的偏见内化为自我污名。但他们对自己身份群体的社会认同并不强烈。一方面因为该群体饱受社会污名，处于社会弱势地位，大部分成员都只渴望自己能够尽快从中逃离；另一方面也是由于这一群体内部分化加剧，使其缺乏整体凝聚力。

建筑装饰业农民工地位被合法化，就意味着他们承认自己的弱势处境，因而必然伴随相应的认知、情感、行为方面的反应。然而，本书并非仅想简单证明或者呈现这种现状，更要揭示合法性是怎样由工人在日常生活中与各种强势社会力量，合力形塑出来的。他们原本的行为策略（比如对城市的冷漠与自愿隔离、非制度化的抵制与表达行为、独特的亚文化等）和被动的适应（比如知足心态、自我污名），都只是更进一步加剧了其自身边缘化的地位，验证了他们在社会上处于弱势的合法性。

主要群体弱势化是指，主要群体中许多成员的生活状态没有能够同社会经济的发展保持一种同步的关系，而遭受着绝对贫困和相对贫困的双重困扰；他们的竞争能力表现出某种弱化和退化的状态；他们的基本权利特别是劳动权利得不到应有的保护；他们对于社会的影响力明显减小，呈现出某种程度的边缘化状态。这种趋向必须尽量避免。❶ 进城务工人员无疑属于主要群体，也无疑一直显现着严重的弱势化趋向。近年来，虽然国家的宏观政策明显倾向贫困阶层和弱势群体，但贫富差距仍然不断加大，权力地位分化依旧愈演愈烈。社会生活西西里化（上层寡头化，下层碎片化）的趋势已十分明显。❷ 现实情况迫切需要我们找寻避免这种地位合法化的途径。

---

❶ 吴忠民. 中国社会主要群体弱势化趋向问题研究［J］. 东岳论丛，2006（2）：5-31.
❷ 孙立平. 守卫底线：转型社会生活的基础秩序［M］. 社会科学文献出版社，2007：15.

第五章　冲破镜像的策略

　　群际地位关系一旦获得合法性，就会进一步固化社会地位结构。这虽有利于秩序与稳定，但也抑制与阻止了变迁。处于合法地位系统中的弱势群体成员，将来自社会的污名内化，更多承受来自外界的强大压力。与之相对，不合法性（illegitimacy）无疑有利于社会变革。它可以有效解除合法性对个体行为的禁锢，赋予无权、少权者更大的动力和能力，投入社会革新的行动。地位去合法化使弱势群体成员在面对强势群体时更加坚韧，更懂灵活变通地积极追寻自己的目标、维护自身利益。❶ 因而，本书在此简单讨论对地位合法化过程进行干预的若干想法。

　　已有的地位合法性干预策略研究大体提出四种方法，来减少弱势群体原有劣势处境的合法性。❷ 一种是创造不一致的（inconsistent）多元特征情境，即令低地位群体成员表现出与其劣势地位不一致的优良绩效，从而增加地位评判的有利参考信息，转变他人对该群体成员的消极印象。❸ 另一种是提供参照行动者（reference actors），即树立榜样。让低地位群体成员获知与自己身份相似的人也能做出优异绩效、占据优势地位，从而产生积极的地位期望。还有一种方法是使用高地位的评价源，即让具有话语权威的人公开表达对弱势群体成员的支持和对其价值的肯定，动摇弱势群体成员既有地位的效力。最后，设立调节群际行为的规范也有助于去合法化，即利用外在强制力限制高地位者在互动中的强势行为倾向，鼓励和支持低地位者的行为主动性。比如可以通过制度化权威任命和授权，来帮助弱势群体的领导者在任务群体中

　　❶ WILLIS G B, GUINOTE A, RODRIGÚEZ-BAILÓN R. Illegitimacy improves goal pursuit in powerless individuals [J]. Journal of Experimental Social Psychology, 2010, 46: 416-419.

　　❷ COHEN E G. Expectation states and interracial interaction in school settings [J]. Annual Review of Sociology, 1982, 8: 209-235.

　　❸ BERGER JOSEPH, FISKE M H, NORMAN R Z, et al. Status characteristics and social interaction: an expectation states approach [M]. New York: Elsevier, 1977.

确立领导地位。❶ 本书根据建筑农民工地位处境的特点，分三个方面讨论解构其底层地位合法性的策略。

一、引入新的地位特征变量

（一）研究背景与假设

地位特征论的聚合加总假设为去合法化提供了一个思路。根据地位特征论，当个体的积极与消极地位特征同时显著，多种特征信息便联合发挥决定人地位和绩效期望的作用。具体来说，面对积极与消极地位特征并存的"地位不一致"（status inconsistency）现象，人们的处理方法是将其综合起来进行考虑。首先将显著的地位特征分成积极、消极两类。然后不同性质的地位特征按照边际效用递减的规律分别加总，得出各自的影响力值。最后积极地位特征值减去消极地位特征值的结果就是判断彼此声望、影响力等级的最终因素。❷

聚合加总假设说明，个体的实际地位处境是他所具有的积极地位特征和消极地位特征同时作用的结果。那么，要改变或打破消极地位的合法性，创设多元特征情境，用其他积极地位特征去"中和"消极地位特征的作用就不失为一个可行之策。以往研究发现，弱势群体成员在相关任务中表现出较高的完成任务能力可以有效增强其在群体中的影响力，❸ 提高其地位。故此，计划通过展示虚拟"农民工同伴"具有较强的任务能力（task ability），来检验引入新的地位特征在干预地位合法化过程中的作用。

地位特征的效应可以聚合叠加，但污名特征的效应却是压倒一切的。一个人只要禀赋着某种显著的污名特征，其他人便只会注意此污名特征，并以之作为判断其品行、预期其行为绩效的唯一标准。因而增加任务能力这个地位特征，不会对污名效应产生影响。

综合以上分析，本研究假设如下。

假设3：在某项具体地位特征（完成任务的能力）上占据优势，会增加所有实验条件下同伴的影响力，但不会减少实验参与者想与污名同伴保持的

---

❶ LUCAS J W. Status processes and the institutionalization of women as leaders [J]. American Sociological Review, 2003, 68: 464-480.

❷ BERGER J, NORMAN R Z, BALKWELL J W, et al. Status inconsistency in task situations: a test for status processing principles [G] // BERGER J, ZELDITCH M, Jr. Status, power and legitimacy. New Brunswick, New Jersey: Transaction Publishers, 1998: 207-228.

❸ PUGH M D, WAHRMAN R. Neutralizing sexism in mixed-sex groups: do women have to be better than men? [J]. American Journal of Sociology, 1983, 88 (4): 746-762.

社会距离。

（二）方法

本次实验与第二章中报告的实验同时进行，确切地说是其中的另外两种实验条件。因而实验材料和测量手段都与上次报告的实验相同，实验参与者的招募和遴选也与之相似。唯一不同之处是，在这两种实验条件中，我们增加了一个控制因素，使参与者认为同伴完成实验任务的能力强于自己。

1. 被试

增加控制因素后的两种实验条件下，参与者共有60人。其中男生35人，占58.3%；女生25人，占48.1%。

2. 工具

用于本次实验的材料主要包括个人信息登记表、被试在第一部分测试中的得分、图形测试题、和备选的讨论话题。

（1）个人信息登记表

此登记表分两份。一份是空白的，实验参与者需要在上面填写年龄、性别、文化水平、民族、职业、户籍所在地和类型等个人信息。另一份是伪装好的，同伴的个人信息登记表。表中各题已经由研究人员事先圈画好答案。

（2）被试在第一部分测试中的得分

参加实验的同学都非常想知道自己的反差敏感度的水平，尤其想了解自己在单独任务时的绩效表现。这恰好为我们提供了操控实验条件的机会。第二部分实验任务开始之前，实验参与者会在电脑上看到自己在上一阶段测试中的成绩："根据评分统计，在刚刚进行的第一部分测试中，1号得19分，2号得7分（满分是25）"。这一成绩信息实际是研究预设的结果，意在控制参加实验的被试对虚拟同伴完成当下任务能力的认知。悬殊的分数差距，意味着同伴的反差敏感能力明显高于实验参与者。

于是，根据伪造的同伴信息登记表和两人的第一阶段测试成绩，本次实验分如下两种条件。

条件4（高技能泛化地位特征组）：同伴的文化水平低于参与者，男性，18~25周岁，初中文化水平，汉族，工人，城市户口。在第一部分测试中得19分，远远高于实验参与者的成绩。

条件5（高技能农民工组）：同伴是进城务工人员，不仅文化水平低于参与者，职业一栏也清楚显示他在建筑装修工地打工，农村户口，男性，汉族。在第一部分测试中得19分，远远高于实验参与者的成绩。

（3）图形测试题

研究宣称要求参与者完成的任务是一组图形面积判断题。参与者需要甄别出，在一个黑白相间的长方形中，黑色面积多、还是白色面积多。第一部分一共有 25 个题目（图形），每个图形在电脑上停留 5 秒钟（图形示例见第二章）。

第二部分的图形由两个黑白相间的长方形组成。实验参与者的任务是，判断两个图形中哪一个所含的白色面积更大。

（4）备选的讨论话题

实验的末尾，参与者还要为下周的讨论选择自己感兴趣的话题。参与者需要在一张注册表中标明自己愿意参加哪个话题小组。当然，这张注册表和表中的话题也是经过实验设计的。注册表上共有三个讨论话题，每个话题只允许两个人讨论。其中一个话题下面已写有两个名字，意味着名额已满无法注册。另外两个话题，各有一人注册。参与者只能在他们中间选择一个写上自己的名字。

话题的选择经过事先的调查问卷获得。问卷请大学生被试按照自己感兴趣的程度，给十个当前最流行的话题排序。据此算出每个话题的受关注程度。注册名额已满的话题，是问卷调查中当前大学生最关心的问题。可以选择的两个话题，是问卷调查中受关注程度最相近的两个问题。因为实验参与者只能在这两者中选择，所以虽然研究人员自始至终都只说让被试选择自己最感兴趣的讨论话题，但其实两个话题的受关注程度极其相近，被试选择的结果基本不会受话题热门程度的影响。

3. 研究程序

参与者先听研究人员介绍实验流程和要求。他们得知自己的实验号码是 356X，同伴的实验号码是 356Y，然后填写"个人信息登记表"，并开始做第一部分试题。

第一部分测试结束后，研究人员佯装将参与者和同伴的个人信息登记表交换，让他们对彼此稍加了解。参与者看过"同伴"的信息，随即按照电脑提示查看第二部分测试的说明。此说明详细讲解了第二部分试题的特点、意义、答题方法和评分原则，并告诉参与者，在这一阶段的任务中，他是 2 号，同伴是 1 号。讲解的末尾，电脑屏幕上显示出参加实验双方在第一阶段测试中的成绩。

待参与者完成全部测试，研究人员再请他选择下周讨论的题目，最后填答实验后的调查问卷。

(三) 结果

1. 地位干预结果

由于这部分实验干预的结果只有跟第二章呈现的前三种实验条件的结果进行比较,才能清晰显现。所以此处将整个实验设计的全部五种实验条件下的结果综合起来报告。如表 5-1 所示,条件 4、5 (即参与者被告知,同伴在第一阶段任务中的成绩比自己好) 中的实验参与者,受同伴影响的次数以及对同伴地位的评价分别比条件 2、3 (参与者不知道自己和同伴在第一阶段任务中的成绩) 中的情况有显著提高。

在条件 2 中,参与者的受影响次数均值为 4.67 (SD=2.76),未受影响比例为 76.7%。这表示在低教育水平条件中,大部分参与者不会受同伴的影响,坚持自己的意见是主流。而在条件 4 中,当通过第一部分的成绩发现同伴的反差敏感能力高于自己时,实验参与者的受影响次数均值提升到 7.1 (SD=3.62),显著高于低教育水平条件下受影响次数均值 (t=-2.927,P<.01)。

在条件 3 中,参与者受影响次数的均值为 5.48 (SD=2.30),大约有 72.6% 的题目没有受同伴答案的干扰。而在高技能农民工条件 (条件 5) 下,参与者的受影响次数均值便达到 7.57 (SD=3.19),即仅有 62.2% 的情况不受同伴答案的影响。这一分数显著高于同伴是农民工,且没有技能高低具体信息的情况 (条件 3) 中的数值 (t=-2.928,P<.01),甚至超过控制组的结果。

表 5-1　地位测量分数和 t 检验结果

实验条件	人数	未受影响的比例	受影响次数的均值 (方差)	地位分数 (实验后测题目结果)
1	30	0.635	7.3000 (2.92610)	60.5000 (11.15761)
2	30	0.767	4.6667 (2.75848)**	51.4111 (9.19830)**
3	31	0.726	5.4839 (2.30754)**	54.8441 (8.60156)*
4	30	0.645	7.1000 (3.62320)++	57.6222 (12.37280)+
5	30	0.622	7.5667 (3.19140)++	59.0944 (7.55499)+

＊　表示经单侧 t 检验,该实验组的受影响次数/地位分数显著低于控制组在相应项目上的得分,P<.05

＊＊　表示经单侧 t 检验,该实验组的受影响次数/地位分数显著低于控制组在相应项

目上的得分，P<.01

  +   表示经单侧 t 检验，该实验组的受影响次数/地位分数显著低于未加入能力变量的相应对照组在相应项目上的得分，P<.05

  ++   表示经单侧 t 检验，该实验组的受影响次数/地位分数显著低于未加入能力变量的相应对照组在相应项目上的得分，P<.01（条件 2 对应条件 4，条件 3 对应条件 5）

此结果验证了假设 3，即具有较强的任务能力，可以提升个体在群际互动中的影响力。

条件 4 和条件 5 中的地位分数也相比条件 2 和条件 3 中的情况有显著提升。高技能泛化地位特征组的地位分数是 57.62（SD=12.37），显著高于单纯泛化地位特征组的 51.41（SD=9.1938）（t=-2.207，P<.05）；高技能农民工组的地位分数是 59.09（SD=7.55），显著高于单纯农民工组的地位分数54.8（SD=8.602）（t=-2.048，P<.05）。态度量表的结果与实验结果一致。

2. 污名干预结果

表 5-2 污名测量分数和 t 检验结果

实验条件	总人数	选择新同伴的人数比例（%）	污名分数（实验后测题目结果）
1	30	46.7%	68.3333（12.48871）
2	30	50%	61.6867（13.97680）
3	31	61.3%	61.4839（13.01033）*
4	30	63.3%	60.9000（16.83787）
5	30	60%	62.5333（12.15456）

  *   表示经单侧 t 检验，该实验组的受影响次数/地位分数显著低于控制组在相应项目上的得分，P<.05

相应地，实验后的态度测量结果也未显示高能力信息的引入可以明显作用于污名的感知和反应。低教育水平组的污名分数是 61.7（SD=13.98），高能力的低教育水平组的污名分数为 60.9（SD=16.83），二者间没有显著差异（t=.197，P=.845）；农民工组的污名分数是 61.5（SD=13.01），高能力农民工组的污名分数为 62.53（SD=12.15），亦不存在无显著差异（t=-.325，P=.746）。

从表 5-2 可以看出，在引入高能力信息的两种条件下，选择新同伴的参与者数量发生了不同方向的变化。在低教育水平条件下，有 50% 的参与者选择了跟第一阶段实验不同的同伴；当同伴具有较强的反差敏感鉴别力时，选择新同伴的参与者增加到 63.3%。在农民工条件下，61.3% 的参与者没有选择与"农民工"继续合作，但当引入同伴的高能力信息之后，选择新同伴的人数比例有所降低。然而，条件 4、5 的数据结果并未与相应的条件 2、3 的结果呈现显著差异。

(四) 讨论

户籍与职业身份、受教育程度和能力都是重要的地位特征，具有区分人地位高下、影响力强弱的作用。在多个地位特征同时显著的情境下，人们通常会综合考虑各个地位特征负载的信息，将它们的作用整合起来形成地位期望。完成某项任务的能力强，作为一种优势地位特征，可以削弱不利地位特征的作用，增强弱势地位群体成员的影响力，提高他们的地位。文化水平低和农民工身份都是预示弱势地位的特征，身负这两种特征的人通常被认为处于理所当然的弱势地位。但如果他们在某方面（比如反差敏感性）的能力较强，能力特征就可以中和弱势地位特征的不利影响。农民工在判断反差图形的任务中表现出优异成绩，足以改变人们对其地位处境的综合评价。如果我们能搜寻到更多与农民工身份更加契合，又符合社会价值判断的有利地位特征，强调他们在相关方面的优势，"农民工并非天然弱势群体"的观念就更容易获得社会的认可。这自然有助于打破该群体既有弱势地位的合法性。

然而，能力在降低污名方面的作用微乎其微。从实验结果中，我们基本可以断定，农民工身份的同伴，无论显示出多么强的，与任务直接相关的能力，参与者都倾向于与之保持较大的社会距离。所以，我们固然可以寻找更多的，农民工占据优势的地位特征来提升他们的地位，但此方法却无助于社会污名的削减。这意味着要减少身份污名的负面效应，还需依靠其他举措。

至于具有较强反差敏感能力的低教育水平同伴，本来并不具有污名身份，却引来参与者选择与之保持更远的社会距离，则是参与实验者的个人虚荣心在作怪。通过实验结束后的访谈，我们发觉被试得知文化水平不如自己的同伴却表现得比自己好，感到"很没面子"，因此"不好意思"与同伴面对面合作。

引入弱势群体占优势的地位特征变量，以削弱该群体弱势地位的合法性。这种去合法性思路与刻板印象内容模型不同。后者通过强调弱势群体成员热情、亲和力强，使他们更甘愿接受自己在社会上处于弱势地位的事实。模型中"热情维度"的特征不具有标志地位的意义。真实情况反而是，正因为弱势群体成员在地位特征上不占优势，地位较低，所以才需要突出他们在另外一些与地位高低相关不大的特征上占优势，使他们感到暂时的心理平衡。而新引入的地位特征变量却要是真正为社会成员心仪，能直接影响一个人声望地位高低的特征。

本实验的不足之处在于所用两种自变量（受教育程度和农民工身份）有一定程度的重合效应。由于农民工教育水平通常也很低，所以用现在的实验较难清晰呈现农民工身份和教育程度各自单独的效应大小。今后的研究有必要找到一种与农民工身份区分度更大的泛化地位特征，来代替教育水平这个特征。

（五）反向地位建构

引入其他优势地位特征的方法，着力于发掘和呈现弱势群体成员自身占优势的特点。要抵制地位合法化，还可以积极创造有利于他们地位提升的优势特征。比如，给予弱势群体一些外在的褒奖和承认。根据地位建构论，[1] 在只有部分人群参与的小范围互动中，珍贵资源在这些人身上的分配状况和他们在某项名义性特征上所占据的不同状态，决定了他们终会形成与资源分配态势相一致的地位信念：资源少的特征人群，其声望地位不如资源多的特征人群（比如农民工的文化水平、职业、收入等资源不如城市居民多，因而社会地位也不如后者高）。当遇到合适的条件，小范围互动形成的地位信念便会进一步扩展。最初价值无涉的普通特征，也随即成为新的地位特征，获得了地位区分的意义。

但"珍贵的资源"并不一定总是可交换的物质财富，人们也不总是根据资源的分配状况来形成地位期望。海瑟姆和韦伯斯特提出，荣誉、独享的准入资格等象征性精神财富，以及互动行为模式也可以成为地位建构的要素，还用实验室实验验证了此观点。[2] 因为与地位建构论最初论证的"资源占有量的差距导致地位分化"的逻辑相反，这种模式主张，通过为弱势群体分配一些标志较高地位声望的回报来改变社会对他们的地位期望，所以又被称为

---

❶ RIDGEWAY C L. The social construction of status value: Gender and other nominal characteristics [J]. Social Forces, 1991, 70 (2): 367-386.

❷ WEBSTER M, HYSOM S J. Creating Status Characteristics [J]. American Sociological Review, 1998, 63 (3): 351-378.

HYSOM S. Status valued goal objects and performance expectations [J]. Social Forces, 2009, 87 (3): 1623-1648.

"反向地位建构"。

反向地位建构的核心策略其实是将一些能标志地位高低，又不可交换的精神象征物（如荣誉称号、资格证书、某些高层次活动的独有准入资格等）作为社会回报分配给某类人，把这类人原本禀赋的特征建构成决定个体/群体权力声望的地位特征。基于这种思路，如果可以通过制度性的手段赋予建筑业农民工代表优势地位的身份特征，则他们弱势地位的合法性便容易动摇。

城市人身份的缺失往往被认为是其一切悲惨遭遇的根源。近年来，中、东部农民工较为集中的地区，正不断推出各种措施，循序渐进地开展农民工户籍改革。这固然很令人欣喜，但需要注意公民身份、工人身份并非是优势地位的特征，只是争取平等权利的条件罢了。真正代表优势地位的身份特征有很多，比如象征地位的荣誉。但我们基本没有给予农民工对其地位提升有价值的精神性报酬。目前大多数城市虽然有"农民工劳动模范"称号的评选活动，表面上似乎是一项殊荣，而且也普遍附带比较"优厚"的奖励，但被评上的人往往是已经功成名就，也根本不再或者原本就不曾处于弱势地位的老板和管理者，很少有真正奋斗在生产一线的农民工。更关键的是，这个奖项限定在农民工群体内部，已经失去了社会地位区分的价值。普通工人即便是评上了这种劳动模范，在普通市民的眼中，仍旧是农民工，依然承受着污名。换句话说，它并不是一个在社会上比较珍贵的资源，甚至在市民的眼中一文不值。只有建立那种全体社会成员都比较向往的精神回报，才能建构出真正提升农民工地位的身份特征。在这方面，我们仍需探索。

让打工者有机会拥有，并展示一技之长也是他们赢得自信与尊严，扭转城市人偏见的有效方法。一方面，对于新生代农民工群体应给予适当的培训和职业教育。如何在城市立足是新生代农民工不可回避的问题。他们与老一辈打工者的追求截然不同，他们选择城市是要在城市创业扎根。而要在城市立住脚，必须有一技之长。这也是新生代农民工普遍认同的道理。有关专家表示，未经培训的农民工只是"半成品"，合格的蓝领则是"成品"，要将"半成品"培训成"成品"的过程，相关部门应提供多元化服务。一旦成为合格的蓝领，工人的社会地位也必将大大提升。另一方面，除了工作技能，文艺等其他方面的爱好与特长，不仅可以陶冶工人自身的精神，也能令他人刮目相看。这方面比较成功的例子，比如北京工友之家主办的"新工人杯"文化艺术大奖赛。他们长期关注工友文化的创造与建立，以"鼓励工人参与文艺创作，倡导劳动价值尊重"为宗旨，面向全国工友征集反映工友文化与生活的原创作品，在反映工人心声、展现农民工精神文化方面起到表率作用。

2013 年的比赛通过网络宣传等的推荐，收到投稿作品总计 700 余篇，包括文学、歌曲、影像、语言类表演、创新文化活动 5 大领域。评委结合作品的主题性、思想性、原创性、艺术性和影响力，最终评选出年度奖 8 名，优秀奖20 名，入围奖 50 名。工友之家的总干事孙恒认为，"积极健康的精神文化需要从真实的劳动、工作、生活和体验中来，工人的文化不仅帮助工人找到真正的自己，还帮助他们回到一个真实的世界。"

二、提升地位期望

去合法化的关键在于，让包括建筑装饰业打工者在内的所有人（或者至少是绝大多数人）感到这类人归属于农民工群体，并且他们作为一个共同体，在社会上具有独特、不可或缺的价值，理应享有与其他群体平等的权利。

要达到传播平等理念的目的，首先得提高该群体成员的地位期望，让他们感受到自我价值，认识到自己拥有捍卫自身应得权益的潜在能量。利用参照行动者的示范作用来引导建筑装饰务工者对内群成员的积极认知与评价，进而推人及己，形成较高的自我评价，就是行之有效的方法之一。一个人的自我评价高，便不会轻易认可因资源占据多寡的客观情况而形成的地位。在这样人的眼中，地位合法性就不容易达成。

（一）主流媒体的作用

提高建筑装饰工人的地位期望少不了媒体的宣传作用。建筑行业务工者当中，在普通岗位上勤奋钻研的工友，在职业发展道路上拼搏开拓的前辈，在维权道路上不畏险阻的斗士等正面形象，都不失为这些农民工的参照行动者。将他们当作榜样大力宣传，不仅能提高农民工自身的地位期望，而且也有助于改变外群成员对该群体的声望预期和刻板印象。

宣传榜样人物的同时要防止普通的农民工将自己与那些参照行动者区分开来，形成"我跟他不是一类人，做不到他那样"的体验。所以还必须在"树立成功典型"之外，通过权威话语给予刚刚萌芽的积极自我评价一定的支持。外群他者关于某个体/群体绩效表现的判断和预期，对此群体成员自身的地位期望和地位等级的形成具有重要意义。他人的期望（又被称为"次级期望"，Secondary Expectation），可以发挥类似地位特征的信息作用，影响个体实际的地位处境。这种影响力的大小，则取决于做出判断和预期的他者所处的社会地位高低。❶ 声明自己对建筑装饰工人持正面、积极预期的人地位越高，他的言辞取向对这些农民工实际地位期望的影响就越大。所以如果我们能让那些为老百姓信服的权威，公开表达自己对建筑装饰业农民工的积极评价和友好判断，那么工人的自信心、积极的自我认知和地位期望就会得到极大的巩固和提升。而传递此类信息的最好中介显然是权威性的主流媒体。

目前传统的主流媒体，如电视、报纸等，还缺乏对农民工的肯定评价和支持话语，更没有给农民工提供说话的资格。媒体中的大多数内容只是出于迎合政策和吸引受众关注的目的，被动报道一些农民工参与的事件，或者主动挖掘一些与这一群体相关的负面信息。报道的主题（比如，《新工人犯罪"90 后"居多亟待建防控体系》、《新工人犯罪多为暴力型侵财型》、《收入差距大导致心理失衡新工人犯罪上升》、《新工人犯罪冲动多因心理压抑》……）多集中在政策导向、就业与社会服务、欠薪讨薪、极端事件方面，一方面把农民工放在一个被援助、帮助的位置，另一方面又很少真正关注农民工生活、发展、心理状况。弱势群体更被以文化水平低为理由而减少了话语权。他们广泛接触和内化的都是媒体戴着有色眼镜对自己形象过滤后的叙述呈现。但情况正在日益好转。

（二）互联网的优势

"文明的进步在于对待弱者的态度，社会的真实源自底层的声音。"❷ 当下社会弱势群体影响社会舆论和公共政策的能力十分弱小。❸ 在这种情况下，网络日渐成为弱势群体发声的主要阵地。农民工组合"旭日阳刚"的火爆流行，让我们见识了弱势群体自我表达的强烈渴望。"追捧'旭日阳刚'不仅是农民工群体的自我认同和自我实现，也是他们对主要媒体做出的挑战。❹ 对网络这个相对自由的发声舞台，应采取尽量宽容的态度，尤其注意引导和鼓励建筑业农民工参与进来，让他们至少有机会看到这里的"景象"。

目前以服务农民工为主旨的网络资源中，有少量是官方形式的，如中华总工会网上的农民工主页，中国建筑企业网的农民工主页，中国建筑业协会网站等。在农民工中特别有影响力的大部分是由民间公益组织创建，如北京

❶ WEBSTER M, WHITMEYER J M, RASHOTTE L S. Status claims, performance expectations, and inequality in groups [J]. Social Science Research, 2004, 33：724-745.

❷ 冯世锋. 广州廖冰兄基金顾问, http：//news. cn. yahoo. com/ypen/20111122/713177 _ 3. html.

❸ 孙立平. 20 世纪 90 年代中期以来中国社会的结构演变 [J]. 转型与发展, 2005（1）：251.

❹ 苏熠慧. 底层群体的失语与发声 [J]. 社会学家茶座, 2011, 39（2）：13-16.

同心互惠科贸公司（社会企业）主办的"新工人网"，北京清大燕园网络科技有限公司投资创办的"民工网"，由一批关注外来工状况改善的人士建立的"城边村网站"，号称新工人精神文化家园的"大声唱网站"，专门针对建筑农民工的"北京一砖一瓦文化发展中心"的网站等。这些网络服务媒体大都以"务实的态度，倡导以劳动者为主体的公平、正义、公益的社会发展"为宗旨，希望"通过网站提供的信息服务和交流互动平台，解决打工者实际问题，丰富打工者文化生活，倡导社会尊重劳动价值，改善外来工群体生存境况"；"通过发动志愿者资源，建立一个为外来工提供文化生活、权益维护、工作、健康、就业等多个方面有用信息"。也只有在这样的媒体上，才会出现更加平等、更有利于打工者提高自身地位期望的言论。

资料❶：

打工者与大学生没有天然的就业界河

南京市安德门招工市场从大年初七开门，求职者是一天比一天多，其中不乏背着包拿着简历的大学生。记者从该市场大学生就业窗口了解到，开门5天已经有100多名大学生到此来登记求职，而其中一位南师生物学专业的硕士研究生，选中一个策划编辑岗位，月薪3000元。（2月12日《南京晨报》）

大学生纷纷涌向招工市场，至少说明了两点，一是大学生求职不易，二是打工者劳动力市场仍有就业机会。有需有供，劳动力市场的这种变化本不奇怪，但是当大学生与打工者这两种过去无法相提并论的身份放到一起时，总会"擦"出令人产生许多遐想的火花。令人费解的是，有人总是惊叹那些有技术的打工者报酬屡创新高，却不愿接受大学生跻身传统打工者职业的现实。

我们必须面对身边正在改变的事实。近年来，"劳工荒"现象已从沿海蔓延到内陆省份，连过去的劳务输出大省也未能幸免。过去找工作得托关系的打工者，现在反倒成了"香饽饽"。相比之下，大学扩招之前，虽然包分配的"铁饭碗"被砸烂，一段时间内的就业报酬还很可观。然而，随着大学扩招后的疯狂发展，大学毕业生的就业问题愈发突出为社会的焦点，这充分表明人力资源市场无法消

------

❶ 禾刀. 打工者与大学生没有天然的就业界河［EB/OL］.（2014-2-13）. 新工人网，http://www.xingongren21.com/show_16127.htm.

化这么多的高知人才。尽管就业困难重重，大学教育并未"悬崖勒马"，有的大学甚至通过逼着学生签订就业协议的方式，营造高就业率的假象。

在一些人的印象中，打工者就是学历低、薪资低、肯吃苦、不怕脏的"铁打金身"，无法接受打工者传统所从事职业的改变。其实，打工者从来都不是一个不容改变的刻板定义。近年来，由于木工等技术工种需求旺盛，打工者报酬也频创"天价"，甚至超出不少白领的收入。还有，打工者学历水平也在悄然发生变化。另一方面，面对僧多粥少，大学生传统就业行业尽管薪资一再拉低，仍免不了许多人会被挤出来。要么啃老，要么放下身价就业，这是摆在许多大学生面前的"二元"选择。

打工者与大学生的职业取向没有天然的界河，就业只有市场，只有合适与不合适，没有打工者与大学生之分，没有必要对应身份人为划出一条硬杠杠。没有哪一种职业天生就属于哪一类人，也没有哪一类人就天生只能做哪些工作，打工者从来不应是一些职业的唯一标签。事实上，相较于打工者，受多年教育的大学生理论水平虽然相对较高，但在实践和技术方面往往存在不足，这也是当前高校教育重知轻能的短板。

农民工真正需要的是一个平等的环境。媒体的身份之一是引导者，它应逐步引导农民工转变思想、生活方式，使其能尽快成为城市的一分子，而不是刻板化地将其放在一个弱势群体的位置。更何况，"中国的弱势群体其实并不弱"，他们是在市场转型背景下由于种种社会的原因而处于弱势，并遭受制度性歧视。❶ 许多人一提到打工者，脑海里就浮现出了一副蓬头垢面、手拿劳动工具的形象。其实对于 80 后、90 后的工人而言，他们和生活在城市里的每一个年轻人基本相似，他们也上过学，他们也喜欢各种各样时尚的事物，他们同样也能玩转最新最潮的智能手机，更重要的是，他们也有梦想，他们的梦想和城市里的同龄人并没有太大的不同，但是城乡基本公共服务的不均衡、不平等，让他们距离自己的梦想更遥远，到达理想的彼岸更艰难。农民工原本是农村社会中最开放、最积极、最具变革精神和文化程度最高的一群人，

---

❶ 没有户口，只能从事一些体力劳动，不享受福利、不能念书、居住条件差，要取得居住和工作的资格还要额外付出费用。孙立平. 20 世纪 90 年代中期以来中国社会的结构演变 [J]. 转型与发展，2005（1）：267.

然而，目前很多媒体中的农民工通常只以弱势群体的身份出现，很难看到其作为"劳动者"的形象。因而在大众宣传方面，我们确应开拓更多途径允许和鼓励农民工表达自己的心声。

（三）其他媒体

除了互联网，专门针对建筑业农民工的小范围宣传方式也可以发挥不小的作用。"北京行在人间文化发展中心"给建筑工地的工人们办了一份小报，将中国当下的重大劳工新闻和劳工政策，其他建筑工人成功讨薪维权案例以及劳动合同、工伤鉴定等最基础的法律知识都囊括在内。这份内容丰富的读物在工地颇受欢迎，且切实提升了工友的法律意识、维权意识。

"打工春晚"是北京外来打工者自发举办的联欢活动。2014 打工春晚以劳动者为主体，以倡导传播劳动文化，尊重劳动价值为主旨，已经成为新一代工人群体的一个重要文化品牌活动。中国社科院卜卫教授长期关注和研究工人文化，她认为："由北京工友之家搭起的这个平台越来越有工人的主体性。首先它会倡导劳动价值……。第二点就是它是追求社会的公平和正义……。在直面生活的基础上做到一种团结，凝聚一种力量去推动社会改变。如果说第一届我们还是自说自话，那么第二届我们已经有一个平台要与社会做一个交流。那么第三届我们这个主体意识越来越强。我们的这个过程已经成为构建工人文化主体性的一个过程，也变成了一个<u>型塑</u>工人文化的过程。"

这场没有高科技舞台、没有贺电也没有明星的晚会，已经成功举办了三个年头。前两届打工春晚的成功举办使得立足劳动者群体的"打工晚会"获得了全国工友们的好评，也得到社会各界的关注与支持，对社会产生了广泛而积极的影响。经过北京工友之家、农林卫视及朝阳区文化馆三家主办方的精心筹备，2014 打工春晚于 1 月 12 日在北京市朝阳区文化馆 TNT 小剧场内热烈上演。演出由知名媒体人杨锦麟先生，同心实验学校沈金花校长以及农林卫视主持人联袂主持。晚会节目于大年初一晚上通过农林卫视面向全国电视播出，腾讯视频、优酷和爱奇艺也同步网络播出。

2014 打工春晚是劳动者专属的舞台，是新工人的文化盛宴。晚会在赞美劳动价值的《劳动者赞歌》激扬的音乐声与同心实验学校的孩子们欢快的舞蹈中开场，唱响马年打工春晚。春晚的节目是从全国各地工友们的应征节目中选拔精选而来，从不同的角度展现着劳动者的风采、打工者的真实体验和劳动者的真切思考。2014 打工春晚是迄今为止唯一一台全国性的由基层劳动者自编、自导和自演的春节联欢晚会；草根歌手、草根导演、草根节目，由草根集合而成的原生态质朴真挚的表达呼唤社会更多的关心和关注，成就着人们关于新春最温暖的记忆。晚会的圆满举行，为全天下打工者在寒冷的冬日送上最暖心的祝福。❶

增强建筑业农民工的群体认同、唤醒他们的权利意识，还要让他们感受到自身的价值和相比外群的优越性。鉴于这些工人既有的污名身份，找到合适的途径帮助其克服自我污名显得尤为关键。减少污名的策略大体分为个体内（赋权、咨询、治疗、认知行为疗法、自助）、个体间（支持、家庭治疗）、组织机构（训练项目）、社区（教育、接触、宣传）、政府/结构（法律政策）等几个层次。❷ 因为污名是一种社会建构物，所以削减污名作用的过程需要多方面力量的积极配合。应用群体干预策略，多组织建筑农民工内部和建筑农民工与城市居民之间的活动，鼓励工人参加有意义的交流互动，发展出积极的自我图像，可以有效降低他们的自我污名程度。期望状态论认为，互动行为模式是决定地位期望的重要因素。提高工人们的自我评价，使其建立积极自我概念，他们才能在与优势地位外群成员的日常互动中表现出更自信的姿态，获得他人的尊重，反过来进一步提高自己的地位期望。这也是一种理念的传播。

三、寻求政策支持

积极且完满的自我认同建立在主体之间相互承认的基础上。一个群体的成员若长期遭到外群施加的污名与排斥，得不到他人的承认（nonrecognition）、甚至被错误地承认（misrecognition），则必然会努力争取改变自身在他人心目中的印象。❸ 建筑农民工，为获得他人本真性承认而努力的过程，与他们权利意识觉醒，平等观念日益形成的过程，必然是一致的。因而，在这方面，国家应给予适当的政策支持。

---

❶ 打工春晚：新工人的文化盛宴 [EB/OL]. (2014-01-28). 腾讯网, http://www.xingongren21.com/show_16065.htm.

❷ HEIJNDERS M, VAN DER MEIJ S. The fight against stigma: an overview of stigma-reduction strategies and interventions [J]. Psychology, Health and Medicine (Special Issue: Perspectives on Health-Related Stigma), 2006, 11 (3): 353-363.

❸ 霍耐特. 为承认而斗争 [M]. 胡继华, 译. 上海：上海人民出版社, 2005: 72-74.

首先，要得到他人承认，他们自身应先建构一种共同体意识，一种群体认同。但要注意，认同自己是农民工还远不够准确。因为如果把"农民工"当做一种社会类别不断强化，那么这部分人便总会被感知为一个特殊的群体、持有一种特殊的身份，进而催生专门针对他们的特殊制度设置。只有把自己视为城市发展不可少的一分子，他们才能获得社会更多的认可。

消弭原有城乡二元户籍身份的差别是逐渐树立和加强农民工权利意识的必要条件。新生代农民工与父辈相比，更渴望成为城市一员。他们无疑是盼望拥有平等的权利、平等的保障。很多工人都有这么一种想法：缩短和城市的距离，过上城里人的日子。相当多的新生代农民工都不熟悉农活，比起"面朝黄土背朝天"的父辈而言，他们并不把城市当作"中转站"，也不把自己当作城市的"过客"，而是渴望留在城市，获得"同城待遇"。"因为没有户口，我们不能申请限价房、经济适用房，只能租房住，甚至不知道孩子今后考高中、上大学该怎么申报？"在城乡二元结构的背景下，依附于城市户籍上的各种福利待遇，犹如一道道"隐形"的壁垒，将大量农民工的实际需要阻隔在城市之外。可以说，户籍改革，给农民工一个"名分"既是解决农民工"同城待遇"的一个难点，更是一个重点。❶ 户籍身份的转变将是扭转建筑业农民工当前弱势处境的重要对策之一。

我们知道农村进城务工人员之所以被称为"农民工"，是因为这些人属农村户籍，不具有在城市居住的合法资格。改革开放前，农村人口和城市人口生活在不同的地域，分处两种身份的矛盾并未显得很激烈。改革开放后，大批农村人口，尤其是青壮年劳动力流入城市，不仅与城市人共同居住在城市空间，而且参与城市经济生活，"农民工"的身份定位问题日益突显出来。最终，农民工成为公认的弱势群体，凡与农民工相关的职业，其声望总是很低。❷ 农民工在城市工作和生活的身份一直得不到正式制度的承认，又始终遭遇强势群体的白眼，这使得他们对城市的认同感极低。在兰州大学的一份调查中，有76.6%的农民工认为自己仍然是农民；有10.2%的人认为自己一半是城里人，一半是农民；还有10.3%的人说不清自己目前的身份；在4.67%名已在城镇购房的被调查者中，只有2.8%的人认为自己成了城里的"新市民"。❸ 他们对自己身份的迷茫主要源自户籍身份与职业类型、居住空间的错

---

❶ 两会聚焦，农民工同城待遇从户籍破冰开始 [J]. 农村农业农民：上半月，2010 (3).

❷ 李春玲. 断裂与碎片——当代中国社会阶层分化实证分析 [M]. 北京：社会科学文献出版社，2005：609-611.

❸ 康劲. 仅2.8%的进城农民工认同自己是"新市民"[N]. 工人日报，2009-12-28.

位。❶ 很多研究开始着力关注农民工的城市融入。任远、邬民乐总结大量针对农民工城市融入现状与问题的讨论后指出，社会资本、教育、培训、工作经历、户籍以及与户口相关的社会福利制度等都是影响流动人口发展与融合的重要因素，户籍及相关制度对融合状况的作用尤为根本，而流动人口在劳动力市场的地位和处境，既是他们社会融合状况的表现，又是影响其融合能力的重要因素。❷ 但现实情况是，由于户籍制度的限制，农民工的向上流动无论是通过职业渠道、经济渠道，还是通过政治渠道、教育渠道，甚至婚姻渠道，都遇到了不小的阻碍，并且在教育、就业、分配、福利等多方面遭遇困境。

其实要想真正让农民工融入城市社会，关键在于改变社会环境，给农民工合法的资格去平等享有市民待遇。政府应在就业、培训、社会保障、子女入学等方面，扫除农民工融入城市的障碍。但当城市政府尚未把农村来的劳动力看作城市发展不可或缺的组成部分时，抑制甚至歧视政策就很难根本改变。❸ 凭着某种情绪或求助于道义性诠释，并无助于选择正确的、恰当的政策框架。如果想要把政策和管理手段建立在各地、各政府都具有相同激励的基础上，首先需要的是解释农村劳动力迁移对于农村迁出地、城市迁入地和更宏观层次上的真实政策收益和政策成本。❹ 最近已经有地方政府进行了户籍制度改革的大胆试验。❺ 虽然革新必然经历艰难险阻，但这一举措至少象征着在户籍改革方面前进的一小步。如前所述，只有在正式制度上赋予农民工平等地位，反向地位建构的过程才能真正启动。

另外，建筑行业农民工作为建筑工人的身份也亟需得到明确肯定。这主要依靠行业制度的规范。在建筑业普遍实行劳动分包体制的背景下，企业与工人之间很少签订正式的合同，农民工无法证明自己与企业间的劳动关系，因而很多合法权益无法得到有效保护。以这一行业涉及较多的工伤保险为例。虽然国家在 2003 年和 2004 年相继出台了《工伤保险条例》和《关于农民工参加工伤保险有关问题的通知》，明确规定各类企业、有雇工的个体工商户都应当依照条例规定参加工伤保险，为本单位全部职工或者雇工缴纳工伤保险费，并明确强调各级劳动保障部门必须高度重视农民工工伤保险权益的维护。

❶ 李强. 社会学的"剥夺理论"与我国农民工问题 [J]. 学术界，2004（4）：7-23.

❷ 任远，邬民乐. 城市流动人口的社会融合：文献述评 [J]. 人口研究，2006（3）：87.

❸ 蔡昉. 中国流动人口问题 [M]. 北京：社会科学文献出版社，2007：144.

❹ 蔡昉. 中国流动人口问题 [M]. 北京：社会科学文献出版社，2007：11.

❺ 2011 年下半年，安徽铜陵市率先尝试取消传统的户籍制度，把所有在该城市居住生活的人统称为"居民"。不仅从名称上取消城市人、乡下人的区分，而且为农业人口和流动人口提供与城镇居民同等的公共服务和社会福利，根本破除城乡居民身份差异。

但因为建筑业农民工与企业之间不存在正式确定的雇佣关系，所以即使出现工伤事故，企业也很容易逃脱法律责任的约束。当遇到突发事故，普遍默认的处理惯例就是企业赔付伤亡工人或家属一笔抚恤金。具体数额往往是双方议价的结果。企业给得多，工人便认其为"恩惠"，给得少便是"没有良心"。无论什么样的结果，工人其实都是以弱者的姿态出现。除了突发的工伤事故，建筑工地上的工人还越来越多地受恶劣工作环境的侵害。他们整天置身水泥、石膏板和木屑等建筑材料形成的粉尘密集空间里，呼吸着各种油漆、粘贴涂料形成的有毒气体，却连最基本的防护措施都没有。很多工人感叹："老家的人能活 80 岁呀，我们也就活 60 岁。"虽然他们知道这样的工作对身体有害，明白一旦受伤没有保障，但仍旧坚持做下去。因为这是他们重要的谋生手段。而要改变工人的弱势地位，比较有效的方式就是通过制度法规确立他们合法的工人身份。

目前建筑业的农民工群体急需强化其建筑工人身份的认同。他们要能感到并明确说出彼此间有一种共同利益，且此利益与其他群体的利益是不同的（甚至常常对立）。虽然不管农民工在建筑行业从事哪一工种，其工作内容、劳作环境和待遇水平都有很多相似之处。他们肯定是有共同的经历和经验的。但如何解释这些经验才真正对群体实体性的增强起着关键作用。

建筑业农民工对打工经历、社会经验的理解受经济结构和社会文化的双重影响。就目前的情况来看，他们的权利观念还比较淡漠，意识不到自己与周围的工友有多少共同利益，也不愿意积极争取集体的利益、保护自己的权益。

四、结论与余论

过去 30 多年中，国家的经济建设取得了巨大成就，但是与快速经济发展相伴随，贫富差距也迅速拉大，社会地位群体之间的联系甚至发生"断裂"。曾有经济学研究指出，社会财富过度集中于少数人，则该社会便处于容易发生动乱的"危险"状态（比如国际上常用的基尼系数"警戒线"指标）。然而，另一些研究却在中国发现截然相反的情况：人们尽管不满意当前社会现状并对此多有批评，但总体上对资源分配模式和向上流动机会持乐观态度；处于弱势的农民和农民工对社会不平等的态度反而比城市居民和其他优势地位群体温和许多。

如果建筑装饰业农民工作为弱势群体的认同条件已经能够达到，失衡的程度也足以引发动荡，那么在此地位体系中处于不利境况，因而失去许多应得权利的农民工为什么会认可自己的弱势地位，接受，甚至支持这种于己不利的地位关系呢？本书旨在从社会心理视角，通过该群体成员自身的心理体验，来回答这个问题。

（一）结　论

地位合法性指的是群际地位关系及相关规则被身处其中的人认可，并得到大多数社会成员赞同的这一主观现象。具有某种地位特征的个体/群体，了解他人对自己的地位期待，并与此期望相一致地，认可自身在地位体系中占据的位置，愿意遵从相关地位规范，我们就可以说这个群体的地位获得了合法性。

建筑装饰业进城务工人员贫穷、少权、受歧视。从经济收入、政治权力、社会声望任何角度衡量，他们都是城市里的弱势群体。大部分务工人员也承认自己的弱势地位，并默默承受由其带来的污名和种种歧视性对待。他们的弱势地位成为内群成员和外群他者的共识。从这个意义上说，建筑装饰业农民工的社会地位是具有合法性的。

然而有必要说明的是，合法性的个体层面含义（即内群成员认可这一内容），其实蕴含着具有微妙区别的两种心理状态：一是内群成员发自内心地赞同地位关系的正义性与合理性；二是内群成员在心底并不认为既定地位等级安排是正义的，但仍旧愿意，或者觉得自己应该遵从与之相应的角色规范。

以建筑装饰工人为例。以往研究多以城市适应为核心关注点，讨论他们的自我认同问题。在第一种心理状态的农民工那里，地位合法性不仅反映了他们对自身地位的认可，而且表明他们对群际关系状况的接受、对现存社会地位体系的内化。然而，默默质疑现有社会分层合理性的第二种心理状态的农民工肯定也大有人在。有的工人朦朦胧胧感觉社会成员间的关系应该是平等的，大家应该彼此尊重，但同时更承认对方是老板，掌握自己所需的生活资本，有权支配自己的行为。因而当对方下达命令时，仍会毫不犹豫地服从照办。少数精英会竭力追求，证明自己除农民工身份之外的建筑工人资格。但后一身份群体的实体性还比较低，不仅尚未获得制度和外群他者的普遍承认，更没有得到内群成员的广泛认同。因而这种身份地位不具有合法性。无论真心承认，抑或被动认可，都是合法性在个体层次上的体现。

另外，地位合法性的群内和群际意涵是可以互相促进、转化的。群体地位得到外部因素的支持而具有效力，会增强行为准则的指导作用，甚至在个体内心建立起相应的行为准则。反之，当大家都按照与自身角色、地位相符的规范行事，群际互动的效力也无疑会更加强大。

建筑装饰业农民工处在不利的弱势地位，根本无法从现有分层体系中获益，甚至在其中受害，但他们仍能接受此种地位安排的合法性。共识派观点认为，这是因为群际地位关系已具有规范性。冲突派观点则认为，合法化的原因是弱势群体受强势群体操控的主流意识形态影响，被"虚假意识"❶ 蒙骗而意识不到自身利益受损的现实。然而这两种思路都不尽全面。共识观点讨论的是内在行为准则的形成原理，冲突观点则指出了地位体系的效力最终得以确立的社会心理机制。它们各自说明的其实都只是合法化的一部分原因。将二者结合起来才可以给当前建筑装饰业农民工弱势地位合法化一个较为完整的解释。

传统正义观念和表面符合当代正义原则的劳动过程，主要为个体层面的地位合法性提供了基础。也就是说，由于传统的正义观念和劳动过程中符合现代正义原则的很多因素，工人们愿意承认自己所处弱势地位的合理性，并按照相应规范行事。人们在评判社会声望地位的安排是否公正合理时，总要参照一定的标准。中国乡村的公平观具有三个主要的特征："和为贵"是核心公平原则；公平嵌入在社会关系原则之中，而具有情境性；必须从情理法多个层面综合地分析与考量事件公平性。❷ 在农村长大的务工者来到城市以后，传统社会关于脑体分工的等级观念，对长幼有序、亲疏有别的关系网络的重视，以及对正确履行自己角色义务、仗"义"行事原则的恪守，仍影响着他们对事物正当性的判断。这些思想力量嵌入关系霸权主导的建筑工地管理运作中，使工人在相当程度上固守乡土社会的互动规则，并在此基础上构建对自己地位处境的认知。

然而，传统正义观伴随大批务工者移入城市后，也在一些方面发生了价值上的断裂。这突出表现在"理"、"法"维度的重要性越来越高于"情"的维度，以及与之类似的，公平受社会关系的牵绊也越来越少。虽然在一些特定的场合下，工人们仍会考虑到与工头、工长甚至与公司、经理的个人关系和"交情"而在个人利益方面做出让步，但大多时候他们都更坚持雇佣、薪酬、奖惩等运作模式应符合公平、平等、程序公认的标准。当劳动过程按照这些现代社会公认的公正原则展开，后者所蕴含的合法性才能使工人们对自

❶ JOST J T. Negative illusions: conceptual clarification and psychological evidence concerning false consciousness [J]. Political Psychology, 1995, 16: 397-424.

❷ 王汉生，王迪. 农村民间纠纷调解中的公平建构与公平逻辑 [J]. 社会，2012 (2): 171-198.

己参与的整个劳动模式形成认同，并认可在劳动过程中形成与体现的地位秩序。

群体层面的地位合法性则主要透过外在规范力量（即所谓"镜像"）达成。国家制度法规和社会主流话语具有合法的权威性。因而户籍身份和媒体报道中隐含的，对进城务工人员的消极看法，就成为工人们确认自身弱势地位的合理参照信息。而他们在与城市人、管理者的有限交往中形成的，对彼此地位关系的认知，更促使其将自己限定在弱势、低下的位置。这些外在规范力量（制度规范和互动中形成的共识性地位信念），赋予地位关系以效力，使之获得了合法性。

当建筑装饰工人拿自己跟城市普通工薪族、大学生、其他弱势群体、城市人比较，发现本群体分别在薪酬、技术、见识、相对低的劳动强度以及更接近自然的生存环境上优越于其他群体，便获得了作为建筑装饰业农民工独有的自豪感。这固然有助于他们承认自己在社会分层结构中的不利位置。然而，高收入、稀缺的职业技能、见多识广和健康的生活环境并不是决定地位高低的核心标准。财富、权力、声望三个地位衡量标准中，他们在任何维度都丝毫不占优势。他们收入高，是用高强度的重体力劳动换来的；他们所掌握的职业技能往往是与枯燥、辛苦的工作和高污染的工作环境相伴随；见过世面更是相对于毫无竞争性的最弱势群体而言；而天然的居住环境也通常是落后与衰败的代名词，并且他们其实也只是在每年过年回家时才能短暂享受。所以他们自认为的优越性并不能得到社会的认可，外群成员也不会羡慕他们的特殊待遇。因而，他们的自尊与其说来源于群际比较优势，毋宁说是该行业农民工群体内部形成的，用以支撑维护成员自尊的亚文化。

建筑装饰工人处于分层体系末端的劣势地位被合法化，给他们的心理和行为带来了多方面的影响。它钝化了该群体成员面对不公平事件时在认知、情感、行为方面的敏感性。作为弱势群体成员，建筑装饰业农民工经常对自己理应享有的很多权益茫然无知。在地位关系合法化的社会系统中，他们即使面对甚至亲身卷入不公平事件，也很少将短暂的愤怒转化为怨恨，只会感叹命运，形成知足常乐的处世态度。建筑装饰工人受到各种形式的不公待遇，但只有在忍无可忍时，才会选择制度化或非制度化的方式去抗争。

地位合法化还导致了建筑业农民工的高自我污名和低社会认同。自我污名损害个体自尊，降低其自我效能感。消极的社会认同和群体内部零碎的社会关系，则降低了群体的凝聚力。工人们往往选择个体化的流动策略，希望通过社会认可的途径尽快脱离这个污名群体，提升自己的社会地位，而不去关注整个群体的利益。

地位合法化是地位期望形成、发展，最终固化为地位信念的结果。鉴于合法性的建构特点，本书尝试提出三种思路来降低或削弱建筑装饰业农民工弱势地位境遇在人们心目中的合法性。

引入建筑装饰业农民工占据优势状态的地位特征（比如反差敏感判断的能力强），用新的地位判断信息干扰最初的期望形成过程，人们对该群体消极的地位预期便很难固化为持久的地位信念。开发一些真正为大多数社会成员梦寐以求的荣誉或稀缺的社会机会等精神性鼓励，授予这些农民工。这相当于主动建构一种建筑装饰业农民工占据优势的地位特征，为其地位评判增加新的参考标准。

提升地位期望也有利于原有地位合法性的消解。通过主流媒体的话语影响力动员鼓励该行业农民工意识到，并主动争取自己的合法权益，同时在制度上给予切实支持，可以有效地干扰消极地位期望的固化环节。互联网和其他一些民间的宣传途径也越来越显露出巨大的感召力。

所有这些努力的最终目标都是，令建筑业农民工逐步提高对本群体认同，清醒意识自己应得的权利，并持续不断地为更好的生活而努力。

（二）余 论

建筑装饰业农民工弱势地位的合法性在很大程度上是由该行业特有的劳动关系特点导致的。当一个完整的大工程被层层分解到最基层的若干个小包工头手中，企业就可以根据工程的需要，随时调整工人数量，工人也可以在干完（有时甚至没有干完）一个工程之后，很快转移到另外的工地或跟随其他老板。农民工不是企业的固定工人，没有严格的出勤规则限制，劳动报酬完全按照出工量来计算。于是，工人便认为这种灵活的用工制度很"自由"、也很"民主"。他们只注重随来随干，完工或不满意即走的自由；追求不停变动工作地点，也不断有活儿干的充实；坚信"人挪活，树挪死"的道理，认为跟着不同的老板干才能不断提升身价。殊不知，这种自由是有代价的。建筑工人本已处在"双重从属"和"双重异化"的状态。工人看不清根本性的劳动关系，很容易就接受了自己的弱势地位。

资料❶：

包工头真的是工资拖欠的罪恶源头吗？如果没有了"黑心"包工头，工资拖欠问题还会存在吗？我们的回答是，包工头既不是唯一的源头，也绝不是最重要的，即使没有了卷款潜逃的包工头，工资拖欠问题也还会存在。诚然，包工头在工资的发放环节至关重要。但是，建筑工人能不能顺利拿到工资，关键不是看包工头会不会克扣工资，而是看他能不能垫付得起。带工 10 多年的河北包工头王某讲到："俺这南楼，有人（另一个包工头）领 10 多个人在那儿干，干了一季，就不干了，发不了工资。他那是过了麦去的，等到过秋了发不了工资啦。他垫不起，（需要垫）好几万。像我这个，你弄两班人的话，现在人少，一季都（需要垫）3 万；领一班的话，就是六七万块钱，这一季我也有点困难。"很多情况下，包工头自己也是一个工资和利润被拖欠的对象。王某在地方市政上干了 10 多年后，几乎每个项目部都有他未能追回的欠款。更进一步的，一位四川的带工师傅形容说，建筑业是一个"1 亿拉动 10 亿"的行业。对于一个造价 10 亿的项目而言，开发商只需投入最初的 1 亿资金，后面的 9 亿资金就可以由各级建筑公司、劳务公司、大包工头、小包工头逐级垫付。换句话说，一个建筑项目启动与实施的过程，就是一个资本逐级卷入的过程。

当我们询问一位从业多年的项目经理为什么不取消包工制度时，他从资本运作的角度回答说，"包工头不能取消，因为包工头作为建筑公司与工人之间的缓冲地带十分重要。"所谓"缓冲地带"，主要作用如下：首先，包工头作为直接与工人打交道的"老板"，常常在工资拖欠时扮演着减压阀的作用。建筑工人通常在工作结束后将工资的领取权交给包工头。这就避免了单个公司与大规模工人之间的直接交涉，将一对多的支付关系逐级分解，化整为零，大大削减了大规模劳工联合抗争的风险；另一方面将劳资关系融合在熟人关系中，在情面和信任的双重作用下，进一步削减了工人反抗的可能性。其次，包工头作为工人追讨工资的直接对象，经常背负着"黑心老

---

❶ 潘毅，卢晖临，张慧鹏. 大工地——建筑业农民工的生产图景［M］，北京大学出版社，2012：100-113.

板"的罪名，成为上级建筑或承包公司在道德败坏方面的替罪羔羊。
2008 年 6 月麦收前夕，当包工头杨某无法按时支付给工人工资时，
即使在工人已经了解到总承包公司拖欠杨某工程款的情况下，他们
还是坚持认为是杨某没有能力，所以建筑公司不给他钱。遭遇工资
拖欠时，大多数工人首先不是追究建筑公司的责任，而是谴责包工
头道德败坏或无能。当然，也存在一些包工头恶意拖欠工人工资，
拒不支付，甚至雇用打手欺压工人的情形。

不难看出，在现代包工体制下，管理责任下放到包工头一级的
做法将建筑工人推入了一种被遮蔽的劳资关系中。公司与工人之间
的劳动关系藏在幕后，只有人与人之间的非正式关系浮在表面。我
们走访的大多数工人，在提及自己的老板时，都会想到包工头，而
弄不清楚哪家建筑公司是自己真正的雇主。到了工资拖欠的时刻，
大多数人能够想到的追讨对象也是包工头。

一方面，传统的社会关系，为劳资关系盖上了一层温情脉脉的
面纱，一定程度上消解了工人的反抗；另一方面，遮蔽了的劳资关
系像一剂慢性毒药，……不断腐蚀并破坏传统的社会信任体系。

本研究将期望状态论与权威合法性观点有机结合起来。这两种观点都意
图从他人评价和自我审视的相互作用中挖掘地位层级的形成原理，强调地位
的社会建构特性。期望状态论细致描述了他人赞许之意的互动传递过程，权
威合法性理论则着重说明制度合法性对个体身份认知及其与地位相关行为的
作用。二者结合使宏观与微观两个向度的解释高度统一，令地位合法化视角
的优越性更加突出。但文中仍存在很多有待完善的地方。

比如，对合法性测量的探索。本书在论述农民工弱势地位已经被合法化
的时候，主要运用的是质性分析的方法。通过农民工关于自身地位处境的自
述，来判断地位等级合法化的程度。虽然有一个小实验，但仍不是直接测量
合法性的工具。国外有关权威合法性的研究，多以被试未反对自己的被支配
地位（比如对方以命令的口气发号施令，被试也对以顺从的应和）作为权威
具有合法性的标志。但对于地位合法性尚未有一致认可的测量方法。合法性
的测量一直是公认颇为棘手的课题，以后的研究应能在这方面有所突破。

又如，去合法化的策略还需要填充进更具体的建议。本书提到的一些想
法更倾向于远景的规划和实施必要性的论证，缺乏指导实际行动的可行性。
传播理念之方法，其实可以将强干预与弱干预的思想渗透进去，这对概念对

反向地位建构来说也有很大的启发意义。但因为未在现实中试验操作，所以只是在文中简单提到了这种想法。待今后将其付诸实践，应该更有说服力和实践意义。

处在不同社会地位的人，对于资源分配的诉求必然具有巨大差别。强势群体往往更强调资本的价值，弱势群体则总将抗议的重点放在基本需要的满足和权利的维护上。这种本质的矛盾有时波澜暗涌，有时外显激化。虽然建筑业农民工所处的弱势地位处境已经被合法化，但囿于劳动关系缺失的困境，得不到有效制度保障的现实，他们也并非放弃了一切维权行动。

米尔斯在《社会学的想象力》中提出，社会学家"首要的政治和学术使命"就是为"渺小"的普通人服务，揭示"庞大"的制度如何取得对人们日常生活的控制；社会学应该揭示公共议题如何与人们的日常生活、他们的历史、个人经历和社会结构环境相互联系，从而让普通人在某种程度上可以控制各种事件。[1] 一门批判的、承诺性的社会学，可以帮助那些无权者，让他们变得更加有力。它帮助弱势者发出声音。用合法性的视角来审视建筑装饰业农民工的地位处境，希望能有助于揭示地位合法性背后虚假的逻辑，帮助已然默认自己弱势地位的人们突破心理防线，阻断合法化进程，争取平等的权利。

> "大工地"上的人们还有很多辛酸，糟糕的住房条件，苛刻的罚款条件，不靠谱的劳动保险，用工安全和劳动培训的不足，工人们在城市高楼背景下的"消失"。但"我们不应该仅仅把工人看作是永恒的失败者，他们的五十年历程以无比的坚韧性哺育了自由之树。我们可以因这些年英雄的文化而感激他们。"他们留给我们的，除了那些高耸的写字楼、富丽堂皇的购物广场，还有一面文化的镜子，映照出我们在制度与价值上并不完善的一面，也照亮了我们前行的方向。[2]

---

❶ 约翰·布鲁尔. 想象《社会学的想象力》——一个社会学经典的传奇背景 [G]. 闻翔，译. 转型社会的研究立场. 北京：社会科学文献出版社，2009：183-202.

❷ 张经纬. 他们也是这个时代的主人 [N/OL]. 南方都市报，2012-05-06，http：//gcontent. oeeee. com/6/e0/6e007f295ed3142b/Blog/4c1/52ccfc. html.

参考文献

中文论著：

[1] 蔡昉.中国流动人口问题 [M].北京：社会科学文献出版社，2007.

[2] 蔡禾，李超海，冯建华.利益受损农民工的利益抗争行为研究——基于珠三角企业的调查 [J].社会学研究，2009（1）：139-161.

[3] 蔡建文.中国农民工生存纪实 [M].北京：当代中国出版社，2006：22.

[4] 陈映芳.农民工：制度安排与身份认同 [J].社会学研究，2005（3）：119-132.

[5] 成伯清.怨恨与承认——一种社会学的探索 [J].江苏行政学院学报，2009（5）：59-66.

[6] 储卉娟.乡关何处——新生代农民工研究述评 [J].中国农业大学学报，2011（3）：11-19.

[7] 董海军，代红娟.农民维权抗争的无效表达：流于过程的情感行动——对西安 Y 区征地抗争事件的解读 [J].人文杂志，2010（5）：169-177.

[8] 董小玉，胡杨.都市类媒体中农民工形象流变研究 [J].新闻爱好者，2010（10）：12-14.

[9] 方文.学科制度和社会认同 [M].北京：中国人民大学出版社，2008.

[10] 方文.群体资格：社会认同事件的新路径 [J].中国农业大学学报，2008（1）：105.

[11] 方文.转型心理学：以群体资格为核心 [J].中国社会科学，2008（4）：137-147.

[12] 费孝通.乡土中国 [M].北京：人民出版社，2008.

[13] 冯仕政.单位分割与集体抗争 [J].社会学研究，2006（3）：98-134.

[14] 符平.青年农民工的城市适应：实践社会学研究的发现 [J].社会，2006（2）：136-161.

[15] 甘满堂."工荒"，高离职率与无声的抗争——对当前农民工群体阶级意识的考察 [J].中国农业大学学报：社会科学版，2010（4）：62-70.

[16] 高丙中.社会团体的合法性问题 [J].中国社会科学，2000（2）：100-111.

[17] 高明华.社会转型中的群体分类和评价——对刻板印象内容模型（SCM）的修正与发展 [J].社会，2010（6）：193-216.

[18] 管健.身份污名的建构与社会表征——以天津 N 辖域的农民工为例 [J].青年研究，2006（3）：21-27.

[19] 管健，乐国安.社会表征理论及其发展 [J].南京师范大学学报：社会科学版，2007（1）：92-97.

[20] 管健，戴万稳.中国城市移民的污名建构与认同的代际分化 [J].南京社会科学，

2011（4）：30.

[21] 郭星华，储卉娟．从乡村到都市：融入与隔离——关于民工与城市居民社会距离的实证研究［J］．江海学刊，2004（3）：94.

[22] 郭星华，杨杰丽．城市民工群体的自愿性隔离［J］．江苏行政学院学报，2005（1）：57-62.

[23] 郭于华．倾听无声者的声音［J］．读书，2008（6）：37-44.

[24] 国务院研究室课题组．中国农民工调研报告［M］．北京：中国言实出版社，2006.

[25] 怀默霆．中国民众如何看待当前的社会不平等［J］．社会学研究，2009（1）：96-120.

[26] 华正新．结构理论与身份认同——农民工中的青年技工［J］．中国青年研究，2009（5）：49.

[27] 黄光国．儒家思想中的正义观［G］//杨国枢，黄光国．中国人的心理与行为．台北：桂冠图书公司，1991：77.

[28] 胡荣，陈斯诗．农民工的城市融入与公平感［J］．厦门大学学报，2010（4）：97-105.

[29] 贺雪峰．农民工返乡研究［M］．济南：山东人民出版社，2010.

[30] 贺雪峰．农民外出务工的逻辑［EB/OL］．（2010-06-06）．社会学视野网，http://www.sociologyol.org/shehuibankuai/shehuipinglunliebiao/2010-06-06/10368.html

[31] 康劲．仅2.8%的进城农民工认同自己是"新市民"［N］．工人日报，2009-12-28.

[32] 老愚．大工地上的民工兄弟［M］．北京：北京出版社出版集团，北京十月文艺出版社，2006.

[33] 雷开春．城市新移民的社会认同研究［D］．上海大学，2008.

[34] 连佳佳．建筑业农民工的生存政治——分包劳动体制下的劳动控制与抗争［D］．北京大学，2009.

[35] 李洁．重返生产的核心——基于劳动过程理论的发展脉络［J］．社会学研究，2005（5）：234-242.

[36] 李建新，丁立军．"污名化"的流动人口问题［J］．社会科学，2009（9）：56-64.

[37] 李连江，欧博文．当代中国农民的依法抗争［G］//吴国光．九七效应．香港：太平洋世纪研究所，1997.

[38] 李培林，李炜．农民工在中国转型中的经济地位和社会态度［J］．社会学研究，2007（3）：1-11.

[39] 李培林，李炜．近年来农民工的经济状况和社会态度［J］．中国社会科学，2010（1）：119-132.

[40] 李强．社会学的"剥夺理论"与我国农民工问题［J］．学术界，2004（4）：7-22.

[41] 李琼，郭永玉．社会支配倾向研究述评［J］．心理科学进展，2008.16（4）：644-650.

[42] 刘剑．把阶级分析带回来——《大工地：城市建筑工人的生存图景》评述［J］．开放时代，2011（1）：153-158.

[43] 刘建娥．乡城移民社会融入的实践策略研究——社区融入的视角［J］．社会，2010

（1）：127-151.

［44］刘林平，张春泥，陈小娟．农民的效益观与农民工的行动逻辑——对农民工超时加班的意愿与目的分析［J］．中国农村经济，2010（9）：48-59.

［45］刘力，程千．主流媒体话语表征中农民工阶层的形象意义［J］．求索，2010（3）：110.

［46］刘能．怨恨解释、动员结构和理性选择——有关中国都市地区集体行动发生可能性的分析［J］．开放时代，2004（4）：57-71.

［47］刘爽．部分群体资格：以高校学生入党经历为例［J］．开放时代，2009（1）：71.

［48］陆益龙．户籍制度：控制与社会差别［M］．北京：商务印书馆，2003.

［49］潘毅，卢晖临，张慧鹏．大工地：城市建筑工人的生存图景［M］．北京：北京大学出版社，2010.

［50］潘泽泉．社会排斥与发展困境：基于流动农民工的经验研究——一项弱势群体能否共享社会发展成果问题的研究［J］．浙江社会科学，2007（3）：96-103.

［51］潘泽泉．重新认识农民工：弱者的行为逻辑和生存策略［J］．社会科学辑刊，2008（3）：39-44.

［52］蒲子涵．伪人文关怀：农民工形象塑造中的媒体偏见［J］．青年记者，2011（4）：4-5.

［53］任焰，潘毅．宿舍劳动体制：劳动控制与抗争的另类空间［J］．开放时代，2006（3）：123-134.

［54］任远，邬民乐．城市流动人口的社会融合：文献述评［J］．人口研究，2006（3）：87.

［55］沈原，郭于华，卢晖临，等．尘肺病人的死亡接力棒——以深圳爆破业建筑工人为例［EB/OL］．（2009-11-07）．南风窗，http://www.nfcmag.com/articles/1752/page/1.

［56］孙建光．西方政治合法性理论辨析［J］．求实，2004（2）：60.

［57］孙立平．失衡——断裂社会的运作逻辑［M］．北京：社会科学文献出版社，2004.

［58］孙立平．20世纪90年代中期以来中国社会的结构演变［J］．转型与发展，2005（1）：251.

［59］孙立平．守卫底线：转型社会生活的基础秩序［M］．北京：社会科学文献出版社，2007.

［60］孙立平，沈原，郭于华，等．以利益表达制度化实现社会的长治久安［J/OL］．领导者，2010（33）．http://www.bjxhrj.com/sseweb/printpage.asp？ArticleID=3356.

［61］苏熠慧．底层群体的失语与发声［J］．社会学家茶座，2011，39（2）：13-16.

［62］王春光．新生代农村流动人口的社会认同与城乡融合关系［J］．社会学研究，2001（3）：63-77.

［63］王春光．农民工的社会流动和社会地位的变化［J］．江苏行政学院学报，2003（4）：51-57.

［64］王春光．农村流动人口的"半城市化"问题研究［J］．社会学研究，2006（5）：107-124.

［65］王汉生，王迪．农村民间纠纷调解中的公平建构与公平逻辑［J］．社会，2012（2）：

171-198.

[66] 王鹏，侯钧生．情感社会学：研究的现状与趋势 [J]．社会，2005（4）：70-88.

[67] 王庆明．底层视角及其知识谱系——印度底层研究的基本进路检讨 [J]．社会学研究，2011（1）：220-244.

[68] 王小章．社会分层与社会秩序——对当代中国现实的考察 [J]．中共宁波市委党校学报，2001（5）：29-37.

[69] 王星．城市农民工形象建构与歧视集中效应 [J]．学习与实践，2006（11）：97-104.

[70] 王艳华．新生代农民工市民化的社会学分析 [J]．中国青年研究，2007（5）：38-42.

[71] 王毅杰，冯显杰．农民工分配公平感的影响因素分析 [J]．社会科学研究，2013（2）：98-104.

[72] 翁定军，何丽．社会地位与阶层意识的定量研究 [M]．上海：上海人民出版社，2007.

[73] 吴莹．群体污名意识的建构过程——农民工子女“被歧视感”的质性研究 [J]．青年研究，2011（4）：16-28.

[74] 吴忠民．中国社会主要群体弱势化趋向问题研究 [J]．东岳论丛，2006（2）：5-31.

[75] 许向东．一个特殊群体的媒介投影——传媒再现中的“农民工”形象研究 [J]．国际新闻界，2009（10）：42-46.

[76] 阎云翔．差序格局与中国文化的等级观 [J]．社会学研究，2006（4）：201-213.

[77] 杨中芳．人际关系与人际情感的概念化 [J]．本土心理学研究，1999（12）：105-179.

[78] 应星．草根动员与农民群体利益的表达机制——四个个案的比较研究 [J]．社会学研究，2007（2）：1-23.

[79] 应星．“气”与抗争政治：当代中国乡村社会稳定问题研究 [M]．北京：社会科学文献出版社，2011.

[80] 于建嵘．当前农民维权活动的一个解释框架 [J]．社会学研究，2004（2）：49-56.

[81] 于建嵘．当代中国农民维权抗争的行动取向——对湖南省衡阳县的实证研究 [G] // 于建嵘．权利、责任与国家．上海：上海人民出版社，2006.

[82] 于建嵘．集体行动的原动力机制研究——基于 H 县农民维权抗争的考察 [J]．学海，2006（2）：26-33.

[83] 于建嵘．利益博弈与抗争性政治——当代中国社会冲突的政治社会学理解 [J]．中国农业大学学报，2009（26）：1.

[84] 张宝山，俞国良．污名现象及其心理效应 [J]．心理科学进展，2007，15（6）：993-1001.

[85] 张康之．合法性的思维历程：从韦伯到哈贝马斯 [J]．教学与研究，2002（3）：60.

[86] 张静．转型中国：社会公正观研究 [M]．北京：中国人民大学出版社，2008.

[87] 张静．社会身份的结构性失位问题 [J]．社会学研究，2010（6）：41-57.

[88] 张晶．趋同与差异：合法性机制下的消费转变——基于北京地区青年女性农民工消费的实证研究 [J]．中国青年研究，2010（6）：58-65.

［89］张志平．情感的本质与意义：舍勒的情感现象学概论［M］．上海：上海人民出版社，2006．

［90］张志学．中国人的分配正义观［G］//李原．中国社会心理学评论（第三辑）．北京：社会科学文献出版社，2006：157-190．

［91］赵德雷．当代美国社会心理学发展图景——以"库利-米德奖"为线索［J］．中国农业大学学报：社会科学版，2010（2）：64-80．

［92］赵德雷．期望状态与地位等级制度的维持［J］．中国农业大学学报：社会科学版，2011（4）：34-45．

［93］赵凌．媒介·话语·权力·身份："农民工"话语考古与身份生产研究［D］．浙江大学，2013．

［94］赵志裕．义：中国社会的公平观［G］//高尚仁，杨中芳．中国人、中国心（传统篇）．台北：远流出版事业股份有限公司，1991．

［95］郑广怀．伤残农民工：无法被赋权的群体［J］．社会学研究，2005（3）：99-120．

［96］郑松泰．"信息主导"背景下农民工的生存状态和身份认同［J］．社会学研究，2010（2）：106-124．

［97］郑耀抚．青年农民工的城市生活体验与身份认同［J］．当代青年研究，2010（3）：11-14．

［98］周桂钿．儒家等级观与当代社会［J］．湖南社会科学，2008（1）：17-20．

［99］周莹．青年与老一代农民工融入城市的代际比较研究——基于 W 市调查案例的实证分析［J］．中国青年研究，2009（3）：54-59．

［100］周莹，周海旺．新生代农民工融入城市的影响因素分析［J］．当代青年研究，2009（5）：18-22．

［101］朱力．农民工阶层的特征与社会地位［J］．南京大学学报，2003（6）：41．

［102］朱瑞瑜．陈和德——打工的苦啊、委屈的事说也说不完［G］//徐旭初，钱文荣．生存故事：50 位农民工访谈实录．杭州：浙江大学出版社，2009．

［103］佐斌，张阳阳，赵菊，等．刻板印象内容模型：理论假设及研究［J］．心理科学进展，2006.14（1）：138-145．

译著：

［104］亨利·伯恩斯坦．农政变迁的阶级动力［M］．汪淳玉，译．北京：社会科学文献出版社，2011．

［105］彼得·伯格，托马斯·卢克曼．现实的社会构建［M］．汪涌，译．北京：北京大学出版社，2009．

［106］皮埃尔·布迪厄．男性统治［M］．刘晖，译．深圳：海天出版社，2002．

［107］约翰·布鲁尔．想象《社会学的想象力》——一个社会学经典的传奇背景［G］//转型社会的研究立场．闻翔，译．北京：社会科学文献出版社，2009：183-202．

[108] 范·戴克．精英话语与种族歧视［M］．齐月娜，陈强，译．北京：中国人民大学出版社，2011.

[109] 曼弗雷德·弗林斯．舍勒的心灵［M］．张志平，张任之，译．上海：上海三联书店，2006：149.

[110] 戈夫曼．污名：受损身份管理札记［M］．宋立宏，译．北京：商务印书馆，2009.

[111] 哈贝马斯．交往与社会进化［M］．重庆：重庆出版社，1989.

[112] 霍耐特．为承认而斗争［M］．胡继华，译．上海：上海人民出版社，2005.

[113] 约翰·基恩．公共生活与晚期资本主义［M］．北京：社会科学文献出版社，1992.

[114] 李普赛特．政治人：政治的社会基础［G］//东方编译所译丛．张绍宗，译．上海：上海人民出版社，2011.

[115] 卢梭．社会契约论［M］．北京：商务印书馆，2003：10.

[116] 卢梭．论人类不平等的起源［M］．高修娟，译．上海：上海三联书店，2009.

[117] 约翰·罗尔斯．正义论［M］．何怀宏，何包钢，廖申白，译．北京：中国社会科学出版社，2006：61-64.

[118] 迈克尔·罗斯金．政治科学［M］．林震．王锋，闭恩高，译．北京：中国人民大学出版社，2009：7.

[119] 马克思，恩格斯．德意志意识形态（节选本）［M］．中共中央马克思恩格斯列宁斯大林著作编译局，译．北京：人民出版社，2003.

[120] 米尔斯．社会学的想象力［M］．陈强，张永强，译．北京：三联书店，2005.

[121] 戴维·米勒．社会正义原则［M］．应奇，译．南京：江苏人民出版社，2001：27-32.

[122] 帕森斯．现代社会的结构与过程［M］．梁向阳，译．北京：光明日报出版社，1988.

[123] 阿马蒂亚·森．身份与暴力——命运的幻象［M］．李风华，陈昌升，袁德良，译．北京：中国人民大学出版社，2009.

[124] 吉姆·斯达纽斯，费利西娅·普拉图．社会支配论［M］．刘爽，罗涛，译．北京：中国人民大学出版社，2011.

[125] 詹姆斯·斯科特．农民的道义经济学：东南亚的反叛与生存［M］．程立显，刘建，等，译．南京：译林出版社，2001.

[126] 詹姆斯·斯科特．弱者的武器［M］．郑广怀，张敏，何江穗，译．南京：译林出版社，2007.

[127] 查尔斯·泰勒．承认的政治［G］//汪晖，陈燕谷．文化与公共性．北京：北京三联书店，2005.

[128] 约翰·特纳，等．自我归类论［M］．杨宜音，等，译．北京：中国人民大学出版社，2011.

[129] 韦伯．经济与社会［M］．阎克文，译．上海：上海人民出版社，2010：425.

英文文献：

[130] BARRETO M, ELLEMERS N, FISKE S T. "What did You Say. and Who do You Think

You Are?" How Power Differences Affect Emotional Reactions to Prejudice [J]. Journal of Social Issues, 2010, 66 (3): 477-492.

[131] BERGER JOSEPH, FISKE M H, NORMAN R Z, et al. Status characteristics and social interaction: an expectation states approach [M]. New York: Elsevier, 1977.

[132] BERGER J, WEBSTER M, Jr., RIDGEWAY C L, et al. Status cues expectations and behavior [J]. Advances in Group Processes, 1986 (3): 1-22.

[133] BERGER J, FISKE M H, NORMAN R Z, et al. The formation of reward expectations in status situations [G] //BERGER J, ZELDITCH M, Jr. Status rewards and influence. San Francisco: Jossey-Bass, 1985: 215-261.

[134] BERGER J, NORMAN R Z, BALKWELL J W, et al. Status inconsistency in task situations: a test for status processing principles [G] // BERGER J, ZELDITCH M, Jr. Status, power and legitimacy. New Brunswick, New Jersey: Transaction Publishers, 1998: 207-228.

[135] BLINDE E M, TAUB D E. Women athletes as falsely accused deviants: managing the lesbian stigma [J]. The Sociological Quarterly, 1992, 33 (4): 521-533.

[136] CHIU CY. Role expectation as the principle criterion in justice judgment among Hong Kong Chinese students [J]. The Journal of Psychology, 1991, 125 (5): 557-565.

[137] COHEN E G. Expectation states and interracial interaction in school settings [J]. Annual Review of Sociology, 1982, 8: 209-235.

[138] CORRIGAN P W, WATSON A C. The paradox of self-stigma and mental illness [J]. Clinical Psychology: Science and Practice, 2002, 9 (spring): 35-53.

[139] CORRIGAN P W, WATSON A C, BARR L. The self-stigma of mental illness: implications for self-esteem and self-efficacy [J]. Journal of Social and Clinical Psychology, 2006, 25: 875-884.

[140] CORRIGAN P W, LARSON J E, RUSCH N. Self-stigma and the "why try" effect: impact on life goals and evidence-based practices [J]. World Psychiatry, 2009, 8: 75-81.

[141] CRANDALL C S, RYAN K B. A perceptual theory of legitimacy: Politics, prejudice, social insititutions, and moral value [G] // Jost J T, MAJOR B. The psychology of legitimacy. Cambridge University Press, 2001: 77-103.

[142] CRAWFORD M T, et al. Perceived entitativity, stereotype formation, and the interchangeability of group members [J]. Journal of Personality and Social Psychology, 2002, 83: 1076-1094.

[143] CROCKER J, MAJOR B. Social stigma and self-esteem: the self-protective properties of stigma [J]. Psychological Review, 1989, 96 (4): 608-630.

[144] CCROCKER J, MAJOR B, STEELE C. Social stigma [M] // GILBERT D T, FISKE S T, LINDZEY G. The handbook of social psychology (Vol. 2), 4th ed. Boston: McGraw-

Hill, 1998: 504-553.

[145] CROCKER J, VOELKL K, TESTA M, et al. Social stigma: the effective consequences of attributional ambiguity [J]. Journal of Personality and Social Psychology, 1991, 60: 218-228.

[146] CUDDY A J C, FISKE S T, GLICK P. Warmth and competence as universal dimensions of social perception: the stereotype content model and the BIAS map [J]. Advances in Experimental Social Psychology, 2008, 40: 61-149.

[147] DORNBUSCH S M, SCOTT W R. Evaluation and the exercise of authority [M]. San-Francisco: Jossey-Bass, 1975.

[148] EKMAN P, Friesen W V. Unmasking the face: A guide to recognizing emotions from facial clues [M]. Oxford: Prentice-Hall, 1975.

[149] ELLEMERS N. Individual upward mobility and the perceived legitimacy of intergroup relations [G] // JOST J, MAJOR B. The psychology of legitimacy. New York: Cambridge University Press, 2001: 205-222.

[150] ELLEMERS N, BARRETO M. Collective action in modern times: how modern expressions of prejudice prevent collective action [J]. Journal of Social Issues, 2009, 65 (4): 749-768.

[151] EPSTEIN C F. Great divides: the cultural, cognitive, and social bases of the global subordination of women [J]. American Sociological Review, 2007, 72 (1): 1-22.

[152] FISKE S T, CUDDY A J C, GLICK P, et al. A model of (often mixed) stereotype content: competence and warmth respectively follow from perceived status and competition [J]. Journal of Personality and Social Psychology, 2002, 82 (6): 878-902.

[153] FOSCHI M. Status characteristics, standards and attributions [G] //BERBER J, ZELDITCH M, Jr. , ANDERSON B. Sociological theories in progress. Newbury Park, CA: Sage, 1989: 58-72.

[154] GORDON S L. The sociology of sentiments and emotion [G] //ROSENBERG M, TURNER R H. Social psychology: sociological perspectives. New York: Basic Books, 1981: 562-592.

[155] HEGTVEDT K A, MARKOVSKY B. Justice and injustice [G] // COOK K S, FINE G A, HOUSE J S. Sociological perspectives on social psychology. Allyn and Bacon, Needham Heights, 1995: 257-280.

[156] HEIJNDERS M, VAN DER MEIJ S. The fight against stigma: an overview of stigma-reduction strategies and interventions [J]. Psychology, Health and Medicine (Special Issue: Perspectives on Health-Related Stigma), 2006, 11 (3): 353-363.

[157] HYSOM S. Status valued goal objects and performance expectations [J]. Social Forces, 2009, 87 (3): 1623-1648.

[158] JOHNSON C, DOWD T J, RIDGEWAY C L. Legitimacy as a social process [J]. Annual Review of Sociology, 2006, 32: 53-78.

［159］JOST J T. Negative illusions: conceptual clarification and psychological evidence concerning false consciousness ［J］. Political Psychology, 1995, 16: 397-424.

［160］JOST J T, BANAJI M R. The role of stereotyping in system-justification and the production of false consciousness ［J］. British Journal of Social Psychology, 1994, 33 (1): 1-27.

［161］JOST J T, LIVIATAN I, VAN DER TOORN J, et al. System justification: How do we know it's motivated? ［G］ // BOBOCEL D R, KAY A C, ZANNA M P, et al. The psychology of justice and legitimacy: the ontario symposium (Chapter 8). Hillsdale, NJ: Erlbaum, 2010: 173-203.

［162］JOST J T, LIVIATAN I, VAN DER TOORN J. System justification theory ［M］ // VAN LANGE P A M, KRUGLANSKI A W, HIGGINS E T. Handbook of theories of social psychology. London: Sage, 2010.

［163］KEMPER T D. How many emotions are there? wedding the social and autonomic components ［J］. American Journal of Sociology, 1987, 93: 263-289.

［164］TRIA KERKVLIET B J. Village-state relations in Vietnam: the effect of everyday politics on decollectivization ［J］. Journal of Asian Studies, 1995, 54 (2): 396-418.

［165］TRIA KERKVLIET B J. Everyday politics in peasant societies (and ours) ［J］. The Journal of Peasant Studies, 2009, 36 (1): 227-243.

［166］LEVIN S. Perceived group status differences and the effects of gender, ethnicity, and religion on social dominance orientation ［J］. Political Psychology, 2004, 25: 31-48.

［167］LI L, O'BRIEN K. Villagers and popular resistance in contemporary China ［J］. Modern China, 1996, 22 (1): 28-61.

［168］LINK B G, PHELAN J C. Conceptualizing Stigma ［J］. Annual Review of Sociology, 2001, 27: 363-385.

［169］LUCAS J W. Status processes and the institutionalization of women as leaders ［J］. American Sociological Review, 2003, 68: 464-480 .

［170］LUCAS J W, PHELAN J C. Stigma and status: the interrelation of two theoretical perspectives ［J］. Social Psychology Quarterly, 2012, 75 (4): 310-333.

［171］MOSCOVICI S. Social representations: explorations in social psychology ［M］. Edited by Gernard Duveen, Cambridge: Polity Press, 2000.

［172］MAJOR B, SCHMADER T. Legitimacy and the construal of social disadvantage ［G］ // JOST J, MAJOR B. The psychology of legitimacy. New York: Cambridge University Press, 2001: 176-204.

［173］MAJOR B, O'BRIEN L T. The social psychology of Stigma ［J］. Annual Review of Psychology, 2005, (56): 393-421.

［174］MOLM L D. Coercive power in exchange ［M］. Cambridge: Cambridge University Press, 1997.

[175] PUGH M D, WAHRMAN R. Neutralizing sexism in mixed-sex groups: do women have to be better than men? [J]. American Journal of Sociology, 1983, 88 (4): 746-762.

[176] REYNOLDS K J, et al. Social identity as the basis of group entitativity: Elaborating the case for the "science of social groups per se" [G] // JUDD C, YZERBYT V, COR-NEILLE O. The psychology of group perception: perceived variability, entitativity, and essentialism. New York: Psychology Press, 2004: 317-333.

[177] RIDGEWAY C L. Gender differences in task groups: A status and legitimacy account [G] // WEBSTER M, FOSCHI M. Status generalization: new theory and research. Stanford, CA: Stanford University, 1988: 188-206.

[178] RIDGEWAY C L. The social construction of status value: Gender and other nominal characteristics [J]. Social Forces, 1991, 70 (2): 367-386.

[179] RIDGEWAY C L. The formation of status beliefs: improving status construction theory [J] // LAWLER E J, MACY M, THYE S R, et al. Advances in Group Processes, 2000, 17: 77-102.

[180] RIDGEWAY C L. Social status and Group Structure [M] // HOGG M A, TINDALE S. Blackwell handbook of social psychology: group processes. Malden, MA : Blackwell Publishers, 2001: 352-375.

[181] RIDGEWAY C L. The emergence of status beliefs: from structural inequality to legitimizing ideology [G] // JOST J T, MAJOR B. The psychology of legitimacy. Cambridge University Press, 2001.

[182] RIDGEWAY C L. Inequality, status, and the construction of status beliefs [M] // TURNER J H. Handbook of sociological theory. New York: Kluwer/Plenum, 2002: 323-340.

[183] RIDGEWAY C L, BERGER J. Expectations, legitimation, and dominance behavior in task groups [J]. American Sociological Review, 1986, 51: 603-617.

[184] RIDGEWAY C L, JOHNSON C, DIEKEMA D. External status, legitimacy, and compliance in male and female groups [J]. Social Forces, 1994, 72: 1051-77.

[185] RIDGEWAY C L, BALKWEILL J W. Group processes and the diffusion of status-value beliefs [J]. Social Psychological Quarterly, 1997, 60: 14-31.

[186] RIDGEWAY C L, ERIKSON K G. Creating and spreading status beliefs [J]. American Journal of Sociology, 2000, 106 (3): 579-615.

[187] RIDGEWAY C L, CORRELL S J. Consensus and the creation of status beliefs [J]. Social Forces, 2006, 85 (1): 431-453.

[188] RIDGEWAY C L, BOYLE E H, KUIPERS K, et al. How do status beliefs develop? The role of resources and interactional experience [J]. American Sociological Review, 1998, 63 (3): 331-350.

[189] RIDGEWAY C L, WALKER H A. Status Processes [G] // COOK K, FINE G A, HOUSE J S. Social psychology: sociological perspectives. New York: Addison-Wesley, 1995: 281-310.

[190] ROBINSTEIN D. The concept of justice in sociology [J]. Theory and Society, 1988, 17 (4): 527-550.

[191] SABLE C. Work and politics [M]. Cambridge: Cambridge University Press, 1982.

[192] SCHELER M. Ressentiment [M]. Wisconsin: Marquette University Press, 1994.

[193] SCOTT J, TRIA KERKVLIET B J. The politics of survival: peasant response to "progress" in Southeast Asia [J]. Journal of Southeast Asian Studies, 1973, 4 (2): 241-268.

[194] SENNETT R, COBB J. The hidden injuries of class [M]. New York: Vintage Books, 1973.

[195] SWIM J K, AIKIN K J, HALL W S, et al. Sexism and racism: old-fashioned and modern prejudices [J]. Journal of Personality and Social Psychology, 1995, 68 (2): 199-214.

[196] STETS J E. Emotions and Sentiments [M] // DELAMATER J. Handbook of social psychology. New York: Kluwer Academic/ Plenum Publishers, 2003.

[197] SUTPHIN S T, SIMPSON B. The role of self-evaluations in legitimizing social inequality [J]. Social Science Research, 2009, 38: 609-621.

[198] THOMAS G M, WALKER H A, ZELDITCH M, Jr. Legitimacy and collective action [J]. Social Forces, 1986, 65: 378-404.

[199] TAYLOR C. Multiculturalism: examing the politics of recognition [M]. Edited and Introduced by Gutmann A. Princeton University Press, 1994.

[200] TAJFEL H, TURNER J C. The social identity theory of inter-group behavior [M] // WORCHEL S, et al. Psychology of inter-group relations. 2nd ed. Chicago: Nelson-Hall Publishers, 1986: 7-24.

[201] TYLER T R. The psychology of procedural justice: A test of the group-value model [J]. Journal of Personality and Social Psychology, 1989, 57: 830-838.

[202] TYLER T R. Why people obey the law: procedural justice, legitimacy, and compliance [M]. New Haven, CT: Yale University Press, 1990.

[203] TYLER T R, SMITH H J. Social justice and social movements [M] // GILBERT D T, FISKE S T, LINDZEY G. The handbook of social psychology (Vol. 2). 4th ed. New York: McGraw-Hill, 1997: 595-629.

[204] TYLER T R, SMITH H J. Justice, social identity and group processes [G] // TYLER T R, KRAMER R M R, JOHN O P. The psychology of the social self. Mahwah, NJ: Erlbaum, 1999: 223-264.

[205] TYLER T R, BLADER S. The group engagement model: procedural justice, social identity, and cooperative behavior [J]. Personality and Social Psychology Review, 2003, 7

(4): 349-361.

[206] TURNER J H. Face-to-face: towards a sociological theory of interpersonal behavior [M]. Stanford: Stanford University Press, 2002.

[207] WAGNER D G, BERGER J. Status characteristic theory: the growth of a program [G] // BERGER J, ZELDITCH M, Jr. Theoretical research programs: studies in the growth of theory. Stanford, CA: Stanford Press, 1993: 23-63.

[208] WALKER H A, ROGERS L, ZELDITCH M, Jr. Legitimacy and collective action: a research note [J]. Social Forces, 1988, 67: 216-228.

[209] WALKER H A, ROGERS L, ZELDITCH M, Jr. Acts, persons, positions and institutions: legitimating multiple objects and compliance with authority [G] // CHEW S, KNOTTNE-RUS J D. Structure, culture, and history. Lanham, MD: Rowman and Littlefield, 2002.

[210] WALKER H A, THOMAS G M, ZELDITCH M, Jr. Legitimation, endorsement, and stability [J]. Social Forces, 1986, 64: 620-43.

[211] WEBSTER M, HYSOM S J. Creating Status Characteristics [J]. American Sociological Review, 1998, 63 (3): 351-378.

[212] WEBSTER M, WHITMEYER J M, RASHOTTE L S. Status claims, performance expectations, and inequality in groups [J]. Social Science Research, 2004, 33: 724-745.

[213] WILLER D, LOVAGLIA M J, MARKOVSKY B. Power and influence: A theoretical bridge [J]. Social Forces, 1997, 76: 571-603.

[214] WILLIS G B, GUINOTE A, RODRIGÚEZ-BAILÓN R. Illegitimacy improves goal pursuit in powerless individuals [J]. Journal of Experimental Social Psychology, 2010, 46: 416-419.

[215] WILLIS P. Learning to labour: how working class kids get working class jobs [M]. Westmead: Saxon House, 1977.

[216] WRIGHT S C. Restricted intergroup boundaries: tokenism, ambiguity, and the tolerance of injustice [G] // JOST J, MAJOR B. The psychology of legitimacy. New York: Cambridge University Press, 2001: 223-254.

[217] WTIGHT S C, TAYLOR D M, MOGHADDAM F M. Responding to membership in a disadvantaged group: from acceptance to collective protest [J]. Journal of Personality and Social Psychology, 1990, 58: 994-1003.

[218] ZELDITCH M, Jr. Three questions about status [G] // BERGER J, ZELDITCH M, Jr. Status, rewards and influence: How expectations organize behavior. San Francisco: Jossey-Bass, 1985: 262-316.

[219] ZELDITCH M, Jr. Theories of legitimacy [G] // JOST J T, MAJOR B. Psychology of legitimacy: emerging perspectives on ideology, justice, and intergroup relations. Cambridge: Cambridge University Press, 2001: 33-53.

[220] ZELDITCH M, Jr. Processes of legitimation: recent developments and new directions [J].

Social Psychology Quarterly, 2001, 64 (1): 4-17.

[221] ZELDITCH M, Jr. Legitimacy theory [M] // BURKE P J. Contemporary social psycho-logical theories. Stanford: Stanford University Press, 2006: 324-352.

[222] ZELDITCH M, Jr., FLOYD A S. Consensus, dissensus and justification [G] // BER-GER J, ZELDITCH M, Jr. Status, power, and legitimacy. New Brunswick, NJ: Transac-tion, 1998: 339-368.

[223] ZELDITCH M, Jr., WALKER H A. Legitimacy and the stability of authority [J]. Ad-vances in Group Processes, 1984 (1): 1-25.

附录 1 访谈提纲

谈自己

1. 你老家是哪里的？今年多大岁数？

2. 你从事这个职业多少年了？最初出来的时候就是这个工种吗？

3. 今夕工作环境、工作收入对比。（忆苦思甜）

4. 你最开始出来干活的时候大概挣多少钱/工？现在呢？什么时候工资开始上涨？上涨最快是什么时候、什么情况？你们现在的工资是公司给，还是工头给，还是直接的包工老板给？

5. 你当初出来干活的时候都是住的什么地方？条件怎么样？现在呢？

6. 你当初出来的时候干的是什么活？现在呢？技术上、工作条件上、速度上、要求上有什么进步？

7. 你怎么看"农民工"这个称呼？喜欢吗？贴切吗？恰当吗？

8. 农民工什么形象？用几个词描述一下。

9. 你认为自己是农民工吗？什么样的人算是农民工？

10. 农民工的性格和行为有何特质？

11. 要让你说农民工有什么优缺点？

12. 你家里都有什么人？老婆孩子都在老家吗？孩子在哪里上学呢？

13. 对现在的生活知足不？

14. 还想再干几年？将来想干点儿啥？

15. 想没想过以后不给人家打工了，自己干点儿啥？有没有打算在城里买房子？

谈社会

16. 经常看电视（或者上网）吗？一般都喜欢什么节目、什么游戏？

17. 现在国家挺重视农民工的，电视报纸上总有报道，你觉得这些报道真实吗？上面的评论令人信服吗？

18. 出来打工这么多年，有没有遇到令人觉得不痛快、不顺心的事？

19. 最近 1 年记忆犹新最困难的事？

20. 你了解现在关于农民工有什么法律法规吗？以前有没有遇到什么事儿闹到打官司的地步？

谈群体

21. 平常跟工头、工长接触多吗？他人怎么样？大家都听他的吗？他平常都怎么分配任务？怎么监督你们干活？公平公正不？

22. 平常跟工友交往多吗？这些人都能处得来？除了老乡跟外省人接触吗？

23. 你如何评价 H 市人？

24. 现在时兴带徒弟吗？你跟年轻工友/年长工友交往有何感受？

25. 跟公司里的保管员、预算员、内勤、设计师之类有接触吗？觉得他们人怎么样？

附录2 访谈对象及编码

序号	访谈对象	年龄	性别	工种	籍贯	工作、家庭背景	编号
1	王小毛	24	男	瓦匠	黑龙江	已出来打工6年，每天往返通勤	WJW01
2	黄师傅	49	男	瓦匠领班	江苏	19岁出来打工，已有30年打工经验，有一子在家乡厂里上班	WJH02
3	小叶	29	男	力工	吉林	8年多的时间里，每到打工旺季就出来干	LGY03
4	刘大帅	36	男	油工	河南	打工多年，一女上初三，一子读小学	YGL04
5	张师傅	46	男	油工	河南	1983年即远赴新疆打工，后又先后去过西安、石家庄等地，2000年前来此，两子分别上高一、小学	YGZ05
6	老黄头	51	男	力工	黑龙江	大女儿30，外孙10岁，二女儿明年考大学	LGH06
7	潘老大	48	男	工长	浙江	24岁跟随弟弟出来，一直帮着带工，有一女，老婆孩子在老家照顾父母	GZP07
8	程叔	55	男	工长	黑龙江	曾是工厂工人，在GG公司20年，一直帮助干兄弟带工	GZC08
9	不老实	46	男	油工	河南	务工近30年，是队里掌握喷漆技术的两个师傅之一	YGB09
10	刘师傅	45	男	瓦工	黑龙江	21岁开始从业，一直跑工程，家有一子，在技校学电气工程	WGL10
11	陈师傅	50	男	瓦工	江苏	初中毕业即出来打工，手艺极好，干活很细，有一子大学毕业在南京做IT	WGC11
12	小刘	32	男	油工领班	河南	出来打工10年，家有一子、一女尚小，老婆在家看孩子，因工头是本村老乡，让他帮着带工	YGL12
13	张师傅	42	男	水暖	吉林	经常出来干，跟哥哥一起，有一子19岁，老婆跟随来到H市，持家	SNZ13
14	潘师傅	30	男	木工	湖北	出来打工多年，有一女在家上小学	MGP14

序号	访谈对象	年龄	性别	工　种	籍　贯	工作、家庭背景	编　号
15	老谢	38	男	电工	黑龙江	曾是乡镇糖厂工人，工厂倒闭后出来打工，结婚晚，孩子才 3 岁	DGX15
16	小梁	22	男	电工	黑龙江	刚学徒不到 2 年，很勤奋好学	DGL16
17	老乔	60	男	瓦工	山东	来 H 市已经 41 年，原是乡镇工厂工人，有一女 27 岁，在市里超市上班	WGQ17
18	老王	60	男	消防油工	黑龙江	现在女儿家住，老伴儿在这里帮着看外孙	XYW18
19	于师傅	25	男	消防水管	黑龙江	以前在高速公路打地基，后钻研水暖，已在此公司打工 5 年	XSY19
20	温柔小伙儿	23	男	木工	黑龙江	17 岁即到上海打工学徒，还学过厨师、修车，2 年前回到 H 市，急于结婚	MGW20
21	小孙	22	男	电工	黑龙江	初中毕业后在家待了两年，在 GG 公司务工 4 年	DGS21
22	刺儿头	18	男	空调	辽宁	以前学过厨师、开车，做过厨师，曾想自己开饭店，不到 1 年前来此投奔堂兄	KTC22
23	倔强师傅	42	男	木工	安徽	16 岁就出来打工，一子 17 岁，一女 12 岁，木工手艺极其突出	MGJ23
24	大姐	40	女	保洁	黑龙江	最近几年刚出来，因为女儿考入 H 市高校、儿子当兵，不需要人照顾家了，丈夫在外地打工	BJJ24
25	龙哥	27	男	电工	黑龙江	出外打工 11 年，跑过全国很多地方，有一安徽籍女友，估计将来会到那边安家	DGL25
26	瓦工丈夫	40	男	瓦工	湖北	20 年打工经验，大女儿 15 岁，小女儿 12 岁	WGZ26
27	瓦工妻子	36	女	瓦匠小工	湖北	自从孩子 1 岁半就辅助丈夫打工	WGQ27
28	邹师傅	48	男	木工	湖北	近 30 年打工经历，两个儿子，一个大学毕业后在南通上班，一个仍在读	MGZ28
29	老绍	55	男	木工	安徽	曾是村支书，出来打工近 20 年，长女在尼日利亚卖服装，次子在武汉高校任教，小子尚在读	MGS29
30	小灵巧	33	男	木工	安徽	老婆和孩子都在 H 市，女儿 4 岁，老婆在附近的服装厂上班	MGL30
31	陶师傅	30	男	木工	安徽	老婆和孩子都在老家，儿子 5 岁	MGT31

序号	访谈对象	年龄	性别	工　种	籍　贯	工作、家庭背景	编　号
32	刘师傅	46	男	油工领班	黑龙江	1983年从农村来此，如今有一子22岁，曾有带50多人赶工的经历	YGL32
33	莱州师傅	40	男	油工	山东	老婆和孩子都在H市，儿子15岁，在一所普通初中就读	YGL33
34	郑国军	26	男	油工	浙江	曾在浙江老家做西餐厅厨师5年，3年前来此投奔父亲，是家中第三子，下面还有同父异母的弟弟	YGZ34
35	油工大姐	40	女	油工	黑龙江	从事此行当10多年，以前自家开洗车行，儿子22岁，在江苏工厂打工	YGJ35
36	油工小孩	22	男	油工	河南	19岁开始在浙江工厂打工，来此干1年	YGX36
37	陈师傅	36	男	门窗维修	山东	1988年首次闯荡H市，几经周折后选定防盗门行当，如今在售后服务部，受到老板器重，18岁儿子读高一	MCC37
38	小陈	25	男	门窗安装	黑龙江	来此干4年，在近郊租一平房，孩子3岁	MCC38
39	田师傅	47	男	门窗安装	黑龙江	打工近30年，在公司从业10年，孩子都已成人	MCT39
40	乐师傅	40	男	木工领班	湖北	打工21年，妻兄是工头，一女12岁，一子5岁	MGY40
41	潘老板	44	男	工程经理	浙江	18岁学徒，21岁来此地，木工出身，如今有上亿资产，儿子读高二	JLP41

附录3 地位与污名的实验中，
测试结束后的态度量表

1. 你觉得你们这个组在第二部分的测试中表现如何？（点击直线上的按钮，将其拖动到你认为能表达自己态度的位置上）

不好————————→好

2. 你感觉同伴的反差敏感能力如何？

低————————→高

3. 你觉得同伴在刚才的任务中认真努力地付出了吗？

不太努力————————→挺努力的

4. 你是否希望在下一周的讨论中换一个同伴？

想换一个新同伴————————→还想跟这个同伴合作

5. 你认为这个同伴：

能力很弱————————→能力很强

6. 你觉得自己和同伴如果是面对面讨论的话，成绩会怎样？

成绩会更差————————→成绩会更好

7. 假如你可以在实验之后结识这个同伴，你愿意吗？

不愿意————————→愿意

8. 你觉得自己与同伴有共同之处吗？

我们没有什么共同之处————————→我们有很多共同之处

9. 这个同伴让你感到：

愤怒————————→高兴

10. 根据刚才任务中的交流互动体验，你觉得这个同伴：

令人怀疑——————————————→值得信任

11. 根据刚才任务中与同伴的交流互动体验，你觉得这个同伴
令人鄙视——————————————→令人敬佩

12. 根据刚才任务中与同伴的交流互动体验，你觉得这个同伴
没有影响力————————————→有影响力

13. 根据刚才任务中与同伴的交流互动体验，你觉得这个同伴
惹人讨厌——————————————→讨人喜欢

14. 根据刚才任务中与同伴的交流互动体验，你觉得这个同伴
没有见识——————————————→有见识

15. 根据刚才任务中与同伴的交流互动体验，你觉得这个同伴是
追随、仿效者——————————→领导者

16. 根据刚才任务中与同伴的没交流互动体验，你觉得这个同伴
消极不合作————————————→积极合作

附录4 国务院办公厅关于切实做好当前农民工工作的通知

国办发 [2008] 130 号

各省、自治区、直辖市人民政府，国务院各部委、各直属机构：

农民工是中国改革开放和工业化、城镇化进程中涌现的一支新型劳动大军，已成为中国产业工人的重要组成部分，对中国现代化建设做出了重大贡献。农民工工作直接关系农村经济发展和农民增收，关系经济社会发展全局，必须予以高度重视。当前，国际金融危机的影响不断加深，国内部分企业生产经营遇到困难，就业压力明显增加，加上元旦、春节临近，相当数量的农民工开始集中返乡，给城乡经济和社会发展带来了新情况和新问题。根据党中央、国务院关于应对当前经济形势的工作部署，经国务院同意，现就做好当前农民工工作有关事宜通知如下：

一、采取多种措施促进农民工就业

采取更加积极的就业政策，广开农民工就业门路。落实中央关于扩大内需、减轻企业负担、促进经济增长的政策措施，帮助企业解困，在加快发展方式转变和结构调整中创造更多的就业机会。积极扶持中小企业、劳动密集型产业和服务业，增强吸纳农民工就业的能力。发挥政府投资和国有企事业单位对稳定就业的导向作用，尽可能提供较多的就业岗位。对生产经营遇到暂时困难的企业，要引导其与农民工开展集体协商，采取灵活用工、弹性工时、组织培训等办法，尽量不裁员或少裁员，稳定现有就业岗位。引导企业履行社会责任，防止出现大规模集中裁员现象；对可能出现的大规模裁员，要采取有效措施进行调控。对符合享受失业保险待遇条件的农民工，要按规定及时核发一次性生活补助。公共就业服务机构要加强对农民工的就业指导、职业介绍和就业信息服务，收集适合农民工的岗位信息，通过多种渠道及时发布。大力发展劳务经济，加强输出地和输入地的相互协作，开展有组织的培训就业和劳务输出；在有关部门指导下，依托市场机制发展各类培训就业服务组织，多渠道推动农民工就业；积极培育劳务品牌，建设劳务基地，形成示范效应，带动农村劳动力转移就业；积极开展国际合作与交流，促进农民工劳务输出。灾后重建、农田水利、交通能源等重大基础设施建设项目，要尽量多招用因企业关停或减产裁员而失去工作的农民工。

二、加强农民工技能培训和职业教育

加大对农民工培训的投入，改进培训方式，扩大培训效果。各有关部门和教育培训机构要继续做好农村劳动力技能就业计划、阳光工程、农村劳动力转移培训计划、星火科技培训、雨露计划等培训项目的实施工作。要围绕市场需求开展订单培训和定向培训，提高农民工择业竞争能力；围绕产业结构调整和企业技术改造新开工项目开展职业技能培训，提高农民工就业的适应能力；围绕回乡创业组织开展创业培训，提高农民工的自主创业能力；围绕农业现代化、产业化开展农村实用技术培训，提高返乡农民工的农业技能；对青年农民工开展劳动预备制培训，适当延长培训期限，强化职业技能实训，使其至少熟练掌握一项职业技能。在中等职业学校开展面向返乡农民工的职业教育培训，根据返乡农民工的特点开设专业和课程，采取灵活多样的学习方式，突出培训的针对性和实用性。

三、大力支持农民工返乡创业和投身新农村建设

按照国家有关规定，抓紧制定扶持农民工返乡创业的具体政策措施，引导掌握了一定技能、积累了一定资金的农民工创业，以创业带动就业。地方人民政府要在用地、收费、信息、工商登记、纳税服务等方面，降低创业门槛，给予农民工返乡创业更大的支持。推行联合审批、"一站式"服务、限时办结和承诺服务等，开辟农民工创业"绿色通道"。鼓励农民工发展农产品加工业、农村二三产业、生态农业和县域中小企业。做好农民工返乡创业的金融服务工作，鼓励和引导金融机构加大信贷产品支持力度，提供符合农民工返乡创业特点的金融产品，继续加大农民工银行卡特色服务推广力度。农民工返乡创业属于政府贴息的项目要按照规定给予财政贴息，帮助其解决创业资金困难。结合推进新农村建设，创新农村小型基础设施建设体制机制，采取以工代赈、以奖代补等多种形式，组织引导返乡农民工积极参与农村危房改造、农村中小学和职业学校、乡镇公共卫生院、计划生育生殖健康服务机构、文化设施等建设。利用当前农民工提前返乡、农村劳动力增加的有利时机，将加强农村基础设施建设和促进返乡农民工就业有机结合起来，加快解决农村供水、用电、修路、求学、就医等突出问题，提升农村基础设施水平和公共服务能力。利用冬春农闲时期大规模开展农田水利建设。大力发展县域经济，调整农业产业结构，大力扶持农产品精深加工，支持农村中小企业发展，最大限度吸纳农民就地就近转移就业。

四、确保农民工工资按时足额发放

努力创造有利于农民工稳定就业的良好环境，维护农民工的劳动保障权益。完善工资保证金制度，加强工资保证金账户管理，强化工资支付监控，确保农民工工资发放。制定应急预案，避免和及时处理因欠薪问题导致的各种突发事件。建立劳动保障、建设、公安、工商、金融、工会等有关部门对企业拖欠农民工工资行为的联动防控机制，及时掌握企业拖欠工资的情况。企业关闭破产必须严格依法进行，对恶意欠薪逃匿的业主要依法予以严肃查处。劳动争议调解仲裁机构要妥善处理农民工与用人单位的劳动争议，本着"快立、快办、快结、办好"的原则，对事实清楚、权利义务关系明确的农民工劳动争议案件，尽可能采取简易程序处理，对小额劳动报酬争议案件实行终局裁决。凡符合先予执行条件的案件要依法先予执行。

五、做好农民工社会保障和公共服务

按照国家政策认真做好返乡农民工的社会保障和公共服务。对在输入地受工伤的农民工，农民工输出地劳动保障部门要主动与农民工输入地劳动保障部门进行协调，保障返乡农民工工伤保险权益。抓紧制定农民工社会保险关系异地转移与接续办法。建立健全农民

工公共服务体系，做好对农民工的各项公共服务。及时妥善安排返乡农民工子女入学，属于义务教育阶段的要按照就近入学的原则安排，并享受当地义务教育阶段学生的有关待遇，学校不得以任何借口拒绝接收返乡农民工子女入学。教育督导部门要将返乡农民工子女入学情况列入当地教育督导、评估的重要内容。积极引导返乡农民工参加新型农村合作医疗，解决其看病就医问题。加强返乡农民工的疾病预防控制工作，及时做好适龄儿童预防接种的衔接。按照属地化管理的原则，农民工输入地和输出地计划生育管理服务机构要加强协调配合，做好返乡农民工及其随返家属的计划生育服务工作。做好农民工返乡的管理服务工作。农民工输入地和输出地人民政府要加强相互衔接和协调，及时沟通情况，组织返乡农民工有序流动，帮助他们解决返乡中的实际问题，对困难人员给予适当救助，使农民工顺利回家过节。交通运输部门要针对春运高峰提前的情况，及早制定相应的疏导预案，安排组织好运力，保障交通运输安全。各地区特别是交通枢纽地区要积极做好返乡和回城农民工的交通服务工作，切实维护好车站、码头和客运车船的公共秩序，避免农民工滞留，有效防范、坚决打击侵害农民工人身财产权益的各类违法犯罪活动。

六、切实保障返乡农民工土地承包权益

农民工是流动在城乡之间的特殊群体，耕地仍然是他们的基本保障。违法流转的农民工承包地，农民工要求退还的要坚决退还；因长期占用不能退还的，要负责安排返乡农民工就业。对依据口头协议等方式进行短期流转且农民工要求收回土地承包经营权的，原则上应退还农民工。长期流转又有流转合同的，可依法由双方协商解决；双方有纠纷的，可通过法律程序解决。加强对土地承包经营权流转的管理和服务，农村土地流转要坚持依法、自愿、有偿的原则，任何组织和个人不得强制或限制，也不得截留、扣缴或以其他方式侵占返乡农民工的土地流转收益。积极推进土地承包纠纷调解仲裁工作，切实保障农民工的合法权益。各地区、各部门要加强组织领导，把做好当前农民工工作作为一项紧迫而重要的任务抓紧抓好。各有关部门要研究制定本部门涉及农民工管理服务的政策措施，各司其职，分工负责，形成合力，共同做好农民工工作。要建立健全农民工统计监测网络，深入调查研究，全面掌握情况。切实做好农民工宣传教育工作，引导农民工正确看待当前的经济形势和企业的经营困难。加强农村地区社会治安和公共秩序管理，维护社会的和谐与稳定。充分发挥农村基层党组织的战斗堡垒作用，帮助农民工解决生产生活中面临的困难和问题。各地农民工工作协调机构要加强组织协调，积极研究解决农民工工作遇到的新情况、新问题，重要情况及时报告国务院农民工工作联席会议办公室。

国务院办公厅　　二〇〇八年十二月二十日

后 记

此书稿是在本人博士论文的基础上修改完成的作品。回想多年求学之路，当学习、生活、事业、家庭的各种矛盾和压力纷至沓来时，我能不断获得众多师友的帮助、指引，并能和家人并肩战斗，着实非常幸运。

首先，由衷感谢我的两位导师乐国安教授和方文教授。在多年读书、工作的成长过程中，我深深受益于乐老师不断给予的谆谆教诲和无私帮助，是他的辛勤培养，才有了我现在的一点点成绩。方文老师在社会心理学领域的研究激情，则引领与感染着我在这块热土斗志昂扬地耕耘。方老师对知识孜孜以求。他经常告诫我们要把握难得的学习时光，懂得体味尽情徜徉在知识海洋中的幸福，同时还应珍惜能得到周围老师、同学无限启发和激励的机会。句句训导始终鞭策我努力向前，不敢稍有懈怠。而两位老师严谨的治学态度，敏锐的理论触角，以及蕴含在实际研究中的谦虚谨慎作风，常常给我以深深的触动和潜移默化的引导，并且也将成为我今后不断修炼自身心性的努力方向。

本书的部分议题曾在不同的场合与社会学领域的诸位前辈和同仁交流。高丙中老师是我博士学习的指导专家之一，几乎参加了我各个学习阶段的成果考核，见证了我在北大这几年的成长历程。他对合法性问题深入而细致的研究，以及对论文独到而中肯的修改意见，给文章实际写作助益良多。博士论文的写作还有幸得到佟新老师、卢晖临老师、刘爱玉老师等几位在劳工研究方面颇有造诣的学者的指点，我从他们的意见和建议中汲取了诸多思想营养。此外，周晓虹老师、汪新建老师、李强老师、成伯清老师、赵旭东老师、侯玉波老师等诸位师长的提问与鼓励，不仅帮助本人厘清研究思路，拓宽研究视角，更启迪我对社会问题的深入思考。同时，也感谢我的同学高卉、邹艳辉、宋红娟，同门赵蜜、张文杰、庞亮等在本研究的不同阶段以不同的方式给予我的支持。

读博期间有幸得到去美国进修的机会，一年的访学经历不仅开阔了我的学术视野，更磨砺了我的独立处理学术问题的能力。马里兰大学社会学系的Jeff Lucas 老师无论在学习上还是在生活上都给予了我莫大的帮助。他推荐我参加国际学术研讨，邀请我参与他们的实验小组，认真地听取我的研究计划，诚恳地提出自己的修改意见，并热情地分享他的实验经验。亦师亦友的指导方式，让我收获颇丰。在美国期间和回国之后，我还不时得到 Carmi Schooler、Melvin L. Kohn、Morris Jr. Zelditch 等大家的指教。这些学术达人的谦和与平易近人，以及他们给予我研究思路的鼓励和点拨，给我留下了深刻的印象。

在连续两年的暑期班中聆听赵志裕、康萤仪教授的教诲，是自读博以来最重要的收获之一。他们的讲座不仅让我见识了当今世界顶尖的社会心理学研究，而且指引我迈出了自己实际研究的第一步。赵老师和康老师在做研究的思路、方法，以及生活态度方面的许多观点更让我受益终生。当然我们能有如此收获，更少不了杨宜音老师的辛勤工作。因此，要深深感谢杨老师搭建了这么好的平台，让我们有机会领略大家的风采，并跟全国许多社会心理学领域的老师、博士生同学交流学习。今年的课程即将在哈尔滨举行，我也正热切盼望着两位老师的到来。

感谢 GG 建筑装饰公司的潘经理、程经理和张经理对实地调查的支持。他们为我的实地研究提供了充分的便利、创造了良好的调查环境，还亲自接受了访谈。调查所及的工人师傅们更为本研究做出重要贡献。衷心希望他们的生活能越来越好。

我在学业上取得如今的成绩，最少不了的是父母的支持。多年来，是父亲不断鼓励我在学术的道路上持续进取；是母亲默默帮我照看孩子，免除我在家庭生活中的最大后顾之忧。如今回到父母身边，更应努力让他们多享受一些天伦之乐。

本书出版最初遇到一些小波折，修改过程中也经历了一些痛苦的取舍。但这些都将成为我在漫漫学术道路上不断"成熟"的动力。

惟愿我们大家都有一个美好的开始和崭新的未来。

赵德雷

2015 年 1 月 16 日